Großmann · Bonn im Blick

INHALTSVERZEICHNIS

DIE GEHEIME SCHULE

Am 1. April 1952 verabschiede ich mich in Dresden von meiner Frau Brigitte und von meiner kleinen Tochter Ingrid. Ich fahre nach Berlin. Dort soll ich eine Schule des Zentralkomitees der SED besuchen, um mich auf eine verantwortliche Position im Staat oder in der Partei vorzubereiten. Trotz dieser Chance für mein berufliches Fortkommen fällt uns die Trennung schwer. Wir sind jung, beide Jahrgang 1929, seit anderthalb Jahren verheiratet. Erst vor kurzem sind wir hier in eine kleine, aber schöne Wohnung gezogen. Brigitte erwartet unser zweites Kind.

Ich verspreche, sofort nach meiner Ankunft zu schreiben, denn eine Adresse der Schule, geschweige denn meine zukünftige Wohnanschrift, kenne ich nicht. Ich soll mich in Berlin lediglich im Zentralkomitee der SED melden. »Es wird sich alles finden«, tröste ich meine Frau.

Mit leichtem Gepäck gehe ich zum Hauptbahnhof. Obwohl ich nun schon seit einiger Zeit in Dresden lebe, hier schon mein Abitur an der Vorstudienanstalt, der Vorläuferin der 1949 gegründeten Arbeiter-und-Bauern-Fakultät, abgelegt habe, erschreckt mich immer wieder die Ruinenlandschaft. Als gelernter Maurer weiß ich, wieviel Arbeit es kosten wird, aus diesem Chaos wieder eine Stadt zu bauen. Meine Frau empfindet die zerstörte Stadt noch schmerzlicher. Sie wurde hier geboren. In der Nacht vom 13. zum 14. Februar 1945, in der die britische und amerikanische Luftwaffe 15 Quadratkilometer Stadtgebiet vernichtete und in der 35 000 Menschen starben, ging auch die Wohnung ihrer Eltern in Dresden-Neustadt in Flammen auf. Sie und ihre Mutter überlebten und zogen zu Verwandten nach Pirna, der Vater war an der Front.

Der Hauptbahnhof ist immer noch ein Provisorium. Der Zug, der mich nach Berlin bringen soll, fährt verspätet ab. Niemand regt sich auf, es ist nichts Außergewöhnliches. Mit Glück und Schnelligkeit bekomme ich einen Sitzplatz. Der Schaffner hebt die grüne Kelle, pfeift das Abfahrtsignal. Nun siegt doch die Neugier: Berlin, ich komme.
Was erwartet mich, wo werde ich wohnen, welchen Anforderungen muß ich genügen, und wie werde ich mit den Lehrern und Studienkollegen auskommen? Was werde ich nach einem Jahr Schule tun? Ängstlich bin ich nicht, ich kann mich neuen Situationen gut anpassen, bekomme schnell Kontakt zu Menschen und verzage nicht.
Im Ostbahnhof in Berlin steige ich aus. Mit der S-Bahn fahre ich bis zum Alexanderplatz und gehe dann zu Fuß zum Gebäude des Zentralkomitees an der Wilhelm-Pieck-Straße, Ecke Prenzlauer Allee. Ich bin angemeldet, und ein Genosse holt mich am Einlaß ab. Ohne lange Umstände werde ich in einen PKW verfrachtet. Und los geht es in Richtung Pankow. In Niederschönhausen biegen wir in eine stille Straße ein. Im Vorbeifahren lese ich gerade noch das Straßenschild Tschaikowskistraße, dann hält das Auto vor einem kleinen Gebäude.
Ein Mittvierziger begrüßt mich. Ohne seinen Namen zu nennen stellt er sich als Mitarbeiter der Kaderabteilung des Zentralkomitees der SED vor. In den nächsten Tage erfahre ich, daß er Peter Scheib heißt. In der HVA arbeitet er dann als stellvertretender Kaderchef und später in der Parteileitung. Heute erledigt er die Einweisungsformalitäten. Ich muß meinen Personalausweis und andere Dokumente abgeben. Das irritiert mich zwar ein wenig, aber, so denke ich mir, die Genossen wollen noch einmal die persönlichen Daten überprüfen.
Erst als ich einen neuen Personalausweis erhalte, der auf einen anderen Namen ausgestellt ist, kann ich mein Erstaunen nur mühsam verbergen. »Du heißt jetzt Olldorf«, sagt der Kaderinstrukteur fast nebenbei und schärft mir

ein, niemand meinen wirklichen Namen zu nennen. Fast ein wenig erleichtert bin ich, daß ich meinen Vornamen behalten darf.
Eingedenk meines Versprechens, meiner Frau sofort zu schreiben, erkundige ich mich nach der Postadresse. Ist es Belustigung oder Ärger, was ich im Gesicht meines Gegenübers sehe? Er nennt mir jedenfalls eine Schließfachnummer. »Briefe, die du abschicken möchtest, gib im Sekretariat der Schule ab.« Öffentliche Briefkästen, so sagt er mir, darf ich nicht benutzen, Telefonate nach Hause gibt es nicht. Einmal in Fahrt, setzt der Kaderinstrukteur seine Belehrung fort: »In Briefen darfst du keine Adresse oder Telefonnummer der Schule angeben, nichts über den Schulbetrieb, die Lehrer und andere Kursanten berichten.« Das wiederum leuchtet mir fast ein, denn das Zentralkomitee muß sich ja vor dem Klassenfeind schützen.
Daß ich abends nur in Begleitung eines anderen Schülers das Areal verlassen darf und 22 Uhr wieder zurück sein muß, erscheint mir übertrieben. Doch es kommt noch heftiger: »Untersagt ist es auch, anderen Kursanten Einzelheiten über die Vergangenheit und die persönlichen Verhältnisse zu erzählen, keine Adressen, nur Wohnort, keine genauen Angaben über den Beruf und zuletzt ausgeübte Tätigkeit.« Ich darf also niemandem erzählen, daß ich an der Technischen Universität Dresden, Fakultät Pädagogik und Kulturwissenschaften, Abteilung Gewerbelehrer, zwei Jahre studiert, aber nicht abgeschlossen habe und mir nur noch zwei Semester bis zum Diplom fehlen. Eigentlich sollte ich das Studium nur unterbrechen, um als 1. Sekretär der FDJ-Hochschulgruppenleitung zu arbeiten, was ich ja auch getan habe. Doch dann besuchte mich mehrere Male ein Mitarbeiter des ZK der SED, sprach mit mir, mit Vertretern des Rektors, der Parteileitung und mit meiner Frau. Nun bin ich hier und heiße nicht mehr Werner Großmann, sondern Werner Olldorf. Nach der Belehrung erhalte ich die Schulordnung. Ich quittiere den Empfang und darf nun

das Wohngebäude betreten. Es liegt dem Schulgebäude gegenüber. Dort werde ich mit noch zwei Kursanten in einem Zimmer wohnen.

Überraschung, als ich mit dem Instrukteur den Raum betrete. Am Tisch sitzt ein junger Mann, den ich von der TU Dresden kenne. Als ich ihn freudig mit seinem Vornamen anrede – ich hatte ja meinen behalten – legt er sofort den rechten Zeigefinger an seine Lippen und sagt: »Den haben sie bei mir auch geändert.« Nach der Schule arbeitet Günter Herschel, Elektrotechniker, als stellvertretender Leiter in der Abteilung Operative Technik.

Erst viel später habe ich ein déja-vu. Ich lese, da bin schon im Ruhestand, im Buch von Wolfgang Leonhard »Die Revolution entläßt ihre Kinder«, wie der Autor 1942 als junger Mann in der Sowjetunion in eine Schule der Komintern aufgenommen wird. Bis ins Detail erkenne ich Verhaltensregeln, wie sie auch in unserer Schulordnung standen. Sein »Parteiname«, wie Leonhard ihn bezeichnet, ist Linden. Und er trifft dort ehemalige Mitschüler aus der Moskauer Karl-Liebknecht-Schule, die er nun nicht mehr kennen darf. Jan Vogeler, Sohn des deutschen Malers Heinrich Vogeler, heißt Jan Danilow, Mischa Wolf, mein späterer Vorgesetzter und Vorgänger im Amt des Chefs der Hauptverwaltung Aufklärung, Förster.

Am nächsten Tag beginnt in der Tschaikowskistraße das Schulleben. In einem kleinen Raum sitzen die 30 Teilnehmer des Lehrgangs. Der Leiter der Schule, Bruno Haid, stellt sich vor, auch sein Stellvertreter, der Philosoph Hans Olschewski, er ist blind.

Zu den Personen erfahren wir nichts, gleich gar nichts über Bruno Haid. Es wäre für uns interessant gewesen zu wissen, daß er vor 1933 der Roten Studentengruppe der Humboldt-Universität Berlin angehörte und im Nachrichtendienst der KPD gearbeitet hatte. Für uns sind sie verantwortliche Mitarbeiter des ZK der SED ohne Biografie. Und wir lernen in einer Schule des ZK. Der Lehrplan der ersten

Monate läßt keine anderen Rückschlüsse zu. Historischer und Dialektischer Materialismus steht auf dem Lehrplan, Politische Ökonomie des Kapitalismus und des Sozialismus, Geschichte der KPdSU, Deutsche Arbeiterbewegung. Der Lehrgang soll ein Jahr dauern. Meine Familie erhält 300 Mark und Wohngeld. Ich bekomme wie jeder andere noch 90 Mark Büchergeld. Wie die anderen Kursanten kaufe ich dafür Werke von Marx und Engels sowie die Bände von Lenin und Stalin.

Urlaub gibt es einmal im Sommer und über Weihnachten/Neujahr. In der Zeit dazwischen sind keine Besuche bei den Familien vorgesehen. Unsere Frauen erreichen uns nur brieflich über das Schließfach. Über eine Telefonnummer im Zentralkomitee können sie eine Nachricht hinterlassen. Es vergehen Wochen, ehe wir sie wiedersehen.

Am 5. Oktober 1952 wird mein Sohn Harald geboren. Meine Frau gibt sofort ein Telegramm auf. Ich werde erst 14 Tage später benachrichtigt und bitte um Wochenendurlaub. Der wird abgelehnt. Mehrere Gespräche mit dem stellvertretenden und dann mit dem Schulleiter sind erfolglos. Erst als ich energisch auf dem Besuch zu Hause bestehe, kommt es überraschend zu einem demokratischen Akt. Die Schulleitung läßt die Kursteilnehmer entscheiden. Während einer Parteiversammlung stimmen alle für den jungen Vater. Bruno Haid widersetzt sich nicht länger, und ich kann endlich zu meiner Familie fahren.

Der Leiter der Schule findet keinen Zugang zu den Kursanten. Ständig läuft er grimmig blickend durch die Schule, wirkt dogmatisch und schematisch in seinen Anordnungen, wenig gefühlsbetont und kontaktarm. Auch der nachmalige Kulturminister der DDR und später Leiter des Verlags Neues Leben, Hans Bentzien, beschreibt ihn in seinem Buch »Meine Sekretäre und ich« als bürokratisch, verknöchert, unwirsch und grob. Doch da ist Bruno Haid schon seit 1960 erst amtierender Leiter der Abteilung Literatur und Buchwesen, dann Leiter der Haupt-

verwaltung Verlage und Buchhandel im Ministerium für Kultur, bis er Anfang der siebziger Jahre abgelöst wird.
Eine Marotte von Bruno Haid begreifen wir Kursanten zunächst überhaupt nicht, sie gibt zu ständigen Lästereien Anlaß: Er hat ständig ein Benimm-Buch zur Hand – einen Ratgeber für kultiviertes Auftreten und einwandfreies Verhalten. Später begreifen wir: Er will uns Manieren beibringen, damit wir uns als Kundschafter ordentlich in der bürgerlichen Gesellschaft bewegen können. Besonders aufmerksam registriert er beim Mittagessen, ob wir anständig mit Messer und Gabel hantieren. Er tut es aber so ungeschickt und ungelenk, daß er zum ständigen Gespött wird.
Im Unterricht arbeiten wir intensiv und angespannt. In den Vorlesungen und Seminaren sowie beim Selbststudium befassen wir uns mit den Werken der marxistischen Klassiker. Dazu gehört natürlich auch Stalin. Nach jedem Gedanken von Lenin, über den wir uns austauschen, stellt der Seminarleiter die Frage: Was hat Stalin dazu gesagt? Wir reagieren bald und fügen ungefragt Stalins Meinung an.
Wir Kursanten sind fast alle gleichaltrig, und in den Nachkriegsjahren war jeder erst mal damit beschäftigt gewesen, einen sicheren Beruf zu finden. Ein so umfassendes Studium der Gesellschaftswissenschaften hatte keiner für möglich gehalten.
Nach einem halben Jahr treffen wir uns zu einer Vollversammlung. Richard Stahlmann, stellvertretender Leiter des APN, eröffnet uns, daß wir uns auf einer Schule des Außenpolitischen Nachrichtendienstes der DDR befinden und daß wir uns im zweiten Halbjahr des Lehrganges dafür das nötige Fachwissen aneignen werden. Sonst erklärt er weiter nichts. Wir sind wieder mal ratlos, wissen nicht, was auf uns zukommen wird.
Nach der Versammlung rätseln wir in Freundeskreisen, die sich ja doch gebildet haben, ob wir vielleicht beim Rundfunk oder in einer Zeitung als außenpolitische Mitarbeiter tätig sein werden. Immerhin geht es ja um Nachrich-

ten. Keiner ahnt auch nur etwas vom Geheimdienst. Wir wissen auch nicht, daß Richard Stahlmann zu den Mitbegründern des Instituts für Wirtschaftswissenschaftliche Forschungen gehört, dem Tarninstitut des Außenpolitischen Nachrichtendienstes, dessen stellvertretender Leiter er ist. Der Einundsechzigjährige ist ein alter Kommunist. Wir ahnen nicht, daß er bereits in den zwanziger Jahren im Auftrag der Kommunistischen Internationale illegal in Großbritannien, China, der ČSR und Frankreich arbeitete. In den dreißiger Jahren war er Sekretär Georgi Dimitroffs im illegalen Berliner Balkanbüro und Partisanenkommandeur in Spanien.

Erst als die ersten Vorlesungen über nachrichtendienstliche Theorie und Praxis beginnen, wird uns klar, wo wir sind. Und ein bißchen verstehen wir nun, daß es notwendig ist, uns konspirativ zu verhalten. Nach wie vor empfinden wir aber manches überzogen. Und wir wehren uns auch dagegen. Als ein Kursant am Wochenende heimlich zu seiner kranken Frau nach Leipzig fährt, soll er durch das Kollektiv zur Rechenschaft gezogen werden. In der Versammlung erlebt die Schul- und Parteileitung ein Fiasko. Mehrheitlich lehnen die Teilnehmer eine Bestrafung von Rudi Klusemann ab. Seinen richtigen Namen erfahre ich erst später. In der HVA wird er in der Abteilung Übersiedlung/operative Dokumentation arbeiten und sich zu einem der versiertesten Schriftspezialisten entwickeln, der jede Handschrift täuschend ähnlich nachmacht.

Wir jungen, unternehmungslustigen und lebenshungrigen Männer, auch deshalb wurden wir ja ausgesucht, suchen natürlich Freiräume in dem streng reglementierten Leben unserer Schule. Neben der Ausgangsbeschränkung bis 22 Uhr, die auch am Wochenende gilt, gibt es eine umfangreiche Liste der Lokale, die wir nicht betreten dürfen. Natürlich reizt es uns, am verruchten Ort die Gründe für das Verbot zu erfahren. Ein Effekt, den die Lehrgangsleitung wohl so unterschätzt, wie sie die Disziplin und die Angst

vor Bestrafung überschätzt. Natürlich halten sich einige Kursanten an die Regeln, die Mehrzahl versucht auszubrechen.
Und so treffe ich dann in einer Bar oder in einer Kneipe, die auf der Verbotsliste steht, so manchen, der mit mir auf der Schulbank in dem unscheinbaren Gebäude in der Tschaikowskistraße sitzt. Hin und wieder schwärzt jemand einen anderen an. Mich und meine Freunde trifft es nicht. Zwischen Wolfgang Lange, Gerhard Schaaf und mir entsteht während der Schulzeit eine enge Freundschaft. Trotz des Verbots, unsere Klarnamen zu nennen, beziehen wir die Familien mit ein, zumal Wolfgangs Frau und Kinder mittlerweile auch in Berlin wohnen. Zugegeben, die strengen konspirativen Regeln zu übertreten, ist etwas leichtsinnig, denn die Sanktionen bei solchem Frevel sind drakonisch. Doch es schadet uns nicht, sondern es stärkt eher den eigenen Willen und das Selbstbewußtsein. Als Wolfgang Leiter der Aufklärungsabteilung in den Bezirksverwaltungen Frankfurt (Oder) und Berlin ist, Gerhard in der Zentrale im Sektor Wissenschaft und Technik arbeitet, erinnern wir uns an diese Eskapaden.
Die Vorträge und bald auch die praktischen Übungen in der nachrichtendienstlichen Tätigkeit sind spannend und interessant. Uns unterrichten gestandene Funktionäre, die sich in der Illegalität und im Kampf als Partisanen bewährt haben.
Richard Stahlmann lernen wir nun richtig kennen, Robert Korb auch. Von Herbert Hentschke wissen wir, daß der junge Schlosser 1934 mit seinen Eltern in die Sowjetunion emigrierte, dort während des Krieges im Nationalkomitee Freies Deutschland arbeitete und als Partisan hinter der Front kämpfte. Wir erfahren natürlich nicht, daß er zeitweilig Gefangener des NKWD war. Politische und ökonomische Vorlesungen halten unter anderen Anton Ackermann, Robert Naumann, Fred Oelßner, Peter Florin. Diese erfahrenen Funktionäre, die nicht nur über ein

umfangreiches Fachwissen verfügen, sondern auch aus ihrem prallen Leben schöpfen, sind für uns ausgesprochene Autoritäten. Vieles nehmen wir von ihnen kritiklos entgegen. Selbst als der mit uns fast gleichaltrige Markus Wolf, der schon Leiter des Instituts für Wirtschaftswissenschaftliche Forschungen ist, also praktisch unser Chef, mit der linken Hand etwas an die Tafel schreibt, glauben wir, daß eine Ausbildung als Linkshänder möglicherweise zum Geschäft des Geheimdienstlers gehört.

Später merken wir, daß vieles, was uns die Referenten für die geheimdienstliche Arbeit zu den Themen Konspiration, Kontaktarbeit, Ermittlung, Werbung unter anderen erzählten, wenig mit den aktuellen Anforderungen zu tun hat. Illegale Arbeit in der Zeit des Faschismus und der Kampf als Partisan sind etwas anderes als die Aufklärungsarbeit, die wir später zu leisten haben. So gesehen steht der erste Lehrgang für nachrichtendienstliche Tätigkeit auf keinem wissenschaftlichen Fundament. Es ist mehr ein Experimentierfeld, wie die spätere praktische Tätigkeit eine jahrelange autodidaktische sein wird.

Mit Beginn des zweiten Teils des Lehrgangs kommt Unruhe in die Schule. Die Kursanten werden plötzlich zu Kaderaussprachen befohlen. Wir kennen nicht den Grund dafür und erkennen auch nicht die Absicht. Plötzlich fehlen Mitschüler, sie sind einfach nicht mehr da. Keiner erklärt das, niemand traut sich zu fragen.

Dann sickern Gründe für diese Gespräche durch. Bei einigen bestanden »Zweifel an der kaderpolitischen Zuverlässigkeit«. Andere bereiten sich schon auf den Einsatz als Kundschafter vor oder gehen Ende 1952 als hauptamtliche Mitarbeiter in den im Aufbau befindlichen Dienst.

Die Unsicherheit unter den Kursanten erhält neue Nahrung, als plötzlich Bruno Haid verschwindet. Die Gründe erfahren wir nicht. Später ahnen wir einen Zusammenhang mit den Funktionsenthebungen von Franz Dahlem und Paul Merker. Der ehemalige Spanienkämpfer Franz Dahlem wird im Zusammenhang mit dem Slansky-Prozeß in der Tschechoslowakei aus dem Politbüro und aus dem Zentralkomitee ausgeschlossen, das Politbüromitglied Paul Merker stolpert über die sogenannte Noël-H.-Field-Affäre und landet als parteiloser HO-Gaststättenleiter in Luckenwalde.

Der Wechsel in der Schulleitung ist für uns Kursanten ein Segen. Mit dem neuen Chef Robert Korb verändert sich in der Tschaikowskistraße alles zum Guten. Natürlich bestimmen auch weiterhin Konspiration und Geheimhaltung das Zusammenleben, aber die gesamte Atmosphäre wird menschlicher, normaler, angenehmer und erträglicher.

Schon das reife Alter von Robert ringt uns Respekt ab, noch mehr aber sein politischer Kampf in der Zeit des Faschismus, seine Intelligenz, sein umfassendes Allgemeinwissen und seine Kenntnisse historischer und gesellschaftlicher Zusammenhänge. Und nicht zuletzt sein umgängliches, menschliches Wesen. Er interessiert sich nicht nur für jeden Kursanten, sondern auch für die Familien. Er ist geborener Tscheche, und er kennt nicht nur seinen Schwejk, er kann ihn auch spielen. Lachen gehört nun zum täglichen Dienst. Robert Korb kann mit Menschen umgehen, sie gewinnen, sie begeistern. Er ist einer von uns und doch ein anerkanntes Vorbild. Später wird er Chef der ZAIG, der Zentralen Auswertungs- und Informationsgruppe im Ministerium für Staatssicherheit. Beliebt sind seine politischen Vorträge, ebenso seine für die Kursanten gestalteten Freizeitstunden, in denen er über seine illegale Arbeit spricht und manchmal sogar Akkordeon spielt.

Anfang des Jahres 1953 erhalte ich überraschend in Berlin-Friedrichsfelde eine kleine Zweieinhalb-Zimmer-Wohnung. Das Haus, während des Krieges stark beschädigt, wurde kurz danach schnell wieder hergerichtet. Die Freude darüber, daß meine Frau und die Kinder nun endlich nach Berlin ziehen können, überdeckt die offensichtlichen Mängel unseres neuen Zuhauses.

Urlaub bekomme ich nicht, meine Frau muß alles allein bewerkstelligen. Wir hoffen sehr, Anfang März meinen Geburtstag schon im neuen Heim feiern zu können. Doch ein Umzug nach Berlin, in die geteilte Stadt, ist im Jahre 1953 nicht einfach. Brigitte füllt unzählige Formulare aus, trägt jedes Möbelstück, jeden Kaffeelöffel in Listen ein, alles wird erfaßt und genehmigt. Wegen der offenen Grenze dürfen wir nicht mit dem Möbelwagen umziehen, die Bahn transportiert unser Hab und Gut, und das dauert mindestens drei Tage. Brigitte hat also erst mal keine Bleibe, ringt dem ZK der SED ein Hotelzimmer ab und landet zu ihrem Entsetzen in der Nähe des Alexanderplatzes in einem Stundenhotel.

Sie richtet allein die Wohnung ein, läßt die Kinder von Verwandten nach Berlin bringen. Ich sitze nun endgültig in der Tschaikowskistraße fest. Denn mit dem Tod Stalins am 5. März 1953 verhängt die Schulleitung eine totale Ausgangssperre. Markus Wolf hält die Trauerrede. Für uns ist nicht nur der letzte Klassiker des Marxismus gestorben, dessen Werke wir ausführlich lesen, konspektieren und zitieren, sondern auch der Führer aller Werktätigen, der Sieger über den deutschen Faschismus – unser großes Vorbild.

Lange nach meinem Geburtstag am 9. März begrüßt mich endlich meine Frau in der neuen Wohnung. Meinen Aufenthaltsort darf ich ihr auch weiterhin nicht mitteilen. Alles bleibt wie gehabt, nur daß ich jetzt öfter nach Hause darf.

Die Hoffnung, daß im April der Schulbesuch und damit die Trennung zu Ende ist, zerschlägt sich plötzlich. Unmittelbar vor Ostern 1953 wechselt Gotthold Kraus, ein Mitarbeiter des im Aufbau befindlichen Außenpolitischen Nachrichtendienstes, die Front. Die westdeutschen Behörden lösen die »Aktion Vulkan« aus und »verhaften 35 ostdeutsche Agenten«. Davon erfahren wir in der Schule aber nichts, auch nichts darüber, daß sich diese Aktion für die

Gegenseite zu einer großen Blamage auswächst. Weil der Mann nicht viel weiß, läßt er seiner Phantasie freien Lauf. Westmedien sind uns nicht zugänglich, unsere Zeitungen informieren nicht darüber, und die Schulleitung hüllt sich in Schweigen. Wir merken nur, irgend etwas Schlimmes muß passiert sein. Wieder wird eine totale Ausgangssperre verhängt und der Schulaufenthalt auf unbestimmte Zeit verlängert. Wieder verbreitet sich große Unsicherheit. Wieder wissen wir nicht, wie es weitergehen soll.
Zeit zum Luftholen bleibt uns nicht. Vom 17. Juni 1953, vom Streik der Bauarbeiter in der Stalinallee, von den Demonstrationen in der Berliner Innenstadt, von den sowjetischen Panzern lesen wir in den Zeitungen. Für uns ist klar: Die Konterrevolution marschiert. Als alles vorbei ist, sollen wir auf den Straßen Berlins die Stimmung der Bevölkerung einfangen. Die Berichte, die wir schreiben, sind eher dürftig. Ich beziehe mich hauptsächlich auf die Erzählungen meiner Frau und ihrer Bekannten aus unserem Wohngebiet.
Dann steht einigen von uns endlich eine richtige Bewährungsprobe bevor. Ich soll zu einem in Westberlin lebenden IM Kontakt aufnehmen und ihn über die grüne Grenze zum Treff in den Ostteil von Berlin holen. Die Vorbereitung ist kurz, knapp und nach späteren Maßstäben reichlich unprofessionell. Richard Stahlmann holt mich mit dem Auto von der Schule ab. Während der Fahrt in den Wald gegenüber dem Westberliner Ortsteil Frohnau zeigt er mir ein Paßbild des Mannes, nennt mir seinen Namen, die Telefonnummer, den Ort des Treffens und die Parole. Ich versuche, mir alles einzuprägen. Im Wald soll ich einen kleinen Graben überqueren, das ist die Sektorengrenze, dann ins Zentrum Westberlins fahren und mit dem IM zur vereinbarten Stunde zum gleichen Ort zurückkehren. Ich will von Richard wissen, was ich sagen soll, wenn mich nun jemand durch den Wald kommen sieht und nach meinem Woher und Wohin fragt. Ohne zu überlegen empfiehlt

er mir: »Dann sagst du eben, daß du Heidelbeeren suchst.« Ich zweifle arg an der Glaubwürdigkeit dieser Legende, denn ich trage einen Anzug mit einer Krawatte. Keiner hatte mir vorher gesagt, was auf mich zukommt. Mangels interessierter Spaziergänger brauche ich nicht den Waldschrat zu spielen. Komplikationslos treffe ich den erwarteten Partner und bewege ihn ohne Schwierigkeiten zum Aufbruch nach Ostberlin. Doch dann wird es kompliziert, denn ich finde den vereinbarten Übergang nicht mehr. Plötzlich sehen alle Straßen und Wohnhäuser in Frohnau gleich aus. Also gehen wir geradewegs in Richtung Grenze. Wir müssen lange suchen, ehe wir die auf uns Wartenden finden. Der Jungtschekist Olldorf hat seinen ersten richtigen Auftrag erfüllt.

Bei solchen Aktionen trennt sich Spreu vom Weizen. Mancher Hasenfuß lehnt den Einsatz in Westberlin ab. Einige von ihnen treffe ich später in der Zentrale wieder. Wie eh und je sind sie stramme, ideologisch gefestigte Mitarbeiter. Zum Glück wird keiner von ihnen zur operativen Arbeit eingesetzt. Sie verwalten und tauchen in den Apparat ein.

Die nächste Herausforderung für uns Kursanten ist mehr Beschäftigungstherapie. In der Nähe der Sektorengrenze absolvieren wir jeweils zu zweit sogenannte Kontrollgänge. Wir verfügen weder über Ausweise zur Legitimation einer solchen Tätigkeit, noch bekommen wir konkrete Aufgaben und Anlaufpunkte, um eventuelle Vorkommnisse melden zu können. Wir sollen lediglich nach der Rückkehr Stimmungsberichte verfassen.

Als ich eines Tages mit Gerhard Peyerl unterwegs bin, verhaftet uns plötzlich eine sowjetische Armeepatrouille. Mit anderen festgesetzten Zivilisten bringen uns die Soldaten mit einem LKW ins Schwimmstadion Friedrichshain. Nach langem Warten vernimmt uns ein Offizier. Gerhards guten russischen Sprachkenntnissen, er war in sowjetischer Gefangenschaft, verdanken wir es, daß er uns schließlich glaubt, im Auftrag des ZK der SED unterwegs zu sein. Die Soldaten lassen uns laufen. Ziemlich bedripst melden wir uns in der Schule. Gerhard Peyerl wird später selber Lehrer an der Schule und arbeitet in der Abteilung Übersiedlung/Dokumentation.

Die Atmosphäre in der Nachbarschaft in Friedrichfelde ist gespannt. Ich höre das immer wieder von meiner Frau. In unserem Kiez wohnen mehrere aus Sachsen zugezogene Familien. Die Männer arbeiten hauptsächlich in staatlichen Institutionen, im SED-Apparat, in der FDJ, in der Gewerkschaft. Für eingesessene Berliner bleiben sie unerwünschte Fremde, die in eine Wohnung gezogen sind, deren frühere Mieter nicht wieder zurück dürfen. Patrouillengänge sowjetischer Soldaten, nachts ist ja Ausgangssperre, heizen die Situation an. Der Frust der Anwohner richtet sich gegen die jungen Frauen, die meist tagsüber zu Hause sind. Die schließen sich um so enger zusammen und helfen sich gegenseitig. Der Graben zwischen Berlinern und Sachsen bleibt offen.
Ich sitze immer noch in der Tschaikowskistraße und werte mit den anderen Kursanten Westzeitungen aus. Der Nutzen geht gegen Null. Offensichtlich weiß man immer noch nicht, wie es nun weitergehen soll.
Schließlich entläßt man uns in einen fast sechswöchigen Sommerurlaub. In dieser Zeit erhalten wir kein Gehalt und kein Wohngeld. Unseren Protest nimmt die Schulleitung staunend zur Kenntnis. Die hauptamtlichen Funktionäre können sich nicht vorstellen, daß wir nichts auf der hohen Kante haben, von dem wir unseren Lebensunterhalt bestreiten können. Endlich bekommen wir unser erstes Gehalt.

Ab September 1953 verlassen die Kursanten des ersten Lehrgangs nacheinander die Schule. Ich bin nun Mitarbeiter des Außenpolitischen Nachrichtendienstes. Für die Familie, für Verwandte und Bekannte arbeite ich unter der Legende, daß das Ministerium des Inneren meine Arbeitsstelle ist. Am 1. Oktober fahre ich mit der U-Bahn aus dem grünen Friedrichsfelde in die graue und noch immer von Ruinen geprägte Innenstadt. Ich steige am Alexanderplatz in die U 2 und fahre noch eine Station. In der Klosterstraße, Ecke Rolandufer, im Stadtbezirk Mitte, befindet sich meine neue Dienststelle. Ich stehe vor dem Haupteingang, der ist aber geschlossen. Noch weiß ich nicht, daß direkt darüber mein neuer Chef in einem großen Zimmer sitzt: Markus Wolf kenne ich ja als Lektor aus der Schule.

Durch ein großes Hoftor, quasi durch den Hintereingang, den wir in Zukunft ausschließlich benutzen, betrete ich den Teil des Hauses, in dem die vierzig Mitarbeiter des Außenpolitischen Nachrichtendienstes ihr konspiratives Gewerbe betreiben. Schnell lerne ich alle kennen. Die leitenden Kader, außer dem dreißigjährigen Wolf, sind viel älter als ich. Alle übrigen Mitarbeiter sind junge Hüpfer. Einige kenne ich aus der Tschaikowskistraße. Mein Schreibtisch steht in der Abteilung IV – Westalliierte. Horst Jänicke, der nur wenige Zeit vorher in diesen Dienst berufen worden ist, leitet diese Abteilung. Zwei meiner ehemaligen Mitschüler, Werner Steinführer und Gerhard Peyerl, treffe ich wieder, und mit Werner Prosetzky und Heinz Lerche kommen zwei ehemalige FDJ-Funktionäre hinzu. Eine junge Truppe will sich ihre Sporen verdienen. Alle sind wir um die 25 Jahre alt, ehrgeizig und tatendurstig.

Horst Jänicke ist sechs Jahre älter als wir. Er besuchte in sowjetischer Gefangenschaft eine Antifa-Schule. Jetzt ist er unser Abteilungsleiter. Uns alle zeichnet eines aus: wenig Ahnung von der nachrichtendienstlichen Arbeit.
Um so mehr respektieren wir die leitenden, älteren Mitarbeiter des Dienstes. Richard Stahlmann und Gerhard Heidenreich sind die Stellvertreter von Markus Wolf, Robert Korb, Leiter der Hauptabteilung Information, Herbert Hentschke, Leiter Hauptabteilung I – Politische Information, Alfred Schönherr, Abteilungsleiter Westberlin, Heinrich Weiberg, Leiter der Abteilung Wirtschaftsaufklärung, Willy Wöhl, Kaderleiter, und Richard Großkopf, Leiter der Abteilung Paß- und Dokumentenherstellung. Allesamt hatten sie als Emigranten, als Illegale, als Offiziere in Spanien oder als Partisanen gegen den Faschismus gekämpft. So wie sie wollen wir werden.
Unsere Aufgabe ist klar. Wir sollen einen funktionsfähigen, effektiven Auslandsnachrichtendienst aufbauen, gleichzeitig in gegnerische Dienststellen eindringen und dabei Informationen gewinnen.

Enthusiasmus des Aufbruchs

Hochmotiviert, ausgerüstet mit vagen Vorstellungen über das Wie unserer Arbeit, fehlen uns die primitivsten materiellen Voraussetzungen. Jeder von uns verfügt über einen Schreibtisch, einen Stuhl, einen Stahlschrank, Schreibutensilien und einen Auftrag. Ich soll die Einrichtungen der britischen Besatzungsmacht in Westberlin operativ bearbeiten. Das bedeutet für einen 23jährigen, die Freischwimmerprüfung im Haifischbecken abzulegen. Jeder Anfängerfehler kann katastrophale Folgen haben.
Während der Arbeit lerne ich das praktische Einmaleins der Aufklärung, ich verschaffe mir einen ersten Überblick über die Objekte der Briten, deren Aufgaben, deren Absicherung und dort tätige Personen. Jede Recherche, selbst

in Ostberlin, gerät zur Bewährungsprobe. Ich besitze weder einen Dienstausweis noch irgendein anderes Papier, mit dem ich mich bei Ermittlungen legitimieren kann. Gezwungenermaßen trainiere und praktiziere ich bei jedem Schritt die Arbeit unter Legende, die Anwendung illegaler Methoden, die Einhaltung der Konspiration. Ein Lehrbuch gibt es nicht, das auf der Schule Erlernte nutzt kaum. Niemand kann helfen, jeder ist auf sich und sein Geschick angewiesen, jeder »seines Glückes Schmied«, und mancher verbrennt sich am heißen Eisen, das er notgedrungen anfassen muß, hin und wieder die Finger.
Sowjetische Berater, die jeder Diensteinheit zugeordnet sind, versuchen zu helfen. Für unsere Abteilung ist ein älterer Geheimdienstoffizier zuständig. Er spricht zwar ausgezeichnet unsere Sprache, die deutsche Mentalität ist ihm aber ziemlich fremd. Darüber hinaus kennt er sich kaum in der illegalen Arbeit aus. Doch pflichtgemäß leitet er uns an und kontrolliert auch unsere Arbeit. Vielen seiner Gedanken zu operativen Vorgängen können wir nicht folgen, weil sie für die Verhältnisse im geteilten Berlin und im geteilten Deutschland, für unsere Vorstellungen und Gegebenheiten weltfremd sind. Das versteht er natürlich nicht. Wenig hilfreich wirkt auch die nach sowjetischem Vorbild aufgebaute Administration. Die Formulare, mit denen wir täglich kämpfen, sind ziemlich holprig aus dem Russischen ins Deutsche übersetzt worden. Beim Anlegen und Führen der Akten der gewonnenen IM kämpfen vor allem die operativen Mitarbeiter mit der Tücke der Objekte. Jedes einzelne Blatt heften wir nicht einfach ab, sondern nähen es, nach sowjetischem Vorbild, mit Nadel und Bindfaden in die jeweilige Akte ein. In solcher Art Handarbeit ziemlich ungeübt, kapitulieren wir jungen Heißsporne bald – Schnickschnack. In den Stahlschränken häufen sich die losen Schriftstücke. Die Systematik ist erst einmal dahin, wir trainieren unser Gedächtnis, eine wichtige Voraussetzung für jeden Geheimdienstmann, sagen wir uns.

Autodidakten erproben sich in der Stunde Null beim Aufbau eines Nachrichtendienstes, wir bewegen uns mit dem Enthusiasmus der Neulandgewinnung, wie wir ihn aus sowjetischen Romanen kennen.
Dem Außenpolitischen Nachrichtendienst der jungen DDR bleibt keine Zeit, selbständig erwachsen zu werden. Er wird 1953 die Hauptabteilung XV im Staatssekretariat für Staatssicherheit. Wir junge Leute merken das gar nicht. Erst als ich 1954 einen Dienstausweis erhalte und als Oberleutnant attestiert werde, nehme ich wahr, daß ich zum Staatssekretariat für Staatssicherheit gehöre. Als Legende diente ja sowieso von Anfang an, daß wir im Innenministerium arbeiten. Kaum jemand empfindet die Verquickung von Auslandsaufklärung und Inlandsgeheimdienst als etwas Besonderes. Nachteile, aber auch bestimmte Vorteile, beispielsweise bei der Nutzung von gemeinsamen Ressourcen, werden für mich erst später deutlich. Die Eingliederung des Ministeriums für Staatssicherheit als Staatssekretariat ins Innenministerium wird immer nur in Verbindung mit der Absetzung des Ministers, Wilhelm Zaisser, nach dem 17. Juni gesehen. Das ist auch richtig. Aber letztlich folgt die DDR auch hier dem sowjetischen Vorbild. In der Sowjetunion wurde vorher die Staatssicherheit einschließlich der Aufklärung ins Innenministerium überführt.
Unsere Dienststelle verläßt 1954 das Gebäude am Rolandufer. Die einzelnen Hauptabteilungen und Abteilungen ziehen in verschiedene Objekte, meist am östlichen Rand von Berlin. Unsere Abteilung kommt in einer Villa in Berlin-Karolinenhof unter. Später entsteht hier das zentrale konspirative Leitungsobjekt der HVA. Statt in der noch von Kriegsruinen verunstalteten Innenstadt residiert unsere Abteilung nun in einem herrlichen Haus mit gepflegtem Garten, Bootssteg und Ruderboot am Langen See. Doch bei allem Komfort, den die neue Dienststelle bietet, verlängert sich nun mein Arbeitsweg. Außerdem müssen wir, die wir eigentlich mit aller Kraft den Gegner aufklären

sollen, während häufiger Nachtdienste gemeinsam mit zwei hauptamtlichen Wachleuten unser Objekt selbst bewachen.

Ich knüpfe mühselig erste Kontakte zu Beschäftigten des britischen Hauptquartiers in Westberlin. Über längere Zeit versuche ich eine Sekretärin zu gewinnen, deren Verwandte in Ostberlin wohnen. Doch sie lehnt letztlich ab. Schließlich komme ich mit einem Haushandwerker der Briten ins Gespräch, der gemeinsam mit seiner Frau erste Informationen aus den britischen Dienststellen liefert. Ein kleiner Erfolg für einen jungen Mann im Dickicht der Geheimdienstarbeit. Doch alles in allem bleiben meine Ergebnisse dürftig. Der wichtigste Gewinn sind meine Erfahrungen.

Zu langem Räsonieren bleibt keine Zeit. Ich werde beauftragt, ein Referat zur Bearbeitung des Amtes Blank vorzubereiten. Diese Institution, benannt nach ihrem Leiter, dem CDU-Bundestagsabgeordneten Theodor Blank, existiert seit 26. Januar 1950 und bereitet die Aufstellung von Streitkräften in der Bundesrepublik vor. Blank fungiert offiziell als Bevollmächtigter beziehungsweise Beauftragter des Bundeskanzlers »für die mit der Vermehrung der alliierten Truppen zusammenhängenden Fragen«. Er beruft die ehemaligen Generale der faschistischen Wehrmacht Adolf Heusinger, später Generalinspekteur der Bundeswehr, und Dr. Hans Speidel, später Befehlshaber der NATO-Landstreitkräfte in Mitteleuropa, als seine ersten Berater.

Nachdem 1954 die geplante europäische Verteidigungsgemeinschaft (EVG) – ein westeuropäischer Militärblock innerhalb der NATO, in den auch BRD-Truppen integriert werden sollten – scheitert, betreibt Kanzler Konrad Adenauer nachdrücklich die Eingliederung der BRD in die NATO. Das Amt Blank vergrößert sich personell von 1953 bis 1955 auf über 1.300 Mitarbeiter. Vorwiegend dienen hier ehemalige Generale und Offiziere der faschistischen Wehrmacht. Sie werden 1955 vom Bundesverteidigungsministerium und von der Bundeswehr übernommen.

Mit der Bildung des neuen Referats reagieren wir zwar auf diese Entwicklung, doch im Grunde steht hier David einem Goliath gegenüber. Unsere kleine Arbeitsgruppe versucht nun mit List, den Riesen nachrichtendienstlich aufs Kreuz zu legen.

Motiviert sind wir. Die Aufbruchstimmung in der jungen DDR trägt uns. Den 17. Juni 1953 hatten wir als junge Kursanten keineswegs auch als ein Warnzeichen mangelnder Demokratie, sondern ausschließlich als konterrevolutionären Akt zur Kenntnis genommen. Die Absetzung des Ministers für Staatssicherheit, Wilhelm Zaisser, schien gerechtfertigt, war er doch als Trotzkist und Feind der Partei entlarvt und aus der SED ausgeschlossen worden. Nach dem Ende des Zweiten Weltkrieges wollen wir nie wieder Krieg, nie wieder Faschismus in Deutschland zulassen. Mit dem Eintritt in unseren Dienst wurden wir auf die Verfassung der DDR vereidigt und verpflichtet, alles für den Frieden und die Einheit, für die äußere Sicherheit und friedliche Entwicklung der DDR zu tun.

Die Remilitarisierung der Bundesrepublik, die Herausbildung des westlichen Militärblocks sehen wir als Gefahr für die DDR und die Sowjetunion. Den Klassenfeind wollen wir stoppen. Das spornt uns an, den uns übertragenen Auftrag gewissenhaft zu erfüllen. Ich kenne niemand in meiner dienstlichen und privaten Umgebung, der nicht so denkt und handelt.

Hinzu kommt: Neben dem familiären Hintergrund bietet mir die kleine Abteilung IV eine Gemeinschaft, in der jeder jeden achtet, in der jeder erfolgreich arbeiten will, in der jeder dem anderen hilft und ihn unterstützt. Trotz aller Schwierigkeiten, trotz des Drucks, schnell operative Ergebnisse zu erzielen, trotz des sehr großen Zeitaufwands, trotz der persönlichen Einschränkungen zweifeln wir nie am Sinn unseres Auftrages. Wir sind überzeugt, daß wir alles packen werden, weil wir es packen müssen und weil es richtig ist.

Selbst unsere Ehefrauen, die entweder berufstätig sind oder die Kinder betreuen und erziehen, unterstützen uns selbstlos. Dabei dürfen wir sie nicht einmal in Einzelheiten einweihen. Sie kennen nicht unseren Arbeitsort, und sie können uns telefonisch nur unter einer Sammelnummer, nie direkt erreichen.

1955 – zehn Jahre nach der bedingungslosen Kapitulation Deutschlands – wird die Bundesrepublik Deutschland Mitglied der NATO, der Bundestag billigt ein Gesetz zur Wiederverwendung von Wehrmachtoffizieren, bis zum 1. Januar 1959 sollen 12 Divisionen des Heeres und ein Jahr später Marine und Luftwaffe einsatzbereit sein. In der DDR steht mit der Kasernierten Volkspolizei ebenfalls eine Armee mit allen Waffengattungen. Das jeweilige Feindbild in den beiden deutschen Staaten vertieft sich, auf beiden Seiten der Front. Im Kalten Krieg gräbt man sich tiefer in die Schützengräben ein. Mein Referat wird verstärkt, Absolventen des zweiten Lehrgangs der Schule, die jetzt in Gransee bei Berlin ist, kommen zu uns.

Im November 1955 wird die Staatssicherheit aus dem Innenministerium herausgelöst und zu einem selbständigen Ministerium. Der 57jährige Ernst Wollweber, seit 1919 Mitglied der KPD, später Reichstagsabgeordneter und dann Emigrant, steht an der Spitze. Auch bei dieser Änderung folgen wir wieder der Sowjetunion. Dort hatte sich schon 1954 ein selbständiges Staatliches Komitee für Staatssicherheit gebildet.

Das bleibt natürlich für die Aufklärung nicht ohne Folgen. Aus der Hauptabteilung XV des Ministeriums für Staatssicherheit wird 1956 die Hauptverwaltung A, untergliedert in Hauptabteilungen und Abteilungen. Einerseits bekommt die Aufklärung innerhalb des Ministeriums dadurch einen höheren Stellenwert und größere Selbständigkeit, andererseits werden wichtige Posten durch Abwehroffiziere besetzt. Sie sollen das »abwehrmäßige Verhalten« der Aufklärer verbessern und das »proletarische Element« der als »elitär und intellektuell« geltenden Mitarbeiter der HVA stärken. Die Abteilung IV gehört nun zur Hauptabteilung II, die jetzt Alfred Scholz, ein Abwehroffizier, leitet. Der Vertraute von Staatssekretär Erich Mielke hatte in der sowjetischen Gefangenschaft eine Antifa-Schule besucht, war Mitglied des Nationalkomitees Freies Deutschland, Partisan in Belorußland und Aufklärer der Roten Armee. Später avanciert er zum Stellvertreter des Ministers für Staatssicherheit.

Leiter der Abteilung IV wird Otto Knye, der bisher in der Hauptabteilung V des MfS die Kampfgruppe gegen Unmenschlichkeit (KGU) in Westberlin bearbeitet hatte. Ich bin sein Stellvertreter. Als Gewinn für die HVA erweist sich der bisherige Chef der Berliner Verwaltung des MfS, Hans Fruck. Der General wird Stellvertreter von Markus Wolf. Zu seinen Aufgaben gehört die Anleitung der Abteilung IV. Naturgemäß arbeiten wir eng zusammen. Schnell entwickelt sich zwischen uns ein enges Verhältnis. Er ist nicht nur mein Vorgesetzter, er ist auch mein Mentor und wird ein väterlicher Freund – Vorbild und Partner zugleich. Gespräche mit ihm und gemeinsame Treffs mit Kundschaftern und IM sind für mich praktische Lehrstunden. Der 1911 geborene Berliner ist gelernter Werkzeugdreher, war Mitglied des Kommunistischen Jugendverbandes, leitete nach 1933 in der Reichshauptstadt eine Widerstandsgruppe. 1944 wurde er verhaftet, zu fünf Jahren Zuchthaus verurteilt. Bis zur Befreiung saß er in Brandenburg-Görden. Seit 1950 gehört er dem MfS an. Sein unkonventionelles Denken, seine direkte und offene Art, sein Pragmatismus befruchten nicht nur die geheimdienstliche Arbeit, sie sind auch von unschätzbarem Wert für die ihm unterstellten Mitarbeiter. Und er ist jemand, dessen Leben nicht nur in der Dienststelle stattfindet. Einmal in der Woche geht Hans mit seiner Frau ins Theater, egal, was passiert. Er kennt fast jede Inszenierung, die in Berlin läuft. Und er erzählt darüber. Manchen von uns animierte er, ins Deutsche Thea-

ter, ins Maxim-Gorki-Theater, in die Staatsoper oder in die Komische Oper zu gehen.
Obwohl ich 16 Jahre jünger und weniger lebenserfahren bin, akzeptiert und respektiert er meine Meinung und meine Ansichten. Daß ich bei seinem Ausscheiden aus dem Dienst sein Nachfolger als stellvertretender Leiter der HVA werde, ist sicher nicht allein ihm zu danken, aber ihm vor allem.
Den strukturellen und personellen Veränderungen im Dienst folgen logistische. Aus der zu engen Villa in Karolinenhof zieht die Abteilung IV zunächst 1956 nach Karlshorst und 1957 mit weiteren Abteilungen der HVA nach Johannisthal.

Residenten und Quellen

Wir versuchen verstärkt, in der Bundesrepublik Fuß zu fassen. DDR-Bürger, meist Genossen, die kinderlos und politisch genau so motiviert sind wie wir und über die notwendigen charakterlichen und psychischen Voraussetzungen und Eigenschaften verfügen, siedeln wir in die Bundesrepublik über. Sie sollen entweder selbst als Quelle in ein gegnerisches Objekt eindringen oder geeignete Bundesbürger zur Mitarbeit werben. Um ihre Arbeit abzusichern, brauchen wir Residenten und Gehilfen. Dafür suchen wir geeignete DDR-Ehepaare. Gewährsleute in staatlichen und gesellschaftlichen Einrichtungen empfehlen uns potentielle Kandidaten.
Den ersten großen Coup landen meine ehemaligen Mitschüler Gerhard Peyerl und Werner Steinführer. Sie übersiedeln 1955 die 25jährige Rosalie Kunze, Deckname »Ingrid«, nach einjähriger Ausbildung in die Bundesrepublik. Sie bewirbt sich als Sekretärin im Bundesverteidigungsministerium und bekommt eine Stelle im Führungsstab Marine. Der Resident Horst Schötzki, gerade in der Bundesrepublik angekommen, übernimmt ihre Führung und An-

leitung. Zwei Jahre später folgt Evelyn Schötzki ihrem Mann. Bis zu ihrer Enttarnung im Jahre 1960 erhalten wir höchst geheime Dokumente aus dem Verteidigungsministerium. 1961 wird Rosalie Kunze zu vier Jahren, Horst Schötzki zu fünf Jahren und Evelyn zu einem Jahr Haft verurteilt.

Es stellt sich schnell heraus, daß vor allem in solcher Kombination schnell und effektiv wirklich interessante Informationen zu beschaffen sind. Deshalb beschäftigen wir uns in den folgenden Jahren hauptsächlich damit, Residentenehepaare in die Bundesrepublik einzuschleusen und zu positionieren. Wir wählen sorgfältig aus, denn außer Einsatzbereitschaft, Mut und Entschlossenheit verlangt dieser Einsatz Lernvermögen, Geduld und Ausdauer. Da unsere Kundschafter nicht mehr unter Klarnamen ausreisen, sondern wir sie mit dem Namen eines realen Menschen ausstatten, müssen sie nicht nur eine zweite Biographie verinnerlichen, sie müssen sie auch leben können. In der Regel wechseln sie auch den Beruf. Niemand dürfen sie einweihen, auch nicht die engsten Verwandten. Ihr Leben wird komplett umgestülpt: Das jeweilige Ehepaar gibt sein vertrautes Umfeld auf und nimmt ein für andere schwer überschaubares fiktives Arbeitsverhältnis auf. Oder es verschwindet bei Nacht und Nebel.

Die nachrichtendienstliche Ausbildung vor dem Einsatz ist ziemlich aufwendig. Doch nicht immer ist der Erfolg garantiert. Unwägbarkeiten sind gerade im geheimdienstlichen Geschäft gang und gäbe. Dieter Stapff und Hilde Stapff, beide Mitte zwanzig, kommen durch die Aktion 100 zu uns. Wir bilden die beiden intensiv für die nachrichtendienstliche Aufgabe aus. Sie müssen nicht nur eine neue Identität verinnerlichen, sondern auch ihren erzgebirgischen Dialekt ablegen, sich von ihrer Heimat lösen und sich an die Großstadt gewöhnen. Nach Abschluß ihrer Legalisierung verfügen wir über einen zuverlässigen Stützpunkt in Köln. Doch nach kurzer Zeit müssen wir sie schnell wieder in die DDR zurückrufen. Während eines Betriebsausfluges erkannte ein ehemaliger Mitbewohner seines DDR-Heimatdorfes Dieter Stapff. Laut und aufgeregt sprach der ihn an und enttarnte ihn als ehemaligen Mitarbeiter der dortigen Kreisdienststelle des MfS. Damit haben wir ein Residentenehepaar weniger im Einsatz.

Schmerzlich wird es, wenn der Verlust eines lange aufgebauten Kundschafterehepaares sich mit persönlicher Tragik der Mitarbeiter verbindet. Mit Siegfried Günther aus der Lausitz finde ich einen hervorragenden Kandidaten. Er soll Resident werden. Weil das familiäre Umfeld stimmt, beziehe ich, was sonst nie geschieht, sogar seinen Vater in die Gespräche mit ein. Dadurch mildere ich die übliche psychische Belastung des Kandidaten. Wie in den meisten Fällen bitte ich Siegfried, an seiner Legende mitzuarbeiten. Da er in seiner Jugend im Zirkus tätig war, wählt er sich den Beruf eines Tierpflegers. Für eine in der Bundesrepublik neu zu beginnende berufliche Karriere etwas ungewöhnlich, aber nicht immer sind die glatten Legenden am wirksamsten. Siegfried Günther soll sich in der Nähe von Bonn ansiedeln. Kurze Zeit nach seinem Übertritt in die Bundesrepublik findet er überraschend schnell bei den Fordwerken in Köln eine Anstellung als Polsterer. Es ist alles bereit, seine Frau zieht ebenfalls dorthin. Sie haben wir als Gehilfin ausgebildet. Nach zwei Jahren, eine sogenannte Quelle ist noch nicht angeschlossen, sind die beiden etabliert. Die Arbeit kann beginnen. Doch als die Frau während eines Aufenthaltes in Berlin mit mir spricht, stelle ich Ungereimtheiten fest. Briefe, die sie dann mit Geheimtinte schreibt und die bei mir eintreffen, werden immer wirrer. Als dann Siegfried signalisiert, daß mit seiner Frau etwas nicht stimmt, lassen wir sie in Berlin untersuchen. Die Ärzte stellen Schizophrenie fest. Ich breche den Einsatz ab, beide kommen in die DDR zurück. Die Ehe geht in die Brüche, sie wohnt wieder in der Lausitz und ist öfter zur Behandlung in Berlin. Ich fühle mich verantwortlich und betreue sie weiter. Nach einigen Jahren stirbt sie. Ein tragischer Ausgang einer nicht mal richtig begonnenen geheimdienstlichen Karriere. Ob die Belastung des konspirativen Lebens der Auslöser der Krankheit war oder etwas anderes, können die Mediziner nicht sagen.

Anderen erfolgreich übergesiedelten Residenten und Gehilfen ordnen wir Quellen zu. Bald sind wir in der Lage, die anfangs noch wenigen Quellen von der BRD aus zu führen. Die Residenten leiten die Information zu uns in die DDR weiter. Ruth Moser und Norbert Moser, Oberstleutnant der Bundesluftwaffe, Bruno Winzer, Major und Presseoffizier der Luftwaffengruppe Süd, Peter Keller, tätig in der Fernschreibstelle des Bundesverteidigungsministeriums, liefern wertvolles Material. Fachlich hervorragend ausgebildete Ehepaare wie Heinz Baude und Inge Baude, Jochen Pingel und Karin Pingel, Hans Vierjahn und Evelyn Vierjahn und Rudi Archut sorgen dafür, daß die Dokumente und Nachrichten zu uns gelangen. Alle Ehepaare sind zur Zeit ihrer Übersiedlung im Durchschnitt 25 Jahre alt, arbeiteten in der DDR als Pädagogen oder in der staatlichen Verwaltung, können mit Menschen umgehen und sie führen. Auch nach ihrer Enttarnung, keine ist selbst verschuldet, verhalten sie sich professionell. Alle kehren in die DDR zurück.

Doch noch immer reicht die Basis der Residenten nicht aus. Unser Netz zur Informationsübermittlung wollen wir noch enger stricken. Um die Auswahl von Übersiedlungskandidaten zu erleichtern, beginnt das MfS die »Aktion 100«. Aus den Kreisdienststellen kommen die ersten Meldungen. Das Auswahlverfahren überstehen aber nicht 100, sondern ungefähr nur 15 Kandidaten. Unser Netz im Operationsgebiet wird enger. Jeden Tag sammeln wir mehr Erfahrungen und legen damit den Grundstein für spätere Erfolge. Manche Panne, manche persönliche Niederlage verkrafte ich, doch menschliches Leid meiner Kundschafter wirkt nach.

Für uns ergibt sich ein neues Problem. Aus unterschiedlichen Gründen kehren nach und nach die ersten Residenten und Quellen von ihrem Einsatz in die DDR zurück. Wieder beginnt für sie ein neues Leben unter ganz anderen Bedingungen. Bei der Eingliederung helfen wir natürlich. In den offiziellen Apparat der HVA dürfen wir sie in der Regel nicht eingliedern. Streng gehandhabte kaderpolitische Vorschriften des MfS verbieten das. Sicherheit in der Geheimdienstarbeit steht an erster Stelle. Doch für uns sind das ja Menschen, mit denen wir freundschaftlich verbunden sind. Sie verfügen aber auch über Erfahrungen und Kenntnisse, die wir nutzen können. In einigen Fällen gelingt es, sie doch direkt bei uns zu beschäftigen.
Heinz und Inge Baude wie auch Dieter Stapff arbeiten beispielsweise nach ihrem Einsatz fest im Apparat der HVA. Ich übernehme persönliche Bürgschaften. Das sind schriftliche Erklärungen, die eine Kaderakte beschweren können. Jeder, der eine solche Bürgschaft abgibt, haftet mit seinem Namen und seiner Karriere bei etwaigen Zwischenfällen. Mit einigen zurückgekehrten Kundschaftern gründen wir operative Außengruppen in konspirativen Büros und attestieren sie als Offiziere im besondern Einsatz (OibE). Die Mitarbeiter dürfen nicht die Zentrale betreten, werden aber von uns direkt angeleitet. Damit schlagen wir mindestens drei Fliegen mit einer Klappe. Die ehemaligen Kundschafter haben eine Aufgabe und sind fest besoldet. Außerdem verfügen wir neben unseren damals noch wenigen Planstellen über zusätzliche erfahrene Mitarbeiter, die uns bei laufenden operativen Maßnahmen beraten und helfen. Einige gehen nach ihrem Einsatz entsprechend ihrem Wunsch wieder in ihre alten Berufe zurück oder bauen sich mit unserer Hilfe eine völlig neue Existenz auf.

Heiße Kohle

Im Januar 1954 findet in Berlin ein Treffen der Außenminister der USA, Großbritanniens, Frankreichs und der UdSSR statt. Die Deutschlandfrage steht im Mittelpunkt der Gespräche. Wir nutzen die Anwesenheit vieler Journalisten, um Kontakte zu schließen, mit vielen Leuten zu sprechen, Informationen abzuschöpfen. Zu diesem Zweck arbeiten wir eng mit den Mitarbeitern im Presseamt des Ministerrats zusammen. Sie erzählen mir eines Tages von einem Bundesbürger, der in Gesprächen durchblicken ließ, er habe beste Beziehungen zu führenden Persönlichkeiten aus Parteien und staatlichen Institutionen seines Landes. Ich nehme Kontakt zu ihm auf und führe ihn dann als Vorgang über Jahre unter dem Decknamen »Kohle«. Da er sich faktisch angeboten und sich auch schnell zur Zusammenarbeit bereit erklärte hatte, prüfen wir ihn sehr kritisch. Ist er mit Auftrag zu uns geschickt worden?

Er war im Krieg Leutnant und arbeitet jetzt als freier Journalist. Mit seinen Verbindungen ins Amt Blank, dort auch zu dem sich neu entwickelnden Abwehrdienst unter Oberst Achim Oster, und seinen engen Beziehungen zu Spitzenfunktionären der SPD wie dem Bundestagsabgeordneten Fritz Erler, ist er für uns sehr interessant

Wir überprüfen seine Angaben und treffen uns mit ihm nur in der DDR. Wir setzten keine anderen IM als Verbindungsmänner zu ihm ein. Für uns bleibt er eine heiße Kohle, die vorsichtig angefaßt werden muß. Nach seinen Motiven befragt, mit uns zusammenzuarbeiten, nennt »Kohle« seine Kriegserlebnisse. Die Remilitarisierung der Bundesrepublik sieht er als gefährlich für die Sicherung des Friedens in Europa an. Hier treffen sich unsere Ansichten.

»Kohle« bringt ständig viele Informationen, bald aber auch fotokopierte Dokumente. Einige stammen, wie er behauptet, aus dem Panzerschrank General Speidels, dem Generalinspekteur der Bundeswehr. Sie tragen die Bezeich-

nung DECO I und DECO II – Planspiele zur militärischen Einverleibung der DDR. Wir glauben einfach nicht, daß 1954/55 solche Szenarien real in der Planung sind.
Wieder prüfen wir »Kohles« Angaben. Uns interessiert die Sekretärin, von der er die Dokumente erhalten haben will. Wir finden sie tatsächlich unter der angegebenen Adresse. Die Frau läßt allerdings einen IM, den wir zu ihr schicken und der sie auf »Kohle« anspricht, wortlos abblitzen.
Ist »Kohle« nun echt oder nicht? Wir wissen es nicht. Jedenfalls passen seine Informationen 1959 in das politische Konzept des Kalten Krieges. Auf einer Pressekonferenz in Berlin stellt die DDR-Regierung die Kriegsplanungen der »Bonner Ultras« der Öffentlichkeit vor. Ein Dementi gibt es nicht. »Kohle« wird jedenfalls in der Bundesrepublik verhaftet. Seine Mutter hält während seiner Haft den Kontakt zu uns.
Nach seiner Entlassung läßt er sich in Österreich nieder. Er bietet über eine Freundin seine weiteren Dienste an. Da wir immer stärker an seiner Zuverlässigkeit zweifeln, in persönlichen Gesprächen mit ihm auch unklare, schwer überprüfbare Antworten erhalten, zeigen wir kein weiteres Interesse. »Kohle« bricht die Verbindung zu uns ab. Ein späterer Versuch, wieder mit ihm ins Gespräch zu kommen, läuft ins Leere.
Um Angaben von »Kohle« zu überprüfen, fahre ich in die ungarische Hauptstadt. Es ist eine Dienstreise besonderer Art. Wir schreiben das Jahr 1957, der Sommer steht vor der Tür. Im Herbst des vergangenen Jahres fegte über Ungarn ein Aufstand hinweg. Sowjetische Panzer stellten die realsozialistische Ordnung wieder her. Auf der Margaretheninsel, im noblen Grand-Hotel, in dem ich wohne, ist wenig von der Zerrissenheit der ungarischen Gesellschaft zu spüren. Anders dagegen im Innenministerium, wo meine Gesprächspartner sitzen. Die Mitarbeiter der Aufklärung und der Abwehr berichten, daß Angehörige ihrer Dienste massakriert und gelyncht wurden. Meine Dolmet-

scherin verteidigte ihre Dienststelle mit der Waffe. Für sie, ihre Kollegen und für mich gibt es keinerlei Zweifel am konterrevolutionären Inhalt des Aufstandes. Für uns haben die sowjetischen Truppen den Sozialismus nicht nur in Ungarn gerettet. Zweifel an dieser Einschätzung quälen mich nicht. Im Gegenteil, ich bin noch stärker motiviert, alle Angriffe auf den Sozialismus abzuwehren.

Feuertaufe in Genf

An einem Sommertag im Juli 1955 verabschiede ich mich für mehrere Tage von meiner Frau. Eine Dienstreise steht bevor. Für sie ist das nichts besonderes, das kommt öfter vor. Sie wünscht mir schöne Tage in Warschau. Sie glaubt, daß ich nach Polen fliege. Auf dem Flughafen Schönefeld treffe ich Richard Gyptner. Er ist Hauptabteilungsleiter im Ministerium für Auswärtige Angelegenheiten. Frau Gyptner, die sich von ihrem Mann auf dem Flugplatz verabschiedet, fragt mich, warum denn meine Frau nicht mitgekommen sei. Beide kennen sich, wir wohnen im selben Stadtviertel. Ich brummele etwas von Kinderbetreuung und suche krampfhaft nach einem anderen Thema. Ich hoffe nur, daß sich die beiden Frauen nicht gleich treffen. Dann würde Brigitte sicherlich sofort erfahren, daß ich nicht in Warschau, sondern in Genf bin. Im Gegensatz zu Richard Gyptner bin ich in solchen Fällen auch gegenüber meiner Frau an konspirative Regeln gebunden. Vorerst steigen Gyptner und ich erst einmal in eine Iljuschin 14 der DDR-Lufthansa, wir fliegen nach Prag. Von Westberlin aus gibt es zwar eine schnellere Verbindung nach Genf, aber die ist für uns tabu. Dabei sind wir beide, als Mitglieder einer kleinen DDR-Delegation unter der Leitung des Staatssekretärs und 1. Stellvertreters des Außenministers, Georg Handke, auf dem Weg zu einer Gipfelkonferenz der Großmächte USA, Großbritannien, Frankreich und UdSSR. Es geht um die kollektive Sicherheit in Europa, um den ge-

genseitigen Gewaltverzicht der NATO und des Warschauer Vertrages, aber eigentlich steht die deutsche Frage im Mittelpunkt.
Es ist mein zweiter Ausflug nach Genf. Mit Georg Handke flog ich schon einmal Ende 1954 in die Schweiz. Die beiden reisen jeweils im offiziellen Auftrag, ich bin mit Pseudonym unterwegs. Obwohl ich der Geheimdienstmann bin, nehmen sowohl Handke als auch Gyptner mich jungen Spund unter ihre Fittiche. Beide sind erfahrene Konspirateure und erleichtern mir meine Arbeit.
Georg Handke arbeitete in der KPD-Zentrale, war Chefredakteur der »Arbeiterzeitung«, ging 1933 in die Illegalität und wurde nach seiner Verhaftung zu 15 Jahren Zuchthaus verurteilt. Nach der Gründung der DDR berief man ihn als Minister für Außenhandel, dann wechselte er ins Außenministerium.
Richard Gyptner, 1901 geboren, war Vorsitzender des Kommunistischen Jugendverbandes Deutschlands, später Sekretär des Exekutivkomitees der Kommunistischen Jugendinternationale, dann in der Komintern Gehilfe von Georgi Dimitroff, lebte als Emigrant in Skandinavien, Frankreich und in der Sowjetunion. Von dort kam er mit der Gruppe Ulbricht nach Deutschland zurück. Kurz nach unserer Dienstreise wird er als Botschafter nach Peking gehen.
Und ich habe noch einen dritten Schutzengel dabei. Vor meinem zweiten Trip nach Zürich lernte ich in Berlin Wadim Kutschin kennen. Er gilt als einer der erfahrensten und in vielen komplizierten Situationen gestandenen sowjetischen Aufklärer. Er spricht perfekt deutsch, französisch, englisch und bei Bedarf das breiteste Sächsisch, das ich je gehört habe. Als wir uns in Berlin-Karlshorst trafen, begrüßte er mich in meinem Heimatdialekt. Beide sächseln wir nun, was das Zeug hält.
In Genf ist er nicht nur mein Partner, sondern auch mein Lehrmeister. Ich wohne in einem kleinen Hotel im Zen-

trum, in dem die ohne offizielle Anerkennung oder gar diplomatische Legitimation ausgerüstete Beobachterdelegation der DDR wohnt. Bei meiner Ankunft spüre ich, daß mich jemand beobachtet.
Der clevere Kutschin hat auch bemerkt, daß ich observiert werde. Er zeigt mir die entsprechenden Leute, gibt mir noch ein paar gute Tips und bewahrt mich bei meinem ersten größeren Einsatz im Operationsgebiet vor allzu großen Pannen. Nicht zu übersehen ist ein Journalist, der ständig dort auftaucht, wo auch ich bin. Im Hotel sitzt er ständig am Nebentisch, wenn ich mit irgend jemand spreche, steht er in meiner Nähe. Ich werde immer vorsichtiger. Als ich den Mann später in Berlin beschreibe, sagt Markus Wolf trocken: »Das ist ein englischer Resident.«
Offiziell begleite ich Georg Handke und Richard Gyptner zu ihren Gesprächen und empfange ihre Gäste. Viele ihrer Partner, vor allem Politiker und Journalisten, sind wegen des Hauptthemas der Konferenz, der Deutschlandfrage hier in Genf und suchen den Gedankenaustausch mit Vertretern der BRD und der DDR.
Inoffiziell spreche ich aber auch mit IM aus der DDR, die als Journalisten hier tätig sind, und mit mir anvertrauten IM aus dem Operationsgebiet, die ich noch nicht persönlich kenne. Ein Abgeordneter des Bundestages ist dabei und ein aus der Bundeswehr ausgeschiedener Stabsoffizier.
Für mich ist das alles Neuland, und ich bin hoch konzentriert. Doch alles läuft viel prosaischer ab, als ich es mir vorgestellt hatte und bei weitem nicht so reibungslos, wie es dann später im Schulungsmaterial, in Ausbildungsunterlagen und Durchführungsbestimmungen der HVA stehen wird. Für mich ist der Aufenthalt in Genf Feuerprobe, Praktikum, Unterricht rund um die Uhr. Ich lerne unterschiedliche Menschen kennen, verkehre mit ihnen unter Legende, mache mich mit den Verhältnissen einer kapitalistischen Gesellschaft vertraut und versuche, mich in

diese ungewohnte Umgebung einzupassen. Schon deswegen lohnt sich diese Dienstreise, meine Informationen sind sicher für die aktuellen Ereignisse am Ort interessant, doch nicht entscheidend.
Und die Eindrücke bestätigen mir, das ich das Richtige tue. Die DDR wird auf offiziellem Parkett als Paria behandelt. International nicht anerkannt, nimmt man zwar ihre Delegation zur Kenntnis, behandelt sie aber keineswegs mit diplomatischem Respekt. Die DDR-Politiker tragen zwar einen Diplomatenpaß in der Tasche, den man bei der Zwischenlandung in Prag respektiert, aber der in Genf nichts bedeutet. Dort übernimmt in Absprache mit der UdSSR die chinesische Delegation die diplomatische Präsentation der DDR-Delegation. Wir schätzen die chinesischen Vertreter, nicht nur ihre Diplomaten, wegen ihres freundschaftlichen Verhaltens.
Nach meiner Rückkehr läßt mich meine Frau noch einige Zeit von meinen interessanten Erlebnissen in Warschau erzählen, bis sie mich dann fragt: »Was du in Polen erlebt hast, weiß ich jetzt, aber wie war es denn nun in der Schweiz?« Nach einer Schrecksekunde bin ich erleichtert. Kann ich ihr doch nun etwas über dieses schöne Land, über Genf, Montreux und Bern erzählen. Über die konspirative Arbeit schweige ich natürlich nach wie vor.

Neue Herausforderungen

Der rasante Aufbau der Bundeswehr und ihre wachsende Rolle in der NATO bleibt für unsere Abteilung nicht ohne Folgen. Immer dringender fordert man von uns, Quellen nicht nur in Chefetagen unterzubringen, sondern auch an der Basis Fuß zu fassen. Der Druck wird größer. Auf höhere Weisung bilden wir das Referat »Masseninfiltration«. Wir sollen wehrpflichtige Jugendliche in der BRD werben. Für mich und andere ein völlig irrsinniges Unternehmen. Wir betreiben es nicht ernsthaft.

Unser Ziel ist es, in die Spitze der Bundeswehr und in die Führung der Waffengattungen einzudringen. Uns geht es um die militärpolitischen und militärstrategischen Planungen. Später interessieren wir uns auch für die Militärtechnik und dringen in das Bundesamt für Wehrtechnik und Beschaffung in Koblenz ein. Dort und auf der Hardthöhe in Bonn liegen die wichtigen Informationen, nicht in den Mannschaftstuben der Bundeswehrkasernen. Die Masseninfiltration gerät ins Vergessen, wir sind froh darüber.

Am 13. August 1961 klingelt kurz nach Mitternacht in meiner Wohnung das Telefon. Nicht unüblich in meinem Beruf. Ich werde zur Dienststelle gerufen. Ich bin nicht der einzige, der dort eintrifft. Alle Mitarbeiter sind mobilisiert worden. Wir erfahren, daß Arbeiterkampfgruppen und Soldaten der NVA ab null Uhr die Grenzen nach Westberlin und Westdeutschland geschlossen haben. Die Leitung befiehlt ständige Bereitschaft im Dienstgebäude. Da wir unser Ohr mehr jenseits der Grenze haben, die Geheimhaltung zwischen den einzelnen Diensteinheiten im MfS offensichtlich funktioniert, überrascht uns diese sorgfältig geplante Aktion. Natürlich hatten auch wir diskutiert, wie man das Ausbluten der DDR durch die Massenflucht verhindern kann, doch ohne Ergebnis. Von den Verhandlungen und der Entscheidung auf höchster Ebene zwischen der DDR und der UdSSR wußten wir nichts.
Nun wächst das, was die Leute einfach die Mauer nennen und was offiziell der antifaschistische Schutzwall heißt. Allen Mitarbeitern in unserer Abteilung ist schon in dieser Nacht klar: Unsere Arbeit wird schwieriger. Während Menschen in der geteilten Stadt daran denken, daß ihre Familien nun getrennt sind, beschäftigten wir uns damit, die Verbindung zu unseren Quellen und Residenten aufrecht zu erhalten. In der Spitze von Partei und Regierung erwartet man, daß wir nicht weniger, sondern noch mehr Informationen von der anderen Seite liefern. In der nächsten

Zeit organisieren wir neue Möglichkeiten, den operativen Grenzübertritt Ost-West und umgekehrt zu sichern.
Politisch halte ich die Entscheidung der Sowjetunion in dieser Hochzeit des Kalten Krieges für richtig. Die Grenze zwischen den Militärblöcken muß gesichert werden, um eine Entwicklung zu stoppen, die unkalkulierbare Risiken bis zu einer kriegerischen Auseinandersetzung in sich birgt. Selbst die Führungsmacht des Westens reagiert moderat. Auch sie ist an der Stabilität in der Mitte Europas interessiert. Und eines bleibt doch unbestritten: Diese Grenze mitten durch Deutschland entspricht den Interessen der Siegermächte nach Beendigung des Krieges. Weder die BRD noch die DDR sind so souverän, eigenständig über die Grenze zwischen den Systemen, zwischen den Militärblöcken zu entscheiden.
Um die Arbeit der HVA flexibler zu gestalten, werden die Hauptabteilungen abgeschafft und selbständige Abteilungen gebildet. Diese Maßnahme verbessert die Effektivität unserer nachrichtendienstlichen Arbeit und bewährt sich bis zum Schluß. Wir bleiben die Abteilung IV. Als unser Leiter Otto Knye Anfang 1962 zur Abwehr zurückgeht, übernehme ich die Leitung.
Nach dem 13. August sichern wir vor allem die Verbindungen zu zwei hervorragend plazierten Quellen. Der seit 1960 für uns tätige bundesdeutsche Journalist Helmut Ernst »Henry« hat engen Kontakt zu zwei Frauen. Er wirbt die eine und deren Tochter, die Sekretärin im Bundesamt für Wehrtechnik und Beschaffung in Koblenz wird, für unseren Dienst. Die andere, unter französischer Flagge geworben, besorgt sich einen Job als Sekretärin im Bundesverteidigungsministerium. Beide liefern Dokumente über elektronische Waffensysteme, Raketen, Berichte des Militärischen Abschirmdienstes, Finanzplanungen der Bundeswehr. Die Informationen erreichen uns bis Ende 1973. Im Dezember verunglückt IM »Henry« auf glatter Straße schwer. Im Kofferraum seines Autos findet die Polizei tech-

nische Spionageausrüstung und Filme, auf denen geheime Dokumente abgelichtet sind. Damit werden die Quellen identifiziert.

1966 beginnt einer der erfolgreichsten operativen Vorgänge. Lothar und Renate Lutze sowie der von ihnen geworbene Jürgen Wiegel arbeiten in sensiblen Bereichen des Bundesverteidigungsministeriums. Sie werden geführt vom Residentenehepaar Frank und Christine Gerstner. Über Jahre liefern die Quellen viele geheime Dokumente: Konstruktionspläne für Waffen, Baupläne für Atomanlagen und Waffendepots, die jährliche Einschätzung des Zustandes der Bundeswehr und die Notfallpläne der NATO. Der absolute Hit sind Unterlagen für die NATO-Pipeline in Europa. Diese Erdölleitung versorgt alle NATO-Einheiten mit Treibstoff. Wer den Verlauf dieser Pipeline kennt, kann im Kriegsfall die Mobilität aller Einheiten stark einschränken. Als die Kundschafter nach zehn Jahren durch die »Aktion Anmeldung« des Bundesamtes für Verfassungsschutz enttarnt werden, löst besonders die Tatsache großes Entsetzen in NATO-Kreisen aus, daß der Warschauer Vertrag den genauen Verlauf der Pipeline kennt. Entsprechend hoch sind die Strafen. Lothar Lutze erhält zwölf Jahre, Renate Lutze, Jürgen Wiegel, Frank Gerstner und Christine Gerstner je sieben Jahre Haft. Lothar Lutze verweigert die Bundesrepublik den sonst üblichen Austausch und die Haftverschonung nach zwei Drittel der Haft. Elf Jahre sitzt er im Gefängnis und büßt von all unseren Kundschaftern am längsten.

Vom April 1966 bis Juli 1967 besuche ich die Parteihochschule beim ZK der KPdSU in Moskau. Dies ist nicht nur wichtig für meine weitere Karriere, damit erfüllt sich auch ein Wunsch. Ich lebe ein Jahr in einem faszinierenden Land, und ich lerne die russische Sprache – während eines Intensivlehrgangs, im Studienbetrieb und im Alltag.

Wieder einmal beschäftige ich mich mit Philosophie und Ökonomie. Wir lesen, konspektieren und diskutieren die Werke von Marx, Engels und Lenin. Für die Teilnehmer aus der DDR ungewohnt, in den Vorlesungen und Seminaren wird kaum Bezug auf Äußerungen lebender Parteifunktionäre und Wissenschaftler genommen. Begeistert bin ich von Professor Jantzen. Seine Vorlesungen und Seminare in Philosophie sind ein Genuß. In deutscher Sprache vermittelt er überzeugend Theorie und Praxis.
Dröge sind dagegen die Lehrveranstaltungen in Ökonomie. Das »Neue ökonomische System der Planung und Leitung« (NÖSPL) in der DDR kritisiert der Dozent heftig. Um die DDR-Teilnehmer auf den richtigen Weg zu führen, empfiehlt er uns, Marx zu lesen und uns an der ökonomischen Praxis der Sowjetunion zu orientieren.
Genauso wichtig wie die Lehrveranstaltungen sind die vielen Gespräche mit den anderen Teilnehmern des Lehrgangs. Es sind Partei-, Staats- und Wirtschaftsfunktionäre aus allen Republiken der UdSSR, aus der CSSR, Bulgarien, Ungarn und der Mongolei. Wir treffen uns am Abend, sprechen und feiern miteinander. Es ist eine kleine internationale Familie.
In der Freizeit streifen wir durch Moskau, fahren ins Umland, lernen während eines mehrtägigen Aufenthalts in Nowosibirsk auch einen kleinen Teil von Sibirien kennen. Ich spreche mit vielen Menschen auf der Straße, in Geschäften, in Restaurants.
Die Menschen, ihre Lebensbedingungen, die Atmosphäre überzeugen mich, daß der sozialistische Aufbau in der UdSSR vorangeht. Die Freundschaft zu uns DDR-Bürgern, trotz der von Deutschland erlittenen ungeheuren Verluste, empfinde ich unmittelbar. Der Aufenthalt in Moskau, gar nicht so sehr das Studium, bestärkt mich, an der Westflanke der sozialistischen Staatengemeinschaft alles zu tun, was den Frieden und die Sicherheit in Europa gewährleistet.

Im April 1967 fliege ich das letzte Mal während meines Studienaufenthaltes in Moskau nach Berlin. Ich freue mich, meine Frau und die Kinder wiederzusehen. Sorgen gibt es nicht, Brigitte hat wie immer alles im Griff. Sie arbeitet, schmeißt den Haushalt, kümmert sich um die Hausaufgaben der 17jährigen Ingrid, des 15jährigen Harald und des 12jährigen Frank, arbeitet im Elternaktiv mit, löst die großen und kleinen Erziehungsprobleme und verbringt mit den Kindern die Wochenenden. Alarmierende Nachrichten aus der Wohnung in der Ahlbecker Straße im Prenzlauer Berg gibt es also nicht. Daß ich außer der Reihe nach Hause fahren darf, verdanke ich Harald. Er hat Jugendweihe. Und doch bin ich etwas unruhig. Ich habe einen offiziellen Termin bei Markus Wolf. Ungewöhnlich, weil ich ja sowieso in die Dienststelle gehe, wenn ich in Berlin bin. Wahrscheinlich will er mit mir über meinen weiteren Einsatz sprechen.

Pünktlich, fünf Minuten vor 15 Uhr, stehe ich im Sekretariat des HVA-Chefs. Ich warte, Wolf telefoniert. Nach einer Viertelstunde verlischt das Lämpchen an der Telefonanlage der Sekretärin. Er ruft, ich solle reinkommen. Der sonst für viele Mitarbeiter unnahbar durch die Flure der Dienststelle schwebende, immer sehr distinguiert wirkende Mann begrüßt mich mit Handschlag. Unser Verhältnis ist gut. Eigentlich ist es schwer zu verstehen, daß wir uns gut verstehen, unterscheiden wir uns doch ziemlich deutlich nach Herkunft, Biographie, Charakter und privatem Leben.

Wolf kommt schnell zur Sache. Ich rechne damit, erst einmal wieder in meiner alten Abteilung zu arbeiten. Deshalb

trifft es mich ziemlich unerwartet, als er mir das Kronjuwel der HVA anbietet, die Abteilung I. Sie gilt als sehr erfolgreich, bearbeitet die Regierung der Bundesrepublik. Wolf selbst, der Stellvertreter des Ministers, leitet die Abteilung an. Und er ist sogar Mitglied der entsprechenden Parteigrundorganisation, nimmt regelmäßig an den Versammlungen teil.
Warum soll ich nun Leiter dieses Prachtstücks werden?
Erst einmal ist dieser Posten vakant. Der bisherige Chef, Heinrich Folk, ist schwer krank. In ihm wächst ein Tumor. Der äußerst selbstbewußt und abweisend wirkende Mann kämpfte während des Krieges als Partisan in den von der deutschen Wehrmacht besetzten sowjetischen Gebieten. Mit der Roten Armee kam er nach Deutschland zurück. In den Fünfzigern gehörte er zu jenen Abwehroffizieren, die das proletarische Element in der HVA stärken sollten.
Markus Wolf sucht offensichtlich jemand, dessen Fähigkeiten die seinen ergänzen. Der Stratege, der Mann der großen Entwürfe, der ständig neue Ideen für die operative Arbeit hervorsprudelt, braucht offensichtlich einen durchsetzungsfähigen Partner, der zäh den einmal formulierten Zielen zustrebt und dabei auch noch eigene Ideen einbringt. Seine zwei Stellvertreter, Hans Fruck und Horst Jänicke, sind von ähnlichem Schrot und Korn.
Außerdem hatte Wolf in meinem Fall schnell gemerkt, daß Harry Schütt, mein Stellvertreter in der Abteilung IV, seine Chance während meiner Abwesenheit nutzt und eine gute Arbeit leistet. Das Verteidigungsministerium der Bundesrepublik wird also auch ohne mich weiterhin bestens betreut.
Wärmstens empfohlen hat mich offensichtlich auch der stellvertretende Leiter der HVA, Hans Fruck, mein väterlicher Freund und fachlicher Mentor während meiner Lehrjahre als Aufklärer. Ich fühle mich geehrt, freue mich über die neue Aufgabe und nehme sie ohne Umschweife an. Wolf hat nichts anderes erwartet.

Im August beginnt meine neue Tätigkeit. Ich erlebe eine völlig andere Situation als damals, als ich die Abteilung IV übernahm. Die Truppe, in die ich nun komme, besteht aus gestandenen Aufklärern, die selbstbewußt und nicht ohne Stolz auf ihre Arbeitsergebnisse verweisen. Meine beiden Stellvertreter sind älter als ich, die Referatsleiter gleichaltrig.

Viele kenne ich bereits, jetzt gilt es zusammenzuarbeiten. Rudi Genschow, der als stellvertretender Abteilungsleiter großes Ansehen genießt, steht von Anfang an an meiner Seite. Immer den nächsten Auftrag im Blick, schließen sich die anderen schnell an. Unser wichtigstes Ziel ist es, eine Quelle im Bundeskanzleramt zu installieren. Im Gegensatz zu anderen Regierungsämtern und Ministerien bekommen wir von dort nur wenige Informationen. In den anderen Bereichen ist schon solide Arbeit geleistet worden. Dort gibt es sowohl Quellen als auch qualifizierte Perspektiv-IM, Nachwuchs also, der sich auf den Einsatz vorbereitet.

Eine gute Ausgangssituation, um drei wesentliche Aufgaben zu erfüllen: verhindern, daß der Kalte Krieg zu einem heißen wird, die SPD bei der Übernahme der Regierungsverantwortung unterstützen, Bemühungen des Westens zur Entspannung erkennen und fördern.

Die Große Koalition in Bonn im Dezember 1966 unter Kurt Georg Kiesinger galt als ein erstes Zeichen, die Wahl Gustav Heinemanns, Mitglied der SPD und Bundesjustizminister, zum Bundespräsidenten im März 1969 als ein deutliches Signal. Mit der sozial-liberalen Koalition unter Kanzler Willy Brandt im Oktober 1969 wird die neue deutsche Ostpolitik offizielle Regierungspolitik. Egon Bahr bringt es auf den Punkt: »Wandel durch Annäherung«.

Von uns erwartet man frühzeitig interne Informationen über all das, was die neue Regierung in Bonn gegenüber dem Osten politisch umzusetzen gedenkt. Natürlich unterstützen wir diese Politik nicht uneingeschränkt und sind mißtrauisch. Wir verstärken unsere Anstrengungen und beschaffen zahlreiche und wertvolle Informationen. Immerhin bezeichnet DDR-Außenminister Otto Winzer diese Politik als »Konterrevolution auf Filzlatschen«. Wir wollen aber alles tun, um den Schritt von der Konfrontation zur Kooperation zu ermöglichen. So orientiert gehen wir an die Arbeit und stehen in der Zeit von 1970 bis 1974 vor schwierigen Problemen.

Im März und Mai 1970 treffen sich Ministerpräsident Willi Stoph und Bundeskanzler Willy Brandt in Erfurt und Kassel. Im Mai 1970 beginnt Egon Bahr erste Verhandlungen in Moskau über einen Gewaltverzichtsvertrag. Am 12. August 1970 erfolgt die Unterzeichnung des Moskauer Vertrags. Kernpunkte sind die Erhaltung des Friedens und Wege zur Entspannung, die Unverletzlichkeit der Grenzen, der Verzicht auf Gebietsansprüche und die Anerkennung der Oder-Neiße-Linie als Westgrenze Polens. Am 7. Dezember 1970 wird dann in Warschau der Vertrag unterschrieben. Wiederum wird die Oder-Neiße-Linie als Westgrenze Polens festgeschrieben, wie auch die uneingeschränkte Achtung der territorialen Integrität und der Verzicht auf Gebietsansprüche. Am 3. September 1971 kommt es zum Abschluß des Viermächteabkommens zwischen den Regierungen der USA, Großbritanniens, Frankreichs und der UdSSR über Westberlin. Westberlin erhält einen besonderen Status, es gehört nicht zur Bundesrepublik und darf nicht von ihr regiert werden. Am 17. Dezember 1971 folgt das Transitabkommen zwischen der DDR und der BRD und am 20. Dezember 1971 ein Reiseverkehrsabkommen zwischen der DDR und dem Westberliner Senat.

Am 17. Mai 1972 ratifiziert der Deutsche Bundestag die Ostverträge. Am 3. Juni 1972 tritt das Berlin-Abkommen in Kraft. Am 8. November unterschreiben die Staatssekretäre Egon Bahr und Michael Kohl den »Vertrag über die Grundlagen der Beziehungen zwischen der Bundesrepublik Deutschland und der Deutschen Demokratischen Republik«.

Am 11. Mai 1973 stimmt der Bundestag zu. Beide deutsche Staaten verpflichten sich gleichberechtigt zu normalen, gutnachbarlichen Beziehungen. Ohne Androhung und Anwendung von Gewalt sollen Streitfragen mit friedlichen Mitteln gelöst werden. Jeder der beiden deutschen Staaten erkennt die Hoheitsgewalt des jeweiligen anderen über sein eigenes Staatsgebiet an. Keiner darf den anderen international vertreten. Das ist eine wichtige Voraussetzung für die spätere Mitgliedschaft der DDR in der UNO.
Es wird beschlossen, an den Regierungssitzen »Ständige Vertretungen« einzurichten. Am 20. Juni 1974 treten Günter Gaus für die BRD und Michael Kohl für die DDR ihr Amt als Ständige Vertreter an.
Für uns ergeben sich völlig neue Herausforderungen. Werden wir ihnen gerecht?
Das Auswärtige Amt ist von uns blendend besetzt. Dort sitzen drei wichtige Kundschafter. Mit Dr. Hagen Blau treffe ich mich in der DDR und im Ausland – aus Sicherheitsgründen niemals in NATO-Staaten –, Ludwig Pauli begegne ich nur in der DDR. Persönliche Kontakte mit Klaus von Raussendorff behält sich Markus Wolf vor.

Motive der Kundschafter

Hagen Blau studiert in den späten fünfziger Jahren in Westberlin Japanologie. Er liest marxistische Literatur, beschäftigt sich mit sozialdemokratischem Gedankengut und schließt sich den Jungsozialisten an. Er ist Mitglied eines SPD-Kreisvorstandes in Berlin und betätigt sich im außenpolitischen Arbeitskreis des Berliner SPD-Vorstands. Er gehört zu den Linken in seiner Partei.
SPD-Mitglieder, mit denen er politisch übereinstimmt, sprechen ihn an. Er weiß nicht, daß sie in unserem Auftrag handeln. Sie sagen zu ihm: »Komm mit nach Ostberlin, wir kennen dort interessante Gesprächspartner.« Nach einigen Treffen geben sich die HVA-Mitarbeiter zu erken-

nen. Schnell haben sie gemerkt, daß Hagen Blau keine Quelle sein wird, die einfach nur Informationen liefert. Der junge Mann hat eine feste politische Meinung, die gar nicht so weit entfernt ist von der ihren. Der Zeit des Krieges und des Faschismus, die Hagen als Kind erlebte und die seinen Eltern noch in den Knochen sitzt, verdrängt er nicht wie die offizielle Gesellschaft im Wirtschaftswunderland. Er will eine bessere, eine friedliche, eine menschliche Gesellschaft.

Angesichts der Wiederaufrüstung der Bundesrepublik, des KPD-Verbots, der Beschäftigung alter Nazis in Politik und Wirtschaft, sieht er in einem sozialistischen Staat auf deutschem Boden eine Alternative zur restaurativen Politik der Adenauer-Republik. Blau erklärt sich bereit, mit uns zusammenzuarbeiten. Seine Gesprächspartner aus der HVA spüren: Wenn wir dem Geld anbieten, finanzielle Zuwendungen zur Grundlage der Zusammenarbeit machen, bricht er sie unwiderruflich ab.

1961 bewirbt sich Hagen Blau im Auswärtigen Amt. Als promovierter Japanologe, mit umfassenden spezifischen Kenntnissen und Fähigkeiten auf anderen Gebieten wie Sprachen, Politik und Geschichte, sieht er sich als geeigneter Experte für den diplomatischen Dienst. Dies und sein selbstbewußtes Auftreten, seine Erscheinung, seine perfekten Umgangsformen überzeugen den künftigen Arbeitgeber. Durch seine analytischen Fähigkeiten und seine prägnante Art zu formulieren, wird er schnell zu einem gefragten und geschätzten Mitarbeiter im Auswärtigen Amt. Erst Attaché, dann Vortragender Legationsrat und schließlich stellvertretender Botschafter in Colombo, Sri Lanka. Seine Talente, die ihm diese diplomatische Karriere ermöglichen, prägen auch Hagens Berichte an uns. Sie sind sachlich, präzise, analytisch und mit dem Impetus geschrieben, der Bundesrepublik nicht zu schaden. Ohnehin weigert er sich, Angaben über einzelne Persönlichkeiten aus seinem Umfeld zu liefern. Er sieht sich nicht als Spion. Er will mit seiner Arbeit dafür sorgen, daß der Kalte Krieg nicht zum heißen eskaliert, daß die Politik dem Menschen dient, daß Ost und West sich annähern. Nur deshalb beschafft er Materialien, die er unter anderem in den BRD-Botschaften in London, in Japan, in Wien und in der Bonner Zentrale des Auswärtigen Amtes in die Hand bekommt.

Seinem politischen Anliegen als Vermittler versucht Hagen besonders in den Jahren der sozialliberalen Koalition in Bonn zu entsprechen. Seine Informationen tragen dazu bei, daß schließlich die sogenannten Ostverträge unterschrieben werden, die beiden Seiten gerecht werden. Er, viele andere Kundschafter und wir arbeiten nicht gegen diese Verträge, sondern sorgen mit dafür, daß sie unter Dach und Fach kommen. Unsere Informationen geben der DDR-Partei- und Staatsführung Denkanstöße.

Natürlich helfen wir, daß sich nicht allein die BRD-Option durchsetzt, aber das entspricht genau unserem Auftrag. Wir verblüffen besonders während der Vorbereitung des Moskauer Vertrages im Jahre 1970 unseren sowjetischen Verbindungsoffizier, der baß erstaunt ist, daß wir alle Verhandlungspositionen der Gegenseite schon vorher kennen.

Im Jahre 1979, ich bin schon stellvertretender HVA-Chef, treffe ich Hagen Blau in Stockholm. Er arbeitet zu dieser Zeit als Vertreter des Gesandten in der Botschaft der Bundesrepublik in Wien. Wir sprechen unbehelligt in einer konspirativen Wohnung. Beide werden wir unruhig, als der »Spiegel« ein paar Monate später mit einem Titelbild erscheint, auf dem Markus Wolf genau vor dem Haus in Stockholm zu sehen ist, in dem Hagen und ich uns getroffen haben. Zwar ist nun der Nimbus Wolfs zerbrochen, ein »Mann ohne Gesicht« zu sein, doch uns interessiert etwas anderes: Wurde das Haus schon während unseres Treffens beobachtet? Wir recherchieren und erfahren, daß der HVA-Resident in Stockholm vor dem Besuch Markus Wolfs einen solchen Wirbel veranstaltete – er ließ die Woh-

nung renovieren und neu möblieren –, daß interessierte Stellen etwas merkten.
Als der Wirbel um das »Spiegel«-Titelbild vorbei ist, setzt Hagen Blau die Gespräche mit den von uns eingesetzten Instrukteuren im Ausland und in der BRD fort, vor allem mit Volker M. Hagen verbindet seine Berichte zunehmend mit Empfehlungen für die Politik der DDR. Und er macht nicht nur interessante Vorschläge. Er will auch unsere Meinung zu bestimmten Themen hören, unsere Haltung kennenlernen. Auf Treffen mit ihm bereiten wir uns besonders sorgfältig vor.
Auch für mich ist er nicht nur ein Informant. In den Gesprächen mit ihm finde ich auch Antworten auf Fragen, die mich besonders in den achtziger Jahren bewegen. Immer deutlicher äußert Hagen seinen Unmut über die Entwicklung in den sozialistischen Ländern und besonders in der DDR. Dabei bezweifelt er sogar den Sinn unserer Tätigkeit. Mit Recht fragt er: »Lohnt sich mein Risiko überhaupt noch, angesichts der realen Politik in den sozialistischen Ländern?« Er meint besonders die Gewerkschaftsbewegung in Polen und die innenpolitische Entwicklung in der DDR. Und er fügt hinzu: »Nutzen meine Informationen überhaupt noch jemandem, wenn alles den Bach runtergeht?« Wir versichern ihm manchmal wider besseres Wissen, daß die DDR alle Probleme selbstverständlich in den Griff bekommen wird. Wir setzen hinzu, und daran glauben wir selbst unverdrossen, daß uns die Sowjetunion nie im Stich lassen wird.
Hagen Blau gibt sich nicht mit Nebensächlichkeiten ab, er bringt Wesentliches auf den Punkt. Ehrlich und direkt, wie er ist, erwartet er diese Haltung auch von uns, seinen Partnern. Dabei entsteht ein enges Miteinander. Es ist längst mehr als eine Zweckverbindung zwischen Führungsoffizier und Informant. Mit seinem langjährigen DDR-Instrukteur Volker M. verbindet ihn bis heute eine enge Freundschaft.

Werner Roitzsch, der über all die Jahre direkt mit Hagen arbeitet und für ihn verantwortlich ist, wird ihn nach der Wende verraten. Auch wenn Hagen nie zu ihm ein so enges persönliches Verhältnis aufbaute wie zu Volker M., trifft ihn dieser Verrat schwer
Enttäuscht ist Hagen über uns, daß wir uns nach seiner Inhaftierung und Verurteilung weder bei ihm noch bei seiner Ehefrau melden. Ein berechtigter Vorwurf. Da ich selbst mit Ermittlungsverfahren und Anklage zu kämpfen hatte, unterlief mir dieser Fehler. Als Hagen aus der Haft entlassen wird, ruft er mich an. Wir treffen uns bei mir zu Hause. Er gehört nun zu unseren Freunden.

Ein ganz anderer Typ ist Ludwig Pauli. Der etwas füllige, dunkelblonde Oberamtsrat im Auswärtigen Amt ist Anfang vierzig, als ich ihn kennenlerne. Er arbeitet schon lange für die HVA. Er ist ruhig, verläßlich, ein bißchen verträumt und sehr musisch veranlagt. Zu jedem Treffen schenkt er mir eine Schallplatte mit klassischer Musik. Er hängt sehr an seiner Mutter, hat kaum Freunde und nur selten eine Frau. Seine eigentlichen Bezugspersonen sind die Instrukteure der HVA. Ein besonders freundschaftliches Verhältnis verbindet ihn mit Bernhard Schorm, dem verantwortlichen Leiter unseres Referates Auswärtiges Amt. Bernhard Schorm hat großen Anteil an der Dislokation von Quellen im AA und anderen Institutionen.
Wenn Ludwig Pauli zu uns kommt, bereiten wir einen schönen Abend mit einem guten Essen vor. Wir reden weniger über handwerkliche Dinge der nachrichtendienstlichen Arbeit, die beherrscht Ludwig perfekt, es geht familiär zu. Politische und persönliche Themen, Ansichten zu Büchern und Theaterinszenierungen verweben sich im Gespräch. Ludwig genießt diese offene und freundschaftliche Atmosphäre, die er im Auswärtigen Amt und besonders während seiner vielen Auslandseinsätze als Konsularmit-

arbeiter in Edinburgh, Palermo, Liverpool und Salzburg wohl vermißt.
Ludwig ist Sozialist. Aus dieser Haltung speist sich sein politisches Motiv, über Jahre nachrichtendienstlich für die DDR tätig zu sein.
Ängstlich ist er nie, und ihm passiert auch nichts. Seine Informationen sind für andere Kundschafter oft überlebenswichtig. Im konsularischen Bereich kennt er die Personalien von vielen Mitarbeitern des Bundesnachrichtendienstes und erfährt viel über ihre Aktivitäten, besonders während seiner Tätigkeit in Salzburg. Wir können auf geplante Aktionen des BND rechtzeitig reagieren. In einigen Fällen warnen wir unsere sowjetischen Partner. Von ihnen geplante Aktionen in Österreich und der BRD hatte der Bundesnachrichtendienst bereits aufgeklärt.

Im Bundeskanzleramt gibt es, als ich 1967 die Abteilung I übernehme, keine Quelle. Daran arbeiten wir nun mit Hochdruck. Aus der Führungsspitze der CDU bekommt die HVA bisher von Adolf Kanter wertvolle Informationen. »Fichtel«, so sein Deckname, ist unser dienstältester Kundschafter. Er kommt noch aus der Parteiaufklärung, ein von der westdeutschen KPD gegründeter und von der SED gesteuerter Aufklärungsdienst.
»Fichtel«, 1925 geboren, gehört nach dem Zweiten Weltkrieg zu den Mitbegründern der Freien Deutschen Jugend (FDJ) in Rheinland-Pfalz. Aus Karrieregründen tritt er aber 1949 der Jungen Union bei und wird Kreisvorsitzender. Helmut Kohl, zu dieser Zeit Mitglied des Bezirksvorstandes der Jungen Union, gehört seitdem zum engeren Bekanntenkreis von »Fichtel«. Zu seinen engsten Freunden zählt auch der Flick-Manager Eberhard von Brauchitsch. 1967 gerät »Fichtel« plötzlich in große Schwierigkeiten. Der Bundesrechnungshof beschuldigt ihn, als Direktor des Europa-Hauses Gelder zweckentfremdet zu haben. Das »Europa-Haus« ist eine internationale Begegnungsstätte

für Führungskräfte aus Politik und Wirtschaft in Bad Marienberg im Westerwald. Die Staatsanwaltschaft ermittelt gegen »Fichtel«. Kohl und Brauchitsch sorgen dafür, daß das Verfahren eingestellt und Staatsanwalt Abbot abgelöst wird. Trotzdem ist »Fichtels« Ruf erst einmal ruiniert, der Zugang zur bürgerlichen Gesellschaft erschwert. An für uns wichtige Informationen kommt er nicht mehr heran.

Später gelingt ihm ein come back. Er wird stellvertretender Leiter im Bonner Büro des Flick-Konzerns. Durch seine engen Beziehungen zum Vorstandsvorsitzenden, Eberhard von Brauchitsch, und vor allem zum Kanzleramtsminister Phillip Jenninger entwickelt er sich wieder zu einer wertvollen Quelle. Er knüpft mit an dem engen Beziehungsgeflecht, daß den Flick-Konzern mit Parteien und Regierungsämtern verbindet. Weil er sogar über die Vergabe der Spenden des Konzerns mitentscheidet, kommt er in die komfortable Lage, Vertrauensperson für jede Seite zu sein. Dabei erfährt er vieles. Wir bekommen höchst interessante politische Informationen, können umfassend und genau das Zusammenspiel von Kapital und Politik beobachten und belegen. Die Akte über geflossene Parteispenden und auch über die jeweiligen Empfänger schwillt an. Ob die Schmiergelder nun in privaten Portemonnaies verschwinden oder in Parteikassen sickern, kann auch »Fichtel« nicht feststellen.

Zu unserem Erstaunen spielen bei den späteren staatsanwaltlichen Ermittlungen und dem Gerichtsverfahren der Vorsitzende der CDU, Helmut Kohl, und der Chef der FDP, Hans-Dietrich Genscher, nicht die ihnen zukommende Rolle. Das entspricht nicht unserer Aktenlage. Weil wir unsere Quelle schützen wollen, aber auch aus politischer Rücksichtnahme, behalten wir unser Wissen für uns. Selbst die Partei- und Staatsführung der DDR erfährt nichts darüber. Auch diese Akten vernichten wir beim Exodus der gesammelten Informationen im Jahre 1989/90.

Vielfach fragen wir uns, warum sich Adolf Kanter nachrichtendienstlich so stark und ungebrochen für die DDR engagiert. Dafür gibt es unterschiedliche Gründe: Sein Ziel ist von Jugend an, politisch und beruflich seinen Platz in den höheren gesellschaftlichen Schichten zu finden. Dabei gerät er frühzeitig in die Mühlen der durch Korruption geprägten kapitalistischen Gesellschaft. Viele benutzen ihn, geachtet und anerkannt wird er nicht. Er steigt nicht wirklich auf, sondern bleibt Diener und Erfüllungsgehilfe. Anders bei uns. Hier findet er ein Zuhause. Auch die finanzielle Seite spielt eine Rolle. Jetzt steckt er ein, nicht immer nur die anderen. Allerdings bekommt er von uns Summen, für die Flick und Brauchitsch sicherlich den Begriff Peanuts für weit übertrieben halten würden.
Der Bundesverfassungsschutz enttarnt »Fichtels« Instrukteur. Wir erfahren es rechtzeitig und können ihn vor der Festnahme bewahren. Doch »Fichtel« gerät trotzdem ins Visier der Strafverfolgungsbehörden. Das Ermittlungsverfahren wird zwar eingestellt, doch er verliert seine Position im Flick-Konzern. Seine politischen Kontakte werden geringer, wenig ertragreich und die Kontakte zu ihm risikoreicher.
Wir lassen die Verbindung zu ihm trotzdem nicht abreißen, aus Sicherheitsgründen treffen wir uns nicht mehr in der BRD und nur in ganz wenigen Fällen in der DDR. Für Adolf Kanter ist es überlebenswichtig, seinen Instrukteur Werner K. zu sehen. Wir, Willy Otto, der stellvertretende Abteilungsleiter, Harald Fischer, Leiter des Referats Innerdeutsches Ministerium und später auch ich, reden zwar auch mit ihm, aber immer nur für wenige Stunden. Werner K. ist dagegen Adolfs ständiger Vertrauter. Wenn Adolf jemals einen Freund hatte, dann den kompetenten und einfühlsamen Werner. »Fichtel«, der in die Jahre gekommene Kundschafter, braucht dessen starke Hand, die ihm das Leben ordnet und ihm hilft, den Alltag zu bewältigen.
1994 wird Kanter wieder verhaftet und zu zwei Jahren Haft

verurteilt. Dieses Verfahren bleibt fast unter der Decke, alles wird ruhig und schnell abgehandelt. Manch Journalist erfährt erst hinterher davon. Vieles bleibt im dunkeln. Ganz im Gegensatz zu anderen Verfahren gegen HVA-Kundschafter, geht der Prozeß geräuschlos über die Bühne. Interessante Details bleiben unerwähnt, Namen werden kaum genannt. Ein unabhängiges Gericht spielt seinen zurückhaltenden Part. Einflußreiche Männer im Hintergrund breiten behutsam eine große Decke über das Ganze.

Werner P. hält auch die Verbindung zu dem jungen Alexander Dahms, den ich bald kennenlerne. Der Perspektiv-IM ist 1942 geboren und 1963 auf politisch-ideologischer Grundlage geworben worden. Wir treffen uns in der Nähe von Bratislava. Alexander wohnt in Andernach, kommt über Wien in die ČSSR. Bernhard Schorm, der schon länger mit Alexander arbeitet, will ihn ins Auswärtige Amt einschleusen. Wir beraten nun über das Wie. Alexander studiert noch Jura. Er ist mit dem operativen Ziel einverstanden. Nach dem Examen will er es erreichen.
Es gelingt ihm nicht, als Beamter im Bundesgrenzschutz avanciert er aber zum Polizeidirektor in der BGS-Direktion Koblenz. Wir erfahren von ihm nicht nur Interna aus seiner Dienststelle, sondern auch aus dem Bundesinnenministerium, dem Bundesnachrichtendienst, dem Bundesverfassungsschutz und der Europäischen Union, vor allem in Vorbereitung des Schengener Abkommens. Mit seinen Informationen können wir unser IM-Netz besser sichern. Auch Alexander hat mit Werner P. über Jahre einen Instrukteur, der nicht nur die Verbindung zur Zentrale hält, sondern auch menschlich mit ihm harmoniert. Mit seinem sachlichen, ruhigen Wesen wirkt der ältere Werner wohltuend und ausgleichend auf den überschäumenden, exzentrischen Alexander. Während einer Reise in die BRD gerät Werner P. in den Blick des Verfassungsschutzes. Wir können ihn rechtzeitig warnen, und er entzieht sich erfolg-

reich der Beobachtung. Alexander wird nicht gefährdet. Er setzt die operative Arbeit fort.
So wie Werner K. mit »Fichtel« und Werner P. mit Alexander Dahms zusammenarbeitet, setzen wir auch andere DDR-Bürger als Instrukteure ein. Einige verpflichten sich hauptamtlich, andere üben diese Tätigkeit neben ihren beruflichen und offiziellen politischen Pflichten aus. In der Mehrheit sind das politisch hochmotivierte, fachlich solide ausgebildete und menschlich vertrauenswürdige Mitarbeiter. In ihrer nachrichtendienstlichen Funktion bilden die Instrukteure das Bindeglied zwischen Zentrale und Kundschafter. Sie sind weltgewandt und meistens polyglott. In Hannover oder in Hamburg, in Tokio oder in Zürich, in Paris oder in Stockholm müssen sie sich selbstsicher bewegen, dürfen durch nichts auffallen. Wir wissen von unseren Quellen, daß der Verfassungsschutz versucht, unsere Mitarbeiter schon beim Grenzübertritt nach Westberlin, während des dortigen Aufenthaltes und bei der Weiterreise zu erkennen. Bei wenigen gelingt das tatsächlich, bei der Mehrzahl nicht.
1996 wird Alexander Dahms zu sechseinhalb Jahren Haft verurteilt. Auch Alexander Dahms und Werner P. sind noch miteinander befreundet. Zu Bernhard Schorm bestand ein herzliches Verhältnis bis zu dessen Tod 1999.

Das Bundesinnenministerium, einst für uns eine gläserne Institution, wandelte sich seit der Verhaftung unserer Kundschafter »Zange« und »Minister« im Jahre 1961 zu einer Terra incognita. Noch in den 50er und Anfang der 60er Jahre lieferten beide Spitzenquellen jeden Monat 800 bis 1000 Seiten Dokumente. Der zuständige HVA-Referatsleiter Achim Kahlmeyer, der beide geworben hatte, bekam NATO-Dokumente und vor allem alle im Zusammenhang mit der Vorbereitung der Notstandsgesetze erarbeiteten Unterlagen in die Hand. Ganz nebenbei erhält die HVA auch Einsichten in das Innenleben des Bundesgrenzschutzes und des Bundesamtes für Verfassungsschutz.

Als am 29. Juni 1967 die erste Lesung der Notstandsgesetze im Bundestag erfolgt, hatten wir längst die sogenannten Schubladengesetze gelesen, kannten die Planungen für den Ernstfall, einschließlich der Internierung (!) der als gefährlich eingestuften Bundesbürger. Als am 30. Mai 1968 der Bundestag die Notstandsverfassung in dritter Lesung verabschiedet, bestätigen sich die von uns Jahre zuvor gewonnenen Erkenntnisse.

Doch diese Erfolge sind von gestern. Wir müssen Lücken im Quellennetz schließen, es insgesamt ausbauen und vor allem junge, qualifizierte Leute werben, sie als Perspektiv-IM aufbauen. Zu dieser Zeit sind in der Bundesrepublik die Studenten auf der Straße. Sie wenden sich gegen die Strukturen des bürgerlichen Staates, gegen das Verschweigen der Nazi-Vergangenheit in ihrem Land, viele lesen Marx, Engels und Lenin, einige verstehen sie auch. Che Guevara, Gefährte von Fidel Castro in der kubanischen Revolution und tragisch gescheiterter Rebell in den bolivianischen Anden, wird zur Leitfigur der später sogenannten 68er Generation. Sein »Bolivianisches Tagebuch« liegt in jeder Wohngemeinschaft auf dem Tisch. Das Bild von Che mit rotem Stern auf schwarzer Baskenmütze hängt fast in jedem Studentenzimmer als Ikone. Linkes Bewußtsein, revolutionäre Romantik und sexuelle Revolution prägen Lebensweise und Denken vieler Studenten und beeinflussen unterschiedlich ihr weiteres Leben. Für manche ist es nur Spaß, andere werden ihre Haltung später als Jugendtorheit betrachten, einige sich beim Marsch durch die Institutionen bis zur Kenntlichkeit wandeln, wieder andere sehen in dem real existierenden Sozialismus eine Alternative.
Wir sehen eine Chance, unter diesen jungen Menschen Partner zu finden. Das gelingt uns, nicht wenige sind später erfolgreich als unsere Kundschafter tätig.

Glaubt man heutigen zahlreichen Berichten in den Medien über die schlagzeilenträchtigen Romeos, muß die HVA eine Ansammlung toller Hechte gewesen sein. Doch die meisten Geschichten, die sich damit verbinden, lassen sich nicht einfach auf solch einen kleinsten gemeinsamen Nenner bringen. Nicht selten entwickelt sich aus einer Lovestory eine geheimdienstliche Zusammenarbeit, hin und wieder aus konspirativen Kontakten Liebe, aus einem sexuellen Kick eine verläßliche Zusammenarbeit. Gewiß, in manchen Fällen werden Gefühle des Partners nur instrumentalisiert, als Mittel zum Zweck. Das ist in der geheimdienstlichen Arbeit nicht anders als im wirklichen Leben. Doch hier wie dort läßt sich auf dieser Basis keine längere Verbindung eingehen. Und genau daran sind wir interessiert. Kurzfristige Erfolge zahlen sich in unserem Metier nur selten aus.

Als ich die Abteilung I übernehme, gehört die Erkenntnis mit zur Bestandsaufnahme, daß die Kräfte zu bündeln sind. Ich vermute, daß es in anderen Diensteinheiten der HVA einige IM oder sogar Quellen gibt, die in meinen Zuständigkeitsbereich gehören. Das bestätigt sich. In zwei Fällen stimmt Markus Wolf zu, diese in meine Verantwortung zu übergeben. Die beiden Quellen sind zufällig beide Frauen. Helga Rödiger, Pseudonym »Hannelore«, wohnt in Bonn und arbeitet als Sekretärin im Bundeskanzleramt bei Staatssekretär Manfred Lahnstein. Der Leiter der Abteilung XV Karl-Marx-Stadt, Egon Lorenz, und sein Mitarbeiter Gotthard Schramm, zwei äußerst aktive und erfolgreiche Mitarbeiter unseres Dienstes, hatten sie gewonnen. Sie warben auch die Quellen Dr. Gabriele Gast (BND) und Wolf-Heinrich Prellwitz im Bundesverteidigungsministerium.

Helga Rödiger ist keine unbedarfte Julia, die ein Leben lang nur auf einen Romeo gewartet hat, kein Opfer, das unversehens in eine seelische oder gar sexuelle Abhängig-

keit gerät. Sie hat sich bewußt zur Zusammenarbeit mit uns entschieden, aus politischen Motiven. Sie verliebt sich in Gerd Schwenke und der sich in sie. Unser Mann ist schon vor einiger Zeit in die Bundesrepublik eingeschleust worden, fungiert dort als Führungs-IM und lebt unter Pseudonym legal in Castrop-Rauxel. Beide heiraten.
Helga geht mit ihrem Chef Manfred Lahnstein ins Finanzministerium. Als Gerd Schwenke und Helga in Gefahr geraten, enttarnt zu werden, kommen beide in die DDR. Die Beziehung zwischen den beiden endet damit nicht. Sie heiraten nun offiziell, denn auf der Urkunde des bundesrepublikanischen Standesamtes steht nicht der richtige Name des Führungsoffiziers, der in der DDR mit Gerd Schwenke unterschreibt. Das gemeinsame Leben, nun ohne nervliche Belastung der illegalen Arbeit, dauert nicht lange. Gerd stirbt bald an Leberkrebs. Das herzliche Verhältnis, daß meine Frau und mich mit Helga verbindet, bleibt bestehen.

Der zweite Vorgang, den meine Abteilung übernimmt, lag bisher in den Händen von Gerhard Franke, stellvertretender Leiter des Sektors Wissenschaft und Technik. Er hatte in der Bundesrepublik den Ingenieur Herbert Schröter als IM geworben. Der Mann in mittleren Jahren kann mit Frauen umgehen und läßt, wie man so sagt, nichts anbrennen. Ein Romeo, der nachts mit der Geliebten der Nachtigall lauscht, ist er nicht, eher ein handfester Weiberheld. Er meldet sich in Paris bei der Alliance Française an. Dort lernen und vervollständigen viele deutsche Angestellte ihre Kenntnis in der französischen Sprache. Herbert Schröter braucht nicht lange zu suchen. Gerda Ostenrieder, die mit ihm im selben Kurs lernt, ist eine attraktive, lebenslustige Frau. Es funkt zwischen den beiden. Der lebenserfahrenere Mann und die 19jährige junge Frau finden auch politisch eine gemeinsame Sprache.

Er lädt sie nach Berlin ein, dort treffen sie Gerhard Franke. Gerda weiß, daß ihr ein Mann der HVA gegenübersitzt. Als sie sich zur Zusammenarbeit entschließt, geschieht das ohne Zwang und ohne Täuschung. Sie ist überzeugt, politisch das Richtige zu tun, und stimmt zu, sich im Auswärtigen Amt zu bewerben. In Gerhard Franke findet sie einen einfühlsamen Gesprächspartner. Sie selbst wird ihn später in dem Dokumentarfilm »Unternehmen Romeo« von Elisabeth Pfister als einen väterlichen Freund bezeichnen. Als meine Abteilung den Vorgang übernimmt, scheidet Gerhard Franke aus der Zusammenarbeit aus. Das stimmt Gerda wehmütig. Ich übernehme nun die persönliche Verantwortung und treffe mich mit ihr und Herbert in Jugoslawien, Finnland und Polen. Inzwischen sind die beiden verheiratet. Während ich mit ihm bestens zurechtkomme, bleibt zwischen ihr und mir immer ein Hauch von Distanz. Den für ein sehr gutes Verhältnis nötigen persönlichen Kontakt stellen dann meine Mitarbeiter Klaus Wengler und Bernhard Schorm her.

Gerda Ostenrieder arbeitet 1966 in der Abteilung Telco des Auswärtigen Amtes. Dort gehen alle chiffrierten Nachrichten und Berichte aus den Botschaften ein. Sie sind auf Bändern gespeichert. Wenn die Tonträger aufgearbeitet sind, kümmert sich niemand mehr darum. Gerda packt sie in Taschen und schleppt sie nach Haus. Die Hauptabteilung III – Elektronische Aufklärung des MfS – knackt den Code und liefert uns den Klartext. Der Wust von Informationen bietet uns umfassende Einsichten in die außenpolitischen Aktivitäten der Bundesrepublik.

Anfang der 70er Jahre geht Gerda Ostenrieder in die bundesdeutsche Vertretung in Warschau. Herbert Schröter bleibt in Bonn. Wie bei anderen Paaren in solcher Situation auch, hat die räumliche Trennung Folgen. Die beiden leben sich auseinander. Selbst die Klammer der geheimdienstlichen Arbeit bindet nicht mehr. Gerda lernt einen Journalisten kennen. Eine neue Liebe beginnt. Und es ist

wie im Spionagethriller. Ihr Freund ist Agent des Bundesnachrichtendienstes. Gerda offenbart sich erst ihm und dann der Behörde. Wir verlieren eine wichtige Quelle.
Gerda verhält sich nicht wie eine verführte oder getäuschte oder enttäuschte Julia, sie reagiert auf die veränderte Situation wie immer konsequent, selbstbewußt und ohne großes Zögern. Als Herbert Schröters Ehefrau handelt sie menschlich und als unsere Mitarbeiterin professionell. Bevor sie sich als HVA-Quelle zu erkennen gibt, warnt sie ihren Mann. Herbert kann sich rechtzeitig in die DDR absetzen.
Der Schaden für uns hält sich in Grenzen. Natürlich ist der Verlust einer über Jahre so erfolgreich tätigen Quelle sehr schmerzlich. Wir überlegen, was wir falsch gemacht haben. Schließlich kommen wir auf die einfache Wahrheit, daß es eben im Leben oft Einschnitte gibt, die alles auf den Kopf stellen, die weder vorhersehbar noch beeinflußbar oder sogar planbar sind. Wie oft trennen sich Paare, weil einer oder beide bei anderen ihre große Liebe entdecken?
Gerda Ostenrieder ist in keiner Phase ein Opfer. Sie trifft immer selbst ihre Entscheidungen: Als sie von Herbert geworben wurde, als sie uns Informationen liefert und als sie sich schließlich von ihm und von uns trennt. Wir akzeptieren ihren persönlichen Entschluß, niemand von uns belästigt sie jemals mit neuen Forderungen.

Seit 1960 führt die HVA die Quelle »Komteß«. Sie ist Sekretärin im Auswärtigen Amt. Unser aus der DDR in die BRD eingeschleuster IM »Lindner« lernt sie 1960 gezielt kennen, sie werden ein Paar. Er erkennt schnell, daß die junge Frau niemals für ein sozialistisches Land arbeiten würde. Er wirbt sie, wie das im geheimdienstlichen Jargon heißt, unter fremder Flagge. Weil sie eine anglophile Ader hat, tritt er als Agent des britischen Auslandsnachrichtendienstes MI 6 auf. Das Interesse Englands an einer friedlichen Entwicklung in Deutschland sowie zwischen Ost-

und Westeuropa ist ihr vermittelbar. Politische Übereinstimmung, wie wir sie bei vielen unserer Partner suchen und finden, besteht hier natürlich nicht.
Wenn auf Vorgänge, die wir bearbeiten, die sogenannte Romeo-Methode zutrifft, dann gehört der Vorgang »Komteß« dazu. Daß die HVA der Erfinder dieser Art der nachrichtendienstlichen Beschaffung von Informationen ist, wie später behauptet werden wird, löst wohl in den Diensten anderer Länder Heiterkeit aus. Zwar wird Helge Berger vorsätzlich getäuscht über den Adressaten ihrer Informationen, aber niemand bedroht oder erpreßt sie. Immerhin arbeitet IM Lindner von 1960 bis 1976 mit ihr zusammen. Nur in den ersten Jahren gehen sie auch miteinander ins Bett. 16 Jahre liefert sie, in dem Glauben für den MI 6 zu arbeiten, bereitwillig die ihr als Sekretärin im Auswärtigen Amt zugänglichen Unterlagen.
Als sie 1967 an die BRD-Handelsvertretung in Polen versetzt wird, laufen gerade die Vorbereitungen zum Warschauer Vertrag. Durch die Informationen, die wir über Helge Berger bekommen, sind wir in der Lage, Einfluß auf den Vertragsabschluß zu nehmen. Wir setzen nicht nur die DDR-Partei- und Staatsführung in Kenntnis, sondern auch die polnische Aufklärung. Sie weiß von unseren Aktivitäten in Warschau. Um voll arbeitsfähig zu sein, müssen wir sie ins Bild setzen. Denn wir benötigen vor allem logistische Hilfe.
Obwohl wir die polnische Seite umfassend informieren, nistet sich Argwohn ein. Daß wir ihnen keine Originaldokumente übergeben, sondern aufbereitete Informationen, entspricht zwar den Regeln der Konspiration, erregt aber ihr Mißtrauen. Eines Tages verlangen unsere polnischen Partner die Originale. Dieses Ansinnen lehnen wir natürlich ab. Gespräche, die »Lindner« und »Komteß« und wir – ich bin selbst vor Ort – in der von den Polen zur Verfügung gestellten konspirativen Wohnung führen, versöhnen wohl die polnischen Freunde wieder. Obwohl wir sicher

sind, abgehört zu werden, reden wir über Fakten. Wir haben kein Interesse, die polnische Seite zu desinformieren. Durch »Komteß« erfahren wir, wie die Polen verhandeln. Wir erkennen keine Positionen, die der DDR oder dem sozialistischen Lager schaden könnten.
Walter Ulbricht und Erich Honecker sehen das offensichtlich anders. Sie befürchten, daß sich Polen, ohne Rücksicht auf die Interessen der DDR und der anderen sozialistischen Länder zu nehmen, der BRD annähert. Ich weiß nicht, wie beide versuchten, Wladislaw Gomulka, den Ersten Sekretär des ZK der PVAP zu beeinflussen. Auf alle Fälle erhielten sie eine Abfuhr.

Wir sorgen uns bei all diesem Gerangel um unsere Quelle. Die polnischen Unterhändler sind detailgetreu informiert und lassen während der Verhandlungen durchblicken, daß sie die BRD-Position kennen. Staatssekretär Duckwitz, das erfahren wir auch, vermutet internes Wissen auf polnischer Seite. Dieser bedenkenlose Umgang mit unseren Informationen trägt wohl dazu bei, später »Komteß« zu enttarnen und Helge Berger zu verurteilen.
Das ist grotesk, denn unsere Quelle in der Bonner Vertretung erkundet nicht nur politisch Relevantes, sondern sie gibt Hinweise, die zur Sicherheit auch der polnischen geheimdienstlichen Arbeit beitragen. So hatten die zuständigen polnischen Abwehrdiensteinheiten das Gebäude der BRD-Vertretung mit zahlreichen Abhöranlagen bestückt. Als »Komteß« ankündigt, daß Experten des Bundesnachrichtendienstes die Botschaft nach Wanzen absuchen wollen, geben wir unseren polnischen Kollegen einen Wink. Die BND-Elektroniker sind verblüfft, als sie nicht ein Mikrofon finden. Sie wären erstaunt gewesen, wenn sie eine Woche später ihre Kontrolle wiederholt hätten.
Nach diesem Kabinettstück deutet sich bald eine viel kompliziertere Situation an. »Komteß« signalisiert: In der BRD-Vertretung wurde ein anonymes Schreiben abgegeben. Der

Autor kennt offensichtlich Interna der Vertretung und bietet seine Dienste an. Uns ist sofort klar: Das kann nur ein Mitarbeiter der polnischen Sicherheitsorgane sein. Wir sprechen mit unseren polnischen Partnern und vereinbaren, diesen Fall gemeinsam zu bearbeiten. Nach kurzer Zeit liefern wir Hinweise, mit denen man eigentlich den Verräter hätte identifizieren müssen. Doch wir merken bald, daß die polnische Abwehr die Sache schleppend bearbeitet und angeblich keine konkreten Ergebnisse vorliegen.
Markus Wolf interveniert beim Chef der polnischen Aufklärung. Mir wird erlaubt, mit zwei Mitarbeitern direkt diesen Fall aufzuklären. Einer von ihnen ist in Polen geboren, lebte einige Zeit dort, spricht die Sprache ohne Akzent und kann sich völlig unauffällig im Land bewegen. Wir kommen dem Verräter immer näher. Doch wir müssen die Arbeit abrupt einstellen, der Chef der polnischen Spionageabwehr teilt mir unverhohlen drohend mit, meine Mitarbeiter vor einer Festnahme nicht mehr schützen zu können. Ist es nun Desinteresse der Abwehr, oder hatten sie den Verräter schon selbst gefaßt, oder stören wir eine aktive Maßnahme der polnischen Aufklärer? Wir wissen es nicht und sind unzufrieden. Immerhin steht auch die Sicherheit einer sehr erfolgreichen Quelle von uns auf dem Spiel. Als ich in Moskau bin, spreche ich über diesen Fall. Meine Gesprächspartner zeigen sich sehr interessiert, es gibt aber keine Konsequenzen, hier helfend einzugreifen.
Als Helge Berger 1976 wieder im Auswärtigen Amt in Bonn arbeitet, wird sie verhaftet. Für sie bricht ihre Welt zusammen, als sie erfährt, für wen sie berichtet hat. Medien in der Bundesrepublik kolportieren in diesem Zusammenhang wie auch in anderen sogenannten Romeo-Fällen die These von der sexuellen Abhängigkeit. Das Zusammengehen von zwei Menschen über Jahre darauf zu reduzieren, ist offensichtlich Quatsch. Niemand kann doch wirklich annehmen, daß einer intelligenten und fachlich kompeten-

ten Frau über Jahre das Bett allein genügt, um nachrichtendienstlich tätig zu sein.
Nicht die Tatsache, daß ihr Partner nach der Verhaftung oder nach dem Ende der Zusammenarbeit nicht mehr sexuell zur Verfügung steht, macht den Frauen vor allem zu schaffen. Sie leiden vor allem darunter, getäuscht worden zu sein über den wahren Grund des Zusammenseins und über die gemeinsame Zukunft.
Ich bekenne, daß mich das Leiden solcher Frauen wie Helge Berger betroffen macht, wenn sie, aus welchen Gründen auch immer, in die Mühlen der Justiz geraten und zu hohen Haftstrafen verurteilt werden. Wir versuchen auch ihr zu helfen, bekennen uns zu ihr. Doch aus verständlichem Ärger und erklärbarer Enttäuschung lehnt sie wie auch andere, die unter fremder Flagge geworben wurden und arbeiteten, unsere Hilfsangebote ab. Wir müssen das akzeptieren.
Die HVA behandelt im Gegensatz zu den meisten Nachrichtendiensten in Ost und West auch solche Quellen nicht als Karteikarten, die nach Enttarnung und Verhaftung beiseitegelegt werden. Auch diesen Mitarbeitern steht unsere Fürsorge zu. Daß sich Helge Berger während ihrer bittersten Jahre im Gefängnis nicht helfen läßt, bedrückt mich. Um so mehr, weil es zur Profession des Aufklärers gehört, laufende Vorgänge auch nach solchen Niederlagen weiterzuführen.
Nicht ohne Probleme sind solche Vorgänge auch für die männlichen IM, die wir vorwiegend unter Pseudonym als Werber in den Einsatz schicken. Deren Aufgabe besteht nicht in erster Linie darin, eine Frau zu werben. Im Vordergrund steht das Zielobjekt, also das Ministerium, die Partei, die Institution, in welche wir Quellen plazieren wollen. Entweder wird eine bereits im Objekt tätige Person kontaktiert und geworben oder ein geeigneter Perspektiv-IM bewirbt sich. Kommt nun eine Verbindung zu einer Frau zustande und gelingt es, sie für eine Zusammenarbeit

zu gewinnen, so ist es relativ unkompliziert, wenn der Werber ledig ist und die Werbung für die DDR erfolgt. Daraus entstehen nicht wenige Ehen, die halten. Komplizierter und moralisch zumindest bedenklich wird es, wenn der Werber selbst verheiratet ist und die Kandidatin die intime Beziehung und eine mögliche spätere Heirat erwartet. So wie bei »Lindner« und »Komteß«. Ohnehin ist es eine große Ausnahme, daß die gemeinsame Arbeit weitergeht, wenn die intime Beziehung abgebrochen wird. Manchmal verdrängen wir da moralische und ethische Überlegungen um des Erfolgs willen. Hauptsächlich betrifft das Vorgänge unter fremder Flagge. Nicht jeder Werber kann oder will das. Und wir zwingen keinen dazu.

Unter fremder Flagge

Am 20. August 1968 marschieren Truppen des Warschauer Paktes in die ČSSR ein. Einheiten der NVA sind bekanntlich nicht dabei, doch Mitarbeiter und IM von uns sind im Einsatz. Der Prager Frühling passiert für uns Aufklärer, die sich hauptsächlich im Westen umtun, mehr nebenher. So können unsere Mitarbeiter, die in der ČSSR sind, weder für die tschechoslowakische Seite noch für uns besonders wichtige Informationen gewinnen, die das Geschehen am Ort beeinflussen. Wir nutzen deshalb die Chance, unser Quellennetz im Auswärtigen Amt zu erweitern. Der die Gruppe leitende HVA-Mitarbeiter, Günter Amelung, spricht mit Angehörigen der BRD-Handelsvertretung. Er trifft sich unter anderem mit Amtsinspektor Herbert Kemper. In den Gesprächen mit ihm wird klar, daß auch er, wie damals Helge Berger, nicht bereit wäre, für den Geheimdienst der DDR zu arbeiten. Deshalb segelt Günter Amelung unter fremder Flagge. Sie heißt in diesem Fall ITT. Für diesen renommierten internationalen Konzern will der Amtsdirektor Informationen liefern. Unsere IM beschäftigen sich nun intensiv mit der Konzernstruktur und den

wirtschaftlichen Interessen von ITT. Bis ins Jahr 1989 vermitteln sie Herbert Kemper mit ihrem Auftreten und ihrer Fachkompetenz den Eindruck, für diesen Multi tätig zu sein.
Wir bekommen so aus vier Botschaften der BRD in Europa und Afrika, zuletzt aus der Ständigen Vertretung der BRD bei der NATO wertvolle Informationen.
Moralisch gesehen ist ein solches Vorgehen, ob es sich nun um einen Mann oder eine Frau handelt, immer anfechtbar. Mitarbeiter eines Geheimdienstes müssen mit solchen Überlegungen leben. Informationen, die im Interesse des eigenen Landes gebraucht werden, gibt es nicht zum Nulltarif. Trotzdem, wer moralische Erwägungen hintanstellt, muß sich darüber klar sein, daß dies nicht schrankenlos geschehen kann. Für uns sind Informanten, wenn sie auch unter fremder Flagge geworben wurden, immer Menschen, für deren Schutz und Sicherheit wir verantwortlich sind. Druck und Erpressung sind ebenfalls nicht dazu angetan, solide zu arbeiten, ganz davon abgesehen, läßt sich so ein Arbeitsverhältnis über Jahre nicht aufrechterhalten. Ich kenne in der HVA keinen Vorgang, der allein auf der Grundlage von Kompromaten bearbeitet wird. Mit Mördern, Totschlägern, Drogen- oder Waffenhändlern machen wir uns nicht gemein.
In Fällen, in denen unsere Mitarbeiter unter fremder Flagge mit ihren Quellen zusammenkommen, versuchen sie nach gewisser Zeit ihre wahre Identität zu offenbaren. Wenn wir vermuten, daß der IM aus politischer Überzeugung dann die Zusammenarbeit abbricht, unterlassen wir das.

Ständige Vertretung in Bonn

Noch während der Verhandlungen über den Warschauer Vertrag beginnen Gespräche zwischen dem Staatssekretär im Bundeskanzleramt, Egon Bahr, und dem Staatssekretär beim Ministerrat der DDR, Michael Kohl. Der Chefunterhändler der DDR, Michael Kohl, steht in dieser Zeit auf der Liste derer, die unsere Ausgangsinformationen bekommen, natürlich nur die, die Beziehungen DDR-BRD betreffen. Zu ihm, wie zu vielen anderen Funktionären im DDR-Staatsapparat, habe ich ein gutes persönliches Verhältnis. Das sind beileibe keine IM-Beziehungen, Funktionsträger im Partei- und Staatsapparat sind für uns tabu. Trotzdem sind wir mit vielen im freundschaftlichen, offenen Gespräch. Michael Kohl interessiert sich für unsere Sichten, rechnet mit verwertbaren Hinweisen und hält selbst nicht hinter dem Berg.

Im Laufe der Zeit, er wird erster Leiter der Ständigen Vertretung in Bonn und anschließend stellvertretender Minister im Ministerium für Auswärtige Angelegenheiten, verbindet uns Freundschaft. In den oberen politischen Etagen bleibt das nicht unbemerkt. Von Minister Mielke erhalte ich eines Tages telefonisch einen Rüffel: »Die Linie unserer Außenpolitik bestimmen nicht Michael Kohl und Werner Großmann, sondern andere!« Ursache war, daß Michael Kohl seinem Minister, Oskar Fischer, gesagt hatte, daß er mit mir schon etwas abgesprochen habe. Fischer erzählte es Mielke, und dieser griff zum Telefon.

Als die Ständige Vertretung der DDR in Bonn zu arbeiten beginnt, erlaubt man uns, dort hauptamtliche Mitarbeiter einzusetzen. Nun können wir aus einer legalen Position heraus operativ tätig werden. Unser erster Resident wird Gerhard Behnke. Der Diplomhistoriker stammt aus Halle und arbeitet in der Abteilung I. Im Schnelldurchgang bereitet er sich auf seinen diplomatischen Einsatz vor. Denn offiziell wird er 1. Sekretär der Ständigen Vertretung und wissenschaftlicher Mitarbeiter des Leiters. Diese Funktionen füllt er aus, neben seiner konspirativen Arbeit. Michael Kohl kennt die Doppelfunktion seines Mitarbeiters.

Für unsere Arbeit in den offiziellen Vertretungen, auch in der Handelsvertretung in Düsseldorf, gibt es klare Anweisungen. Um politischen Schaden zu vermeiden, dürfen keine BRD-Bürger geworben, keine IM und Kundschafter geführt werden. Unsere Mitarbeiter in der Vertretung agieren nur defensiv, nicht offensiv, ganz im Gegensatz zur Methodik der sowjetischen Aufklärer.

Dieser Unterschied ist nicht gewollt, er hat sich ergeben. Durch die Hallstein-Doktrin und die damit verbundene jahrelange Nichtanerkennung der DDR gab es in den jeweiligen Ländern keine Botschaften. Wir waren von Anfang an gezwungen, illegal zu arbeiten. Wir empfinden das als Vorteil gegenüber den Aufklärern der anderen sozialistischen Länder. Wie oft werden sowjetische Aufklärer, die in Botschaften eingesetzt sind, wegen Spionage zur persona non grata erklärt? Von uns trifft es nur einen Mitarbeiter in Spanien.

Auch westliche Nachrichtendienste nutzen ihre offiziellen diplomatischen Vertretungen zur offensiven Spionage in den sozialistischen Ländern. Unsere Mitarbeiter erkennen oft recht schnell CIA-Mitarbeiter und überwerben viele ihrer Agenten.

Trotz der Einschränkungen in der Ständigen Vertretung nutzen unsere Mitarbeiter alle legalen Möglichkeiten. Sie informieren sich umfassend, nehmen politisch Einfluß, lernen viele Menschen kennen und prüfen, wer von denen geworben werden könnte. Nicht zuletzt müssen sie auch geheimdienstliche Angriffe wie Abhörmaßnahmen abwehren, denn sie sind auch für die innere Sicherheit der Vertretung verantwortlich.

Nach einiger Zeit bauen wir ein Abhörsystem auf. Wir empfangen den Observationsfunk gegnerischer Dienste, werten ihn aus und zeichnen gezielt Telefongespräche auf. Das alles geschieht punktuell, keineswegs flächendeckend. Dazu sind wir weder personell noch technisch in der Lage. Als Pragmatiker konzentrieren wir uns auf Schwerpunkte.

Der direkte Einsatz in der ständigen Vertretung bringt einen weiteren Vorteil. Wir bringen unsere Leute im Konsularbereich unter. Nun können wir inhaftierte Kundschafter direkt und ganz offiziell betreuen. Inoffiziell haben wir das schon immer getan. Es gehört zum Prinzip der HVA, daß wir niemand seinem Schicksal überlassen. Wenn jemand enttarnt und verhaftet wird, organisieren wir Anwälte, sprechen mit den zuständigen Behörden der Bundesrepublik und schaffen Möglichkeiten, die Inhaftierten zu besuchen. Gerade in einer solchen Situation lassen wir die Betroffenen nicht allein.

Als Günter Guillaume und seine Frau Christel Guillaume 1974 verhaftet werden, versucht die Leitung der HVA, die beiden so schnell wie möglich im Rahmen eines internationalen Austausches von Spionen frei zu bekommen. Ich werde mit ersten Sondierungen beauftragt. Bis dahin hatte ich kaum etwas mit diesem Vorgang zu tun, erst sehr spät erfuhr ich von der Existenz der Guillaumes.

1969, als Brandt Bundeskanzler wird, ruft mich Markus Wolf in sein Zimmer. Offensichtlich will er mir etwas sehr Wichtiges mitteilen. Doch vorher verpflichtet er mich zur größten Geheimhaltung. Ich erfahre, daß die HVA völlig unerwartet über eine Spitzenquelle im Bundeskanzleramt verfügt. Willy Brandt habe seinen persönlichen Referenten Guillaume, einen Kundschafter von uns, einfach aus der SPD-Parteizentrale mit in sein neues Amt genommen. Unser Kundschafter, geführt von Kurt Gailat, Leiter des Referats SPD in der Abteilung II, befindet sich nun in einer exponierten Stellung, die gar nicht angestrebt worden war. Wieder eine der Unwägbarkeiten geheimdienstlicher Arbeit. Nun ist strengste Konspiration notwendig. Je weniger von diesem Vorgang Kenntnis haben, desto sicherer ist unser Mann im Zentrum der Macht. Als zuständiger Leiter der Abteilung I, die das Bundeskanzleramt als Hauptobjekt bearbeitet, muß mich Wolf in Kenntnis setzen, daß es diese Quelle gibt. Wir dürfen Günter Guillaume durch keine unserer Aktivitäten gefährden. Mit dem gesamten

Vorgang habe ich sonst nichts zu tun. Erst mit und nach der Verhaftung des Kundschafterehepaares erfahre ich weitere Zusammenhänge und Hintergründe.
Die muß ich nun kennen, denn ich soll die Haltung von Bundeskanzler Helmut Schmidt zu einem geplanten Austausch sondieren. Auf der Suche nach einer geeigneten, einflußreichen Persönlichkeit, die das Thema bei Schmidt ansprechen könnte, kommen wir auf Berthold Beitz, den Aufsichtsratsvorsitzenden der Fried. Krupp GmbH. Das ist der richtige Mann.
Der stellvertretende Außenhandelsminister der DDR, Heinz Behrendt, den ich sehr gut kenne und der über einen guten Draht zu Berthold Beitz verfügt, vermittelt einen Termin. So kommt es zu einem Mittagessen zu dritt im Prinzessinnenpalais Unter den Linden in Berlin. Beitz hört sich meine Bitte an und verspricht, den Bundeskanzler bei passender Gelegenheit zu fragen, ob er einen Austausch unterstützen werde. Schmidts Antwort werde er mir mitteilen, wenn er in einigen Wochen während eines Ostseetörns mit seinem Segelboot in Stralsund anlegt.
Vier Wochen später begrüße ich Berthold Beitz im Hafen der kleinen Hansestadt am Strelasund. Wir fahren mit meinem Lada landeinwärts. In einem einsam gelegenen Landgasthof kehren wir ein und plaudern bei Bockwurst und Kartoffelsalat. Schmidts Antwort ist kurz und knapp. Er ist gegen einen Austausch. Guillaume soll seine Strafe absitzen. Berthold Beitz segelt weiter.
Ich hatte die Angelegenheit schon vergessen, als sich Beitz wieder bei mit meldet. Er äußert einen ganz privaten Wunsch. Er möchte sein Geburtsort besuchen, sein Vaterhaus sehen und auf die Gräber seiner Eltern einen Blumenstrauß legen. Ich soll ihn begleiten. Also machen wir uns auf den Weg. Wir fahren nach Zemmin, einem kleinen Dorf im Bezirk Neubrandenburg. Im Garten seines Vaterhauses entdeckt Beitz eine alte Handwasserpumpe. Er möchte das verrostete Ding als eine Erinnerung an seine Kind-

heit haben. Auch das erledigen wir. Die Pumpe gelangt aus dem kleinen Garten im kleinen mecklenburgischen Zemmin in den großen Park der Villa Hügel in Essen.

Das Bundeskanzleramt

Eine Quelle wie Günter Guillaume ist natürlich kaum zu ersetzen. Trotzdem arbeiten wir daran, wieder Informationen aus dem Zentrum zu bekommen. 1973 verpflichtet sich Dagmar Kahlig-Scheffler (»Inge«), 1947 geboren, wohnhaft in Hamburg, mit der HVA zusammenzuarbeiten, nach Bonn zu ziehen, um sich dort als Sekretärin im Auswärtigen Amt (AA) zu bewerben. 1975 meldet sie sich ohne unser Wissen auf eine Stellenanzeige im Bundeskanzleramt und wird prompt eingestellt. Ab 1. November 1975 arbeitet sie als Sekretärin in der Abteilung II, Auswärtige und innerdeutsche Angelegenheiten und äußere Sicherheit, und liefert eine Vielzahl interessanter Informationen. Sie wird einem Residentenehepaar in der BRD angeschlossen. Der Verfassungsschutz verhaftet beide und auch Dagmar während der »Aktion Anmeldung«. Zunächst wird sie zu drei Jahren Haft verurteilt, nach Revision der Staatsanwaltschaft und neuem Verfahren zu vier Jahren und drei Monaten Haft.

Wir brauchen dauerhafte Lösungen und müssen vorausschauend planen. Es ist abzusehen, daß die sozialliberale Koalition nicht ewig hält. Wir stellen uns auf einen Regierungswechsel ein und bereiten Kandidaten vor, die auch in einem rechten politischen Umfeld eine Chance haben, die Karriereleiter emporzuklettern.

Einer von ihnen ist Dr. Reinhard Ott (»Richard«). Er kommt aus gutsituiertem Haus, steht aber links, sehr weit links. Wir brauchen ihn nicht zu überreden. Völlig entgeistert reagiert er allerdings, als Harald Fischer und ich ihm in Berlin empfehlen, in die CDU einzutreten. Dort soll er sich eine nachrichtendienstlich interessante Position erar-

beiten. Nachdem er sich von dem Tiefschlag in sein linkes Bewußtsein erholt hat, stimmt er zu. Sein beruflicher Werdegang als Jurist, seine Herkunft bilden einen perfekten Hintergrund für einen erfolgversprechenden Werdegang auf der rechten Seite der Gesellschaft. Mir scheint, das Vexierspiel scheint ihm auf einmal zu gefallen.
Ein Staatsangestellter wird er zwar nicht, aber seine Positionen, die er in Parteigremien der CDU erlangt, sind für uns von Interesse. Er wird Referent bei der CDU-Fraktion im Düsseldorfer Landtag und Mitarbeiter von Kurt Biedenkopf und Bernhard Worms. Leider bezahlt er sein Engagement mit einigen Jahren Haft. CDU-Mitglied ist er nun nicht mehr.

Wer junge Quellen gewinnen will, braucht natürlich auch entsprechend junge, wendige und kreative IM als Werber im Operationsgebiet. Die haben wir zunehmend. In der DDR aufgewachsen, gut ausgebildet und kontaktfreudig, kommen sie schnell mit Altersgenossen ins Gespräch. Manche von ihnen, wie der 32jährige Wolfgang Hartmann, leitender Mitarbeiter im Staatsapparat, den Gewerkschaften und an der Universität in Halle, übernehmen die selbst gewonnenen Quellen als Führungs-IM. Wolfgang kennt sich bestens aus in Politik, Geschichte, Literatur, Kunst und Kultur und ist ein guter Psychologe. Er gewinnt zwei neue Mitarbeiter, Knut Gröndahl (»Töpfer«-»Hanson«) auf politisch ideologischer Grundlage und Horst Müllers (»Weber«) unter fremder Flagge.
Knut Gröndahl, 1941 geboren, arbeitet nach seinem Jurastudium im Ministerium für innerdeutsche Beziehungen, Horst Müllers, Jahrgang 1937, im Ministerium für wirtschaftliche Zusammenarbeit. Zwischen Wolfgang und seinen Partnern Knut und Horst entwickeln sich enge freundschaftliche Beziehungen. Die bestehen auch weiter, als Horst Müllers erfährt, daß er jahrelang nicht für die IG Ostarbeit, eine fiktive Interessengemeinschaft großer

Konzerne, Informationen geliefert hat, sondern für den Geheimdienst der DDR.
Knut Gröndahls eigene, fest umrissene politische Ziele, stimmen mit unserer nachrichtendienstlichen Absicht nahezu überein. Er will nicht die Bundesrepublik unterwandern und destabilisieren, sondern eine Politik der Entspannung und Kooperation zwischen Ost und West unterstützen. Als Leiter des Referats im Bundesministerium für innerdeutsche Beziehungen setzt er alle seine Fähigkeiten und Kenntnisse ein, die Deutschland- und Ostpolitik der Bundesrepublik zu befördern, weg von der Konfrontation, hin zur Kooperation. Unsere Treffen werden immer mehr zu Beratungen. Wir nehmen nicht nur Informationen von ihm entgegen, sondern wir übergeben ihm auch aktuelle Materialien der DDR-Politik bis hin zu Politbüro-Vorlagen.
1986 wird Knut Gröndahl in die Ständige Vertretung der BRD in Berlin versetzt. Wir beenden die operative Zusammenarbeit, wenn auch unter Schmerzen. Politische Erwägungen lassen uns keinen Spielraum. Erich Honecker will endlich zum Staatsbesuch nach Bonn. Eine eventuelle Enttarnung eines DDR-Kundschafters in der Ständigen Vertretung der BRD könnte dieses Vorhaben verzögern oder sogar verhindern. Dieses Risiko ist uns zu groß.

Der abgeschöpfte Wienand

In die Zeit meiner Leitungsverantwortung in der Abteilung I fällt auch der Vorgang Karl Wienand (»Streit«). Auf ihn werden wir aufmerksam durch den im Ost-West-Geschäft tätigen Horst Bosse. Der ist mit Wienand schon länger im Gespräch und schöpft interessante Informationen ab.
Nach dem Tod Bosses wollen wir auf die wichtige Quelle Wienand nicht verzichten und suchen den persönlichen Kontakt. Unserem Mitarbeiter Alfred Völkel (»Krüger«), einem Offizier im besonderen Einsatz, gelingt das 1970

ziemlich schnell. Gegenüber Wienand tritt der Diplomökonom als Mitarbeiter des Ministerrats der DDR auf. Diese Legende hält bis zum Ende des Dienstes. Wir verzichten aber auf eine direkte Werbung. Wir brauchen einen Gesprächs- und Informationskanal zwischen der DDR und der BRD auf hoher politischer Ebene. Dieser back channel funktioniert blendend. Denn Wienand verfügt selbst in Zeiten, in denen er selbst keine offiziellen Funktionen mehr ausfüllt, über beste Beziehungen zu den Spitzen in den Parteien und im Staat.

Bald erfahren wir, daß Wienand den Fraktionsvorsitzenden der SPD, Herbert Wehner, von seinen Gesprächen informiert und sich von ihm den Segen dazu geholt hat. Uns ist klar, daß wir hier nicht nur abschöpfen können, sondern auch Informationen anbieten müssen. Es ist ein Nehmen und Geben. Wienand bekommt von uns interne Informationen über die DDR-Politik, wie wir auch von ihm wichtige Dinge erfahren. Solch ein back channel ist keine Einbahnstraße, wenn er politisch effektiv sein soll. Und das ist er zu bestimmten Zeiten und anläßlich anstehender politischer Entscheidungen.

Solche Verbindung ist voller Unwägbarkeiten und nicht so zu steuern wie ein IM-Vorgang. Wir erfassen bei weitem nie alle Aktivitäten von Wienand. Im Falle des Züricher Modells nehmen wir zur Kenntnis, daß er noch durch andere back channel mit der DDR verbunden ist. Das Züricher Modell ist eine Zeit lang eine Option der Partei- und Staatsführung, die aus den Fugen geratene Valutabilanz in den Griff zu bekommen. Die DDR will mit der BRD eine Bank in der Schweiz gründen, durch die sie Zugriff auf Devisen vom internationalen Kapitalmarkt erhält.

Dieses Vorhaben scheitert. Das ist jedoch nicht die Schuld von Wienand. Erich Honecker favorisiert zunächst das Züricher Modell und findet in den Bundeskanzlern Schmidt und Kohl Befürworter. Später beugt sich der Generalsekretär dem Druck von Erich Mielke und Alexander Schalck-

Golodkowski, die Strauß mit einem Milliardenkredit ins Spiel bringen. Offensichtlich findet Erich Honecker die ausgehandelten Konditionen gut. Im vertrauten Kreis sagt er: »Wir sind zum Kredit gekommen wie die Jungfrau zum Kind.«

Wir erfahren vom Züricher Modell nicht nur durch die Gespräche zwischen Wienand und Völkel, sondern vor allem durch unseren Kontakt zu Professor Nitz vom Institut für Politik und Wirtschaft (IPW) der DDR. Wir bitten Minister Mielke, sich für das Züricher Modell zu engagieren. Doch der reagiert sauer. Er weist an, daß wir uns nicht mehr um diese Angelegenheit zu kümmern hätten. Das Modell sei unseriös, seine Förderer auf westlicher Seite wollten die DDR schädigen. Insbesondere treffe das auf Herrn Bahl zu, durch den auch westliche Dienste mit im Geschäft sind. Holger Bahl ist Direktor der Bank für Kredit- und Außenhandel Zürich und pflegt beste Beziehungen zum CDU-Vorsitzenden Helmut Kohl.

Die Mielke-Schalck-Strauß-Connection setzt sich durch. Baß erstaunt nehmen wir zur Kenntnis, daß Mielke in Strauß plötzlich nicht mehr den Feind Nr. 1 sieht, sondern einen potentiellen Verbündeten. Als sich die Führung der Sowjetunion weiter dem Wunsch von Strauß verschließt, ihn in Moskau zu empfangen, versucht Mielke die sowjetische Seite umzustimmen. Strauß fliegt schließlich nach Moskau. Nun zeichnet sich der Milliardenkredit am Horizont ab, den Alexander Schalck-Golodkowski und Franz Josef Strauß aushandeln.

In den Beziehungen zwischen der DDR und der BRD gibt es eine Vielzahl solcher back channel, auf der Ebene der Parteien, des Staates und der gesellschaftlichen Organisationen. Ganz abgesehen von solchen Verbindungen nach Moskau, wie sie Egon Bahr über Jahrzehnte pflegte. Nicht einer der Beteiligten wird nach 1990 strafrechtlich verfolgt, nur Karl Wienand.

In einer Dienstversammlung der HVA mit leitenden Mitarbeitern und dem 1. Sekretär der SED-Parteiorganisation verliest Markus Wolf am 15. November 1975 einen Befehl von Minister Mielke. Ich werde zum stellvertretenden Leiter der HVA ernannt. Wolf schüttelt mir die Hand, ein Berg aus Arbeit liegt vor mir. Der Bereich, den ich übernehme, wird neu strukturiert. Dazu gehören nun neben der Abteilung I auch die Abteilung II – Politische Parteien und Organisationen in der BRD, wieder die Abteilung IV – Bundesverteidigungsministerium, die Abteilung VI – Übersiedlung, Dokumentation, und die Abteilung RD – Rückwärtige Dienste. Da die Pensionierung Hans Frucks im Jahre 1977 ins Haus steht, übernehme ich auch die Gesamtverantwortung für die Kontakte zu Alexander Schalck-Golodkowski. Wir nutzen einige Privatfirmen der Kommerziellen Koordinierung für unsere operative Arbeit.
Mit diesem neuen Stellvertreterbereich liegt die nachrichtendienstliche Bearbeitung der politischen Entscheidungszentren der Bundesrepublik und Westberlins zum ersten Mal in der Geschichte der HVA in einer Hand. Ich bin auch befugt, die Abteilung XV der Bezirksverwaltung Berlin anzuleiten. Die Abteilungen XV – Aufklärung in den Bezirken, unterliegen ohnehin schon einer doppelten Unterstellung. Sie sind dem jeweiligen Chef der Bezirksverwaltung direkt und in fachlichen Fragen der HVA-Leitung zugeordnet.
Wichtig ist für mich, daß mein unmittelbares Arbeitsumfeld erhalten bleibt. Meine Sekretärin, Margot Schultz, und mein Kraftfahrer, Eckehard Zühl, begleiten mich in die Chefetage. Wir sind ein gut eingespieltes Team, verstehen

uns bestens, beide sind wegen ihrer menschlichen Qualitäten und fachlichen Kompetenz beliebt.
Meinen Referenten, Werner Groth, hole ich mir aus der Abteilung I. Unter den jüngeren Mitarbeitern gefällt er mir wegen seiner Intelligenz und seiner zupackenden Art. Werner, Jahrgang 1943, besuchte bis zur ihrer Auflösung die Kadettenschule in Naumburg und legte dann das Abitur an einer Erweiterten Oberschule in Berlin ab. Nach dem Studium an der Hochschule für Ökonomie in Berlin-Karlshorst kommt der frischgebackene Diplomökonom zu uns in den Dienst. Klug, kontaktfreudig, offen, ehrlich, schnell denkend und handelnd, aber immer auch abwägend, ist er der richtige Mann für diese Position. Er hält, was ich mir von ihm versprochen hatte. Nach zehnjähriger Zusammenarbeit übernimmt er ein Referat in der Abteilung II. Ich lasse ihn ungern gehen, doch mir liegt seine weitere Karriere auch am Herzen.
Außer den wenigen Vorgängen, die Markus Wolf weiter selbst bearbeitet, wie den FDP-Politiker William Borm und die SPD-Politiker Gerhard Flämig und Dr. Friedrich Cremer, lerne ich nun schnell alle anderen operativen Vorgänge kennen.
Die Abteilungsleiter Rudi Genschow, mein Nachfolger in der Abteilung I, Günter Neefe und später Kurt Gailat in der Abteilung II, Gerhard Schmutzler in der Abteilung IV, Günter Irmscher und später Helmut Reinhold in der Abteilung VI, Tilo Kretzschmar in der Abteilung RD und Wolfgang Lange in der Abteilung XV unterstützen mich in jeder Hinsicht.
Die größere Verantwortung hat ihren Preis. Mir bleibt nur noch wenig Zeit, mich direkt an operativen Vorgängen zu beteiligen. Die erste Bestandsaufnahme zeigt: In allen mir unterstellten operativen Diensteinheiten gewährleisten Anzahl und Qualität der Quellen und IM, die Politik der Bundesregierung gegenüber der DDR und dem Ostblock insgesamt aufzuklären. Vorhandene Lücken müssen wir

schließen. In der Abteilung II erkenne ich sie vor allem bei der Aufklärung der CSU. Der Abteilung IV fehlt eine Spitzenquelle im Bundesverteidigungsministerium, und die Abteilung I, der es schon zu meiner Zeit als Leiter nicht gelungen war, entscheidend in das Bundeskanzleramt einzudringen, arbeitet weiter an diesem Problem.

Panne bei der Übersiedlung

Die Abteilung VI, sie entsendet Ehepaare oder einzelne IM mit fremder Identität in das Operationsgebiet, übersiedelte zwar viele Kundschafter und IM, knabbert gerade an einem empfindlichen Rückschlag. Anfangs schicken wir unsere Leute direkt über die offene Grenze in die BRD, später nur noch in Ausnahmefällen. Jeder geflüchtete DDR-Bürger landet in einem Auffanglager und wird automatisch von bundesdeutschen und alliierten Geheimdiensten registriert und verhört. Das beeinträchtigt von vornherein künftige nachrichtendienstliche Aktivitäten.
Unsere Experten empfehlen, Identitäten von Deutschen zu übernehmen, die im westlichen Ausland leben. Das erfordert einen weitaus größeren Aufwand. Zunächst werden geeignete Deutsche in Drittländern ausfindig gemacht und deren Werdegang aufgeklärt. Die Übersiedlungskandidaten müssen nicht nur das entsprechende Alter haben, sondern sich auch biographisch, beruflich, sprachlich, orts- und landeskundlich präzise vorbereiten. Bis zum Einsatz vergehen meist mehrere Jahre. Wenn alles richtig recherchiert ist, funktioniert die Methode ziemlich reibungslos. Ein ausgewanderter Bundesbürger kehrt eben in die Heimat zurück.
Als einige unserer IM enttarnt werden, sie sind nicht mal mit dieser Methode eingeschleust, überprüfen findige BfV-Abwehrspezialisten auch Einreisen aus dem Ausland. Sie starten die »Aktion Anmeldung« und enttarnen tatsächlich einige Kundschafter. Erfolgreich ist die Gegenseite des-

halb, weil wir einen Fehler zuließen, den man im nachrichtendienstlichen Geschäft tunlich vermeidet. Wir übersiedelten unser Kundschafter nach einem festen Muster. Und nur deshalb kann die BfV-Rasterfahndung so erfolgreich sein. Diese Aktion beginnt Anfang der 70er Jahre und endet Ende der 70er Jahre mit dem Rückzug gefährdeter Kundschafter in die DDR. Hans-Joachim Tiedge, ehemaliger Abwehrmann des Bundesverfassungsschutzes, beschreibt diesen Vorgang ausführlich in seinem Buch »Der Überläufer«.

Besonders betroffen von dieser Aktion ist die Abteilung II und hier wiederum das Referat CDU/CSU. Verhaftet werden Ursula Höfs, Sekretärin in der CDU-Führung, und ihr Ehemann. Sie kommen später in die DDR. Aus Sicherheitsgründen holen wir Christel Broszey, Sekretärin des damaligen Generalsekretärs der CDU, Kurt Biedenkopf, und Inge Goliath, Sekretärin des CDU-Bundestagsabgeordneten Dr. Werner Marx, in die DDR. Sie kommen mit ihren Ehemännern, die einst aus der DDR eingeschleust worden waren.

Alle drei Ehepaare gelten später in den Medien und auch in den Unterlagen der Gauck-Behörde als »Romeo«-Fälle. Niemand nimmt zur Kenntnis, daß sie alle noch heute glücklich verheiratet und ihrer politischen Grundhaltung treu geblieben sind. Das Bundesamt für Verfassungsschutz kann sich wahrlich nicht vieler Erfolge im Kampf gegen uns rühmen, mit der »Aktion Anmeldung« trifft es aber ins Schwarze.

Natürlich lernen wir aus dieser Niederlage. Übersiedlungen erfolgen weiter, wenn auch in geringerer Zahl. Wir vermeiden aber möglichst jede Analogie. Eine weitere Rasterfahndung des Bundesamtes, die operative Reisewegüberwachung, erkennen wir rechtzeitig. Sie geht ins Leere. Auch darüber schreibt Hans-Joachim Tiedge in seinem Buch »Der Überläufer«.

Nach meiner Amtsübernahme nutze ich sich bietende Ge-

legenheiten, Kundschafter persönlich kennenzulernen. Johanna Olbrich treffe ich in der DDR. Sie hatte sich 1964 für eine Zusammenarbeit verpflichtet. Obwohl schon 38jährig und in gesicherter beruflicher Position, brach sie ihre Karriere im Ministerium für Volksbildung ab und ging in unserem Auftrag in die Bundesrepublik. Motive für diesen Entschluß bezieht sie aus ihrem eigenen Leben.
Sie ist 19 Jahre alt, als der Krieg nach Lauban, heute Luban, kommt. Aus Oberschlesien flüchtet sie vor der heranrollenden Front. In der Nähe von Kattowitz sieht sie Leichen in Häftlingskleidung, Menschen, die vor Schwäche gestorben sind oder erschossen wurden, weil sie nicht weiterlaufen konnten, liegen zwischen Kothaufen und weggeworfenen Gegenständen. Kinder betrachten neugierig die im Straßengraben liegenden Skelette. Diese Bilder lassen sie nie wieder los. Nach ihrer Aussiedlung kommt sie nach Sachsen. Sie wird Lehrerin. Die ihr anvertrauten Kinder will sie vor Erlebnissen bewahren, die sie selbst machen mußte. 1960 beruft man sie ins Ministerium für Volksbildung der DDR. Hier arbeitet sie als Hauptreferentin für deutsche Sprache und Literatur.
Als eine Genossin, die sich bewußt für die Mitgliedschaft in der SED entschieden hat, stellt sie persönliche und berufliche Ambitionen hintan, als sie gebeten wird, nachrichtendienstlich in der Bundesrepublik zu arbeiten. Die Argumente ihrer Gesprächspartner aus der HVA sind ihr geläufig. Auch sie möchte eine friedliche Zukunft. Auch sie sieht diese gefährdet angesichts des eskalierenden Kalten Krieges zwischen den gesellschaftlichen Systemen und hochgerüsteten Militärblöcken in Ost und West.
Johanna Olbrich bereitet sich drei Jahre auf die Übersiedlung vor. Sie schlüpft in die Identität einer Frau, die aus der Bundesrepublik in die DDR gekommen ist. Die hochqualifizierte Lehrerin und Hauptreferentin wandelt sich zur Bürohilfskraft. Keine leichte Übung für die intelligente, gebildete und selbstbewußte Hanna.

1967 schleusen wir unsere neue Kundschafterin in die BRD. Hanna arbeitet zunächst als Registrierkraft bei einer Rechtsschutzversicherung. Ihre Vorgesetzten erkennen schnell, daß ihre neue Mitarbeiterin mehr kann. Sie avanciert zur Schreibkraft, später zur Sekretärin, dann zur Bürovorsteherin. Schließlich empfehlen wir ihr, sich als Sekretärin beim FDP-Abgeordneten William Borm zu bewerben. Sie ahnt natürlich nicht, daß dieser auch im Dienst der HVA steht. Für die Öffentlichkeit ist sie jedenfalls Sekretärin im Bundestag. Ihre Legende ist nun perfekt.
1973 wechselt sie in die Bundesgeschäftsstelle der FDP und arbeitet als 2. Sekretärin für den Generalsekretär Karl-Hermann Flach. Als Dr. Martin Bangemann 1974 Generalsekretär der FDP wird, übernimmt er sie als Chefsekretärin. 1975 tritt er zurück, behält aber sein Abgeordnetenmandat. Sie begleitet ihn als Sekretärin in den Bundestag.
Natürlich ist Johanna auf Grund ihrer Allgemeinbildung und beruflichen Ausbildung für ihre Tätigkeit in der BRD, noch dazu mit der Biografie, die sie durch ihre neue Identität hat, total überqualifiziert. Muß sie sich anfangs verstellen, entwickelt sie sich nun zu einer der qualifiziertesten Sekretärinnen im Regierungsapparat. Intelligent, klug, selbstbewußt, anpassungsfähig, ruhig, sachlich, fleißig, umgänglich und immer lernbegierig.
Nach der ersten Direktwahl zum Europäischen Parlament im Herbst 1979 erhält Bangemann ein Mandat und den Vorsitz in der dortigen Fraktion der Liberalen. Johanna wird in Brüssel Fraktionsmitarbeiterin und hält im Auftrag ihres Chefs die Verbindung zu den FDP-Bundestagsabgeordneten, die sich mit europäischer Politik befassen. Mit der gleichen Präzision, wie sie ihren beruflichen Pflichten nachkommt, erfüllt sie auch ihre nachrichtendienstlichen Aufgaben.
Als die FDP 1984 die Europawahl und damit Bangemann sein Mandat verliert, tritt er die Nachfolge des zurückgetretenen Otto Graf Lambsdorff als Wirtschaftsminister an.

Johanna Olbrich ist nun Chefsekretärin im Bonner Wirtschaftsministerium.
Natürlich entwickelt sich während der langen Zusammenarbeit zwischen Johanna Olbrich und Martin Bangemann und dessen Familie eine freundschaftliche Beziehung. Die verrät Hanna niemals. Und sie beschädigt auch nicht die Person Bangemann. Im Gegenteil. Das Psychogramm, das wir auf Grund ihrer Berichte anfertigen, trägt mit zu seinem Ansehen bei, daß er in der DDR-Führung, besonders bei Erich Honecker genießt. Und dieses ist entschieden höher als das vieler anderer BRD-Spitzenpolitiker.
Aus Sicherheitsgründen holen wir 1985 unsere langjährige Kundschafterin in die DDR zurück – ihre gefälschten Ausweise wurden ihr, auf der Rückreise von einem Treff in der DDR, in Rom gestohlen. Auf Grund ihrer Position informieren wir Honecker. Er billigt den Schutz unserer Kundschafterin, weist aber die konspirative Unterbringung in der DDR an. Der Bundesregierung sollen ihre wahre Identität und ihr jetziger Aufenthalt in der DDR verborgen bleiben.
Für Hanna ist das eine Zumutung. Wieder zu Hause, muß sie weiter konspirieren und sich verstecken. Nach wenigen Wochen muten wir ihr das nicht mehr zu. Sie lebt wieder unter ihrem richtigen Namen.

Stillers Flucht und die Folgen

Die Hauptabteilung II – Spionageabwehr des Ministeriums für Staatssicherheit beobachtet im Jahr 1978 Helga Michnowski im thüringischen Oberhof. Die Kellnerin im Hotel Panorama wird verdächtigt, für den BND zu spionieren und Kontakt zu einem HVA-Mitarbeiter zu haben – offensichtlich setzt der BND nicht auf Romeos, sondern auf Julias. Ohne uns ins Bild zu setzen, bearbeitet die Hauptabteilung II den Fall allein. Kurz bevor entschieden werden soll, die Frau zu verhaften, gerät Werner Stiller,

diplomierter Physiker und Mitarbeiter im Sektor Wissenschaft und Technik der HVA, in Panik.
Helga Michnowski ist seine Geliebte. Über sie hat er Kontakt zum Bundesnachrichtendienst bekommen. Das war nicht so einfach. Denn als seine Freundin ihren Kontaktleuten vom BND Stillers Bereitschaft zur Flucht meldet, glauben die nicht so recht daran. Ihre Mißerfolge bei der Gewinnung von Überläufern zeigen Wirkung. Pullach verlangt Beweise, daß der Mann wirklich ein HVA-Mitarbeiter ist. Die dann übermittelten Nachrichten sind überzeugend, beide sollen über Warschau ausgeschleust werden. Doch der erste Versuch gerät so dilettantisch, daß die beiden wieder nach Haus fahren müssen. Stiller packt nun die Angst, er ergreift die Initiative.
Am 18. Januar 1978 bricht er nach Dienstschluß im Vorzimmer seines Abteilungsleiters den dort stehenden Blechschrank auf. Darin liegt der Sonderausweis, den er braucht, um im Bahnhof Friedrichstraße die Grenzkontrolle zu passieren.
Der BND läßt verbreiten, Stiller sei schon längere Zeit ihr aktiver Agent gewesen. Das ist blankes Wunschdenken und eine gezielte Desinformation. Die Aktivitäten des Bundesnachrichtendienstes laufen nach dem Übertritt Stillers so langsam an, daß wir durch ihn verratene Kundschafter warnen und in die DDR holen können.
Der Verrat Stillers ist für die HVA ein schwerer Schlag. Ein Universitätsprofessor in der Bundesrepublik und ein Atomphysiker in Frankreich werden verhaftet. 14 Mitarbeiter können wir warnen. Sie flüchten in die DDR, darunter der Diplomphysiker Dr. Hans Koppe aus den Elektro-Werken Hamburg und der Diplomchemiker Dr. Hans Petras, Prokurist in einem Zweigwerk der Farbwerke Hoechst in den Niederlanden.
Unbestreitbar, die Aktion beeinträchtigt stark unsere operativen Möglichkeiten, vor allem auf den Gebieten der Atomphysik und der Chemie. Auch wenn Stiller keine

Kundschafter anderer operativer Linien kennt, beeinflußt seine Flucht auch deren Arbeit. Allein die Tatsache, einen Verräter in unseren Reihen gehabt zu haben, verunsichert die Mitarbeiter und IM.

Verstärkt wird dieses Gefühl durch die Reaktion von Minister Mielke und leitender Mitarbeiter der Abwehr. Besonders der 1. Stellvertreter des Ministers, Bruno Beater, schürt das Mißtrauen gegen die Aufklärung. Seine seit eh und je bestehenden Vorbehalte gegen die politische Zuverlässigkeit der HVA-Mitarbeiter und ihre Professionalität in Abwehrfragen sieht er bestätigt.

Dabei ist alles so einfach. Es gibt nur sehr wenige Panzerschränke in den Abteilungen. Überall, auch in den Vorzimmern der Leiter stehen nur ganz einfache Blechschränke. Die kann jeder, wenn er will, mit einem Schraubenzieher öffnen. Wir verfügen weder über die entsprechende Technik noch über das notwendige Geld, um Zimmer und Inventar vor solchen Zugriffen wie dem von Stiller zu sichern. Natürlich gehören klassifiziertes Material und Sonderausweise nicht in den Blechschrank der Sekretärin, das ist eine grobe Nachlässigkeit der dafür Verantwortlichen, aber doch kein Beweis für die Unzuverlässigkeit der gesamten HVA.

Realitätsferne spiegeln auch die Schlußfolgerungen. Verstärkter politischer Einfluß auf die Mitarbeiter, Verbesserung der Erziehungsarbeit und der dienstlichen Anleitung, stärkere und gegenseitige Kontrolle der persönlichen Kontakte sollen künftig Verrat für immer ausschließen. Das ist Wunschdenken. Minimieren kann man mit solchen Maßnahmen das Risiko schon, garantieren kann man damit nichts. Das wissen wir Aufklärer besser. Menschen sind keine Roboter, sie lieben, sie leiden, sie haben Träume und Ängste, sie meistern ihr Leben oder auch nicht, sie lösen ihre Konflikte oder auch nicht, sie bewältigen Krisen oder auch nicht. Sie ändern ihre Ansichten und sich selbst. In die Seele des einzelnen läßt sich schwer blicken.

Natürlich ziehen wir nach einer solchen Niederlage Schlußfolgerungen, um den Schaden so gering wie möglich zu halten, um gegnerische Aktivitäten, die zweifellos folgen, abwehren zu können. Doch Minister Mielke und sein 1. Stellvertreter Beater sind keine Männer des differenzierten Herangehens, beide reagieren neurotisch und hysterisch zugleich. Sie stufen kurzerhand die gesamte HVA als Sicherheitsrisiko ein. Und so werden wir auch bearbeitet. Die Hauptabteilung II, verantwortlich für die Spionageabwehr, verstärkt die Abteilung, die für die innere Sicherheit im MfS mit verantwortlich zeichnet, und die Hauptabteilung Kader und Schulung rüstet ihren Bereich Disziplinar auf. Das paßt, der Leiter der Hauptabteilung Kader und Schulung, Günter Möller, war vorher leitender Abwehroffizier in der Hauptabteilung II. Dort ist jetzt Edgar Braun für die innere Sicherheit zuständig.
Der bestätigt später durch sein eigenes Verhalten meine These, daß Menschen in Konfliktsituationen ihre Ansichten und sich selbst schnell ändern können. Braun entwickelt sich während der Auflösung des Ministeriums für Staatssicherheit/Amt für Nationale Sicherheit zu einem der eifrigsten Zuträger des Bundesamtes für Verfassungsschutz, zum ständig auskunftsbereiten Gesprächspartner von Eckart Werthebach. Beim Präsidenten des Bundesamtes für Verfassungsschutz, Gerhard Boeden, geht er ein und aus. Bei einer solchen Visite in Köln sichtet ihn unser noch aktiver Kundschafter Klaus Kuron. Das Bestreben Brauns, nahtlos zum Bundesverfassungsschutz zu wechseln, ist offenbar vergeblich, doch er genießt weiterhin formales Wohlwollen.

Verhängnisvoll wirken die drakonischen Aktivitäten der Abwehr auf die Kundschafter, die wir zurückgezogen haben. Dem Zugriff des Gegners entzogen, sind sie plötzlich operative Vorgänge der Abwehr des Ministeriums für Staatssicherheit. Besonders betroffen sind jene Mitarbeiter, die wir als Bürger der Bundesrepublik geworben hatten und die sowieso genügend Schwierigkeiten haben, sich den Verhältnissen in der DDR anzupassen. Rainer Fülle, der jahrelang für uns im Kernforschungszentrum Karlsruhe gearbeitet hat, geht in die Bundesrepublik zurück. Er nimmt sogar vier Jahre Haft in Kauf.

Direkte Folgen merke ich in der Arbeit meines Bereiches nicht, er bleibt politisch und nachrichtendienstlich stabil, die offiziellen und inoffiziellen Mitarbeiter lassen sich nicht beeindrucken. Es wirken die engen zwischenmenschlichen Beziehungen, das dabei entstandene Vertrauen zwischen uns und die gegenseitige Achtung.

Natürlich wollen wir wissen, welchen Weg Stiller geht, wo er sich aufhält, was er plant, wie der BND die gewonnenen Erkenntnisse nutzen will. Sich daraus ergebende Angriffe müssen wir abwehren, geplante Aktivitäten ins Leere laufen lassen. Es gibt nicht wenige Versuche des Bundesnachrichtendienstes, das durch Stiller preisgegebene Wissen zu nutzen, um HVA-Mitarbeiter zu kontaktieren, zu werben oder zum Verrat zu bewegen. Sie bleiben alle ohne Erfolg.

Christian Streubel, Stellvertretender Leiter der Abteilung XIII im Sektor Wissenschaft und Technik, einer der Vorgesetzten von Stiller, Führungsoffizier von Fülle und sein Betreuer in der DDR, erhält einen Anruf auf seinem Dienstapparat von einem Herrn Holm. Wir kennen den Herrn. Es ist Horst Freimark vom Landesamt für Verfassungsschutz in Westberlin. Er will sich mit Streubel in einem Drittland treffen. Wir geben unserem Mitarbeiter erst einmal grünes Licht. Vielleicht will sich ja Freimark uns andienen. Doch für uns ist das nicht zu erkennen. Christian Streubel, der unser volles Vertrauen genießt, vereinbart mit Holm einen Termin in Wien. Unsere Mitarbeiter in der dortigen Botschaft sollen das Treffen vorbereiten und absichern. Schließlich entscheiden wir uns in letzter Minute, den Termin platzen zu lassen. Niemand kann eine Entführung ausschließen. Zur vereinbarten Zeit sind Beobachter von uns und vom Verfassungsschutz am Ort. Sie nehmen sich gegenseitig wahr, nichts geschieht. Von Tiedge erfahren wir später, daß die andere Seite auch mit einer Entführung rechnete und Horst Freimark sogar befürchtete, aus einem vorbeifahrenden Auto erschossen zu werden. Mit Genugtuung nehmen wir zur Kenntnis: Österreich protestiert entschieden beim Verfassungsschutz und verbittet sich solche Aktionen auf seinem Territorium.

Auch der BND wird aktiv. Er legt etliche falsche Fährten, die von Stiller wegführen. Manche uns zugespielte Adresse können wir gleich vergessen. So große Stümper sind der BND und die CIA nun wirklich nicht, daß sie einen solchen Schatz durch Unachtsamkeit oder andere professionelle Fehler gefährden. Trotz aller Bemühungen gelingt es uns bis zum Schluß nicht, Stillers Aufenthaltsort zu erkunden.

Nach der Wende wird der Verräter Karl-Christoph Großmann behaupten, Minister Mielke habe angewiesen, ein Killerkommando zu bilden und eine Zielprämie von einer Million Mark ausgesetzt, um den Verräter tot oder lebendig in die DDR zu holen. Das ist nicht nur Quatsch, sondern eine absichtsvoll lancierte Lüge.

Bunte Quellen

Nach der Bundestagswahl im März 1983 zieht die Grüne Partei mit 27 Abgeordneten in den Bundestag ein. Unkonventionell in ihren politischen Ansichten, im Auftreten und in der Kleidung schockieren die grünen Volksvertreter erst einmal die anderen Parlamentarier und stoßen auf eine geschlossene Front der Ablehnung. In der Turnschuhfraktion sitzt auch Dirk Schneider von der Alternativen Liste Westberlin.

Er hält seit längerer Zeit Kontakt mit der Abteilung XV der Bezirksverwaltung Berlin. Schneider ist durch und

durch ein politisch denkender Mensch. Sein Motiv, für die DDR zu arbeiten, ist natürlich vor allem ein politisches. Seit langem ist er engagiert in der außerparlamentarischen Opposition und natürlich in der Friedensbewegung. Der Kampf für den Frieden vereinigt vor allem zu Zeiten des Vietnamkrieges und im Protest gegen die Stationierung der Pershing-Raketen in der Bundesrepublik viele Menschen. Wir suchen nicht nur Informationen über diese große gesellschaftliche Kraft, wir wollen auch Einfluß gewinnen.
Unser Interesse nimmt zu, als Ende der 70er Jahre außerparlamentarische Gruppierungen und Persönlichkeiten – Grüne, Bunte und Alternative, Pazifisten, Sozialisten und Kommunisten – sich zu einer Partei formieren. Im Januar 1980 beschließt der Bundeskongreß der Grünen in Karlsruhe, eine neue Bundespartei aufzubauen.
Schon drei Jahre später sitzen ihre Vertreter im Bundestag. Der Abgeordnete Schneider tritt konsequent für die unter Brandt begonnenen, von der sozialliberalen Koalition weiter betriebenen Ostpolitik ein, und er fordert deren Fortsetzung von der neuen Koalitionsregierung aus CDU/CSU und FDP unter Kanzler Kohl. Diese Haltung verbindet uns. Auch sein Bestreben, die Verständigung und Annäherung und das friedliche Miteinander der beiden deutschen Staaten zu entwickeln.
Ein ständiges Problem unserer Zusammenarbeit besteht aber darin, daß wir mehr über die Beziehungen der Grünen zu den Oppositionellen in der DDR wissen wollen. Dirk Schneider löst dies sehr einfach. Er informiert uns bei weitem nicht über alle ihm bekanntgewordenen Kontakte zur DDR-Opposition.
Wir müssen das akzeptieren, und wir werden dafür kritisiert, daß wir trotz vorhandener Quellen nicht über alle Aktivitäten informiert sind. Kein Verständnis finden wir dafür, daß wir unsere Quellen nicht nur abschöpfen können, sondern sie auch in ihrer politischen Arbeit unterstützen müssen. Unterstützt werden wir aber von Herbert Hä-

ber, dem Leiter der Westabteilung des ZK der SED, dann Mitglied des Politbüros der SED, sowie von Gunter Rettner, seinem Nachfolger in der Westabteilung.
Einen Rüffel von Minister Mielke bringt uns eine Aktion von Petra Kelly, Gerd Bastian und drei weiteren Bundestagsabgeordneten der Grünen ein. Am 12. Mai 1983 ketten sie sich auf dem Alexanderplatz an und entrollen Transparente mit der Aufschrift »Schwerter zu Pflugscharen« und »Abrüstung in Ost und West«.
Minister Mielke fragt uns vorwurfsvoll: »Wieso konntet ihr das nicht verhindern? Oder habt ihr es vielleicht sogar mit inszeniert?« Unsere Antwort, daß wir von dieser Aktion weder gewußt hätten noch daran beteiligt gewesen wären, quittiert er ziemlich skeptisch.
Als später eine Abordnung der Grünen Erich Honecker besuchen will, setzt uns Dirk Schneider rechtzeitig ins Bild. Wir nehmen in Abstimmung mit Herbert Häber, Leiter der Westabteilung im ZK der SED, darauf Einfluß, daß dieses Treffen überhaupt stattfindet, und auch darauf, wie es abläuft.
Gerd Bastian, ehemaliger General der Bundeswehr und Lebensgefährte von Petra Kelly, hält uns auch in Trab. Der prominente Grüne ist als ehemaliger Militär Mitglied der Bewegung »Generale für den Frieden«. Dieser lose Zusammenschluß von ehemals führenden Militärs der NATO, aus der BRD, den USA, Großbritannien, den Niederlanden, Italien und Portugal, wird von uns gesteuert. Während wir dort, ohne daß Bastian es merkt und wohl auch nicht ahnt, oftmals seine Äußerungen beeinflussen können, gelingt uns das über die Grünen nur geringfügig. So erwarten wir stets spontane Aktionen, die meist Petra Kelly inspiriert und organisiert.

Das Jahr 1983 ist noch ziemlich jung. Die DDR-Botschaft in Paris ist noch nicht wieder voll besetzt. Einige Mitarbeiter genießen noch ihren Jahresendurlaub. Viel passiert nicht. Die Einladungskarten zum fälligen Neujahrsempfang sind längst raus, die Vorbereitungen abgeschlossen. Da kommen zwei Besucher in das Haus in der Rue Marbeau 24. Ein junges Ehepaar will sich beraten lassen. Sie spricht deutsch, er englisch. Der diensthabende Konsularbeamte in der DDR-Botschaft glaubt nicht so recht, was er da hört. Ein solches Anliegen vernimmt er nicht oft hier, mitten in Paris. Doris und George Pumphrey möchten nicht etwa als Touristen in die DDR reisen, sie wollen Bürger des Landes werden. Nachdem klar wird, daß es beiden Ernst ist, werden die Personalien notiert.

Doris bekommt einige Wochen später eine Einladung des Amtes für Paß- und Meldewesen Berlin, Hauptstadt der DDR. George, damals noch amerikanischer Staatsbürger, besitzt keine gültigen Reisedokumente. Mit der französischen Aufenthaltsgenehmigung kann und darf er nicht ins Ausland reisen. Doris sondiert also allein das Terrain. In Berlin glaubt sie, zwei Angestellten des Amtes für Paß- und Meldewesen gegenüberzusitzen. In Wirklichkeit spricht sie aber mit Mitarbeitern der HVA aus der Abteilung XI – USA. Sie kommen mit der jungen Frau schnell ins Plaudern. Sie erzählt über sich und ihren Mann und beschreibt die Motive, warum sie in der DDR leben möchten.

Doris wird 1949 in Deutschland geboren. Sie wächst in einem evangelischen Pfarrhaus auf und studiert nach dem Abitur Politologie und Soziologie. In den Zeiten der Studentenrevolte ist sie mehr auf den Straßen als im Hörsaal. Während einer Demonstration gegen den Vietnamkrieg lernt sie 1969 George kennen.

George wird 1946 im USA-Staat Washington geboren. Sein Vater ist Landarbeiter, seine Mutter Lehrerin. Er besucht die High School, studiert anschließend Dramaturgie und Sport. 1968 kommt er als GI nach Deutschland und absolviert hier seinen Wehrdienst. Er wendet sich öffentlich gegen den Krieg in Vietnam, gegen Rassismus und versucht, gleichgesinnte Soldaten zu organisieren. 1970 schließt ihn die Army als »unerwünscht« aus und schickt ihn in die USA zurück. Doris folgt ihm. Noch im selben Jahr heiraten sie. Sie lernen Mitglieder der Black Panther Party kennen, die sich für die Rechte der schwarzen Bevölkerung einsetzen und arbeiten mit ihnen zusammen. George wird mehrere Male verhaftet, angeklagt und von der Polizei bedroht.

Politisch und rassistisch verfolgt, gehen sie nach Frankreich. Die Französische Republik erkennt George als politischen Exilant an, später wird er ihr Staatsbürger. Doris und ihr Mann engagieren sich weiter gegen den Rassismus in den USA, gegen den Vietnamkrieg und bekommen dabei Kontakt zu afrikanischen und lateinamerikanischen Befreiungsbewegungen. Anfang der 80er Jahre wenden sie sich gegen die atomare Aufrüstung. Die außenpolitischen Bemühungen der DDR für Abrüstung und Entspannung entsprechen ihren Intentionen. In diesem sozialistischen Land wollen sie leben.

Als wir das Gespräch in der Normannenstraße auswerten, wird schnell klar: Ein Einsatz in den USA kommt nicht in Frage. Die Abteilung II – Parteien und Organisationen in der BRD übernimmt den Vorgang. Doris und George eignen sich perfekt für die geheimdienstliche Arbeit in der Bundesrepublik. Sie sind aktiv und kontaktfreudig, kennen viele Menschen und ihre politischen Ansichten stimmen mit den unseren nahezu überein. Wir überzeugen sie, nicht in die DDR zu kommen, sondern sich in der Bundesrepublik anzusiedeln und dort für uns zu arbeiten.

Rolf Kessler, einer der beiden Partner im ersten Kontaktgespräch, betreut sie bis zum Schluß. Er ist gleichaltrig und paßt charakterlich hervorragend zu ihnen. Mit ihm planen Doris und George ihren Einsatz. Sie werden sich schnell einig. Eine Legendierung kommt nicht in Frage, weil Doris und George in der internationalen Friedens- und Antirassismusbewegung ziemlich bekannt sind. Außerdem wollen sie sich auch weiterhin öffentlich für ihre politischen

Ziele einsetzen. Finanzielle oder materielle Aspekte spielen in den Gesprächen keine Rolle.
Zunächst helfen sie uns, die westeuropäische Friedensbewegung besser einschätzen zu können. Schließlich gelingt es ihnen, Mitarbeiter von Abgeordneten der Grünen Bundestagsfraktion zu werden. Sie arbeiten engagiert. In der Grünen Partei sehen sie eine progressive Kraft und ein notwendiges Korrektiv zur Politik der Bundesregierung. Deshalb ist es auch ihr und unser Bestreben, der DDR-Führung ein klares Bild über die Grünen zu vermitteln. Einige DDR-Obere reagieren auf diese neue politische Kraft wie die etablierten Parteien in der Bundesrepublik. Die ergrauten DDR-Politiker halten diese bunte Truppe immer noch für einen chaotischen, politisch unberechenbaren Haufen, der die sogenannten DDR-Bürgerrechtler zur Opposition anstiftet. Doris und George wollen helfen, das Verhältnis der DDR zu den Grünen so zu normalisieren, daß vorhandene gemeinsame politische Interessen zusammen wahrgenommen werden können.

Rüstungsbetriebe im Visier

Hans und Brigitte Schrepfer leben im fränkischen Bayern. Besonders aus dem Lebenslauf von Hans und aus seinem familiären Hintergrund formt sich das Motiv, mit uns zusammenzugehen. Hans wird 1922 als Sohn eines selbständigen Schuhmachers geboren. Sein Vater ist Mitglied der Kommunistischen Partei. 1930 zerstört ein Feuer das Geschäft – Brandstiftung. Kaum sind die Nazis an der Macht, verhaftet die Geheime Staatspolizei den Vater. Erst kommt er in Untersuchungshaft nach Würzburg, dann ins KZ Dachau. Schließlich verurteilt ihn das Bayrische Oberlandesgericht wegen Vorbereitung zum Hochverrat zu drei Jahren Zuchthaus. Weil der Vater auch nach seiner Haft die Freundschaft mit einer jüdischen Familie nicht aufgibt, bekommt er 1937 erneut sechs Monate Haft. Hans erhält

1940 seine Einberufung zur Wehrmacht, wird zum Fallschirmspringer ausgebildet und schließlich zur Division Brandenburg des Admirals Canaris versetzt. Bis zu seiner schweren Verwundung 1943 nimmt er an zahlreichen Kommandoeinsätzen in der Sowjetunion und zuletzt in Afrika teil. Aus englischer und später amerikanischer Gefangenschaft entlassen, übernimmt ihn bis 1948 das CIC, der Vorläufer der CIA.

Durch einen Freund des Vaters lernt Hans Mitarbeiter unseres Dienstes kennen und erklärt sich schnell zur Zusammenarbeit bereit. Gemeinsam mit seiner Frau Brigitte wirbt er die Diplommathematiker Peter K. und Heidrun K. Sie bekommen die Decknamen »Siegfried« und »Kriemhild«. Heidrun arbeitet im Rüstungsunternehmen MBB, Peter in der Betriebsgesellschaft mbH in Ottobrunn. Nun übernimmt den Vorgang die Abteilung IV. Dort lerne ich sie kennen. Hans führt als Resident die beiden Wissenschaftler. Seine Frau Brigitte, mit der er das väterliche Geschäft weiterführt und die ihm Zwillinge geboren hat, erledigt logistische und technische Aufgaben, sie sichert vor allem die Übermittlung der Informationen.

Beide liefern über zwanzig Jahre die geheimen Dokumente über Rüstungsprojekte der BRD und der NATO, die »Siegfried« und »Kriemhild« besorgen. Hans selbst gewinnt durch die Bekanntschaft mit einflußreichen CSU-Politikern vielfältige und wichtige Einsichten in die politische Praxis der bayrischen Regierungspartei.

Fast genau 59 Jahre nach der Verhaftung seines Vaters wird Hans verhaftet, ins gleiche Gefängnis gesperrt und vom gleichen Gericht mit der gleichen Begründung verurteilt – Landesverrat. Das Bayrische Oberlandesgericht verurteilt im Januar 1993 Peter K. zu neun, Heidrun K. zu sieben, Hans Schrepfer zu fünf Jahren Haft. Brigitte bekommt 21 Monate Gefängnis auf Bewährung. Hans stirbt bald an den Folge eines Krebsleidens.

»Britta« ist Sekretärin, »Klaus« studiert Politologie, als Angehörige der Abteilung IV sie für die Mitarbeit gewinnen. Als »Klaus« sein Studium erfolgreich beendet, bekommt er keinen Job, meldet sich arbeitslos. Unser Perspektiv-IM hat erst einmal keine berufliche Perspektive. Trotzdem erklären sich beide bereit, falls beruflich möglich, weiter für die HVA zu arbeiten. Entsprechend der Aufgabenstellung der Abteilung IV gilt das Bundesverteidigungsministerium als Zielobjekt. Doch es kommt völlig anders. Nicht »Klaus«, sondern »Britta« erhält plötzlich eine Chance. Ohne uns zu informieren, bewirbt sie sich 1981 im Bundeskanzleramt als Sekretärin und wird eingestellt.

Endlich, so hoffen wir, erhalten wir wieder Informationen direkt aus dem Zentrum der staatlichen Macht. Ich übergebe den Vorgang an die Abteilung I. Nicht so erfolgreich verlaufen die Bemühungen von »Klaus«. Zeitweise arbeitet er für die Europa-Abgeordnete der SPD, Katharina Focke, später in der Kölner Stadtratsfraktion der SPD.

Doch auch der Einsatz von »Britta« steht unter keinem guten Stern. Erich Honecker will schon 1984 mit Macht den Staatsbesuch in Bonn. »Britta« sitzt noch im Referat Wirtschaftspolitik und kann wenig Substantielles zur Aufklärung der BRD-Position beitragen. Macht nichts, der Staatsbesuch findet sowieso nicht statt. Die Annäherung zwischen der DDR und der BRD, besonders von Honecker und Günter Mittag betrieben, ist der Sowjetunion suspekt, Honecker muß in Berlin bleiben

1987 hat die Ära Gorbatschow schon begonnen. Der Weg nach Bonn ist nun für den Staatsratsvorsitzenden frei. Die Versuchung ist groß, »Britta« zu aktivieren. Umfassende Informationen erwartet man von uns. Doch wir halten es für politisch geboten, sie nicht in die Informationsbeschaffung einzubeziehen. Das »Guillaume-Syndrom« wirkt.

Natürlich verfügen wir auch ohne sie über ausreichend interne Kenntnisse der Gegenseite, sowohl 1984 als auch 1987, um zur inhaltlichen Vorbereitung des Staatsbesu-

ches wirksam beitragen zu können. Daß wir auch 1987 auf eine Quelle verzichten, die unmittelbar im Zentrum sitzt, schmerzt schon sehr. Ich frage mich, ob wir »Britta« vorschlagen sollen, im Bundeskanzleramt zu kündigen. Doch welcher Aufklärer verzichtet auf solche Möglichkeit, auch wenn er sie gerade nicht nutzen kann?
Nach der Einheit werden »Britta« und »Klaus« der nachrichtendienstlichen Agententätigkeit angeklagt und im November 1996 zu einer Bewährungsstrafe verurteilt. Während die Bundesanwaltschaft steif und fest behauptet, »Britta« habe bis 1989 kontinuierlich Dokumente aus dem Kanzleramt geliefert, sieht das Gericht dafür keine Beweise. Zunächst betrachten die Richter ziemlich ungläubig die Faktenlage. Es paßt nicht in ihre 007-Vorstellungen, daß Mitarbeiter der HVA in erster Linie politisch denkende und handelnde Menschen waren, die ihre Verantwortung für die ihnen anvertrauten Menschen und für ihr Land sehr ernst nahmen.

Noch vor meiner Ernennung zum Leiter der HVA überträgt mir Markus Wolf die Verantwortung für operative Bereiche, in die ich bisher wenig Einblick habe. Dazu gehört der Sektor Wissenschaft und Technik. Selbstverständlich bereiten mir die operative Zielstellung und die operative Methodik keine Probleme, das ist mein Handwerk. Doch der wissenschaftliche Gegenstand ist neu für mich. Ich arbeite mich also in das neue Gebiet ein und beschäftige mich unter anderem mit der Mikroelektronik. Das ist schon deshalb erforderlich, weil die Beschaffung bestimmter Unterlagen und Muster viel Geld kostet, die Valutamittel der HVA aber ziemlich begrenzt sind. Ich wende mich also bei bestimmten Vorhaben an Minister Mielke und überzeuge ihn, uns zusätzliche Mittel zu bewilligen. Obwohl mich der Leiter des Sektors Wissenschaft und Technik, Horst Vogel, in solchen Fällen zum Vortrag beim Minister begleitet, will ich natürlich nicht als Statist dabeisitzen.

Also beschäftige ich mich unter anderem mit dem Ein-Megabit-Chip und mit so einem komplizierten Ding wie dem Ionenimplanter und dessen Funktionsweise.
Im übrigen vertraue ich natürlich Horst Vogel und seinen Mitarbeitern – operativ und fachlich qualifizierte Spezialisten. Sie arbeiten beispielsweise hervorragend mit dem Ingenieur Dieter W. Feuerstein zusammen. Dieter wächst zunächst in Ulm auf, dann ziehen seine Eltern nach Frankfurt. Als Gymnasiast beschäftigt er sich zunehmend mit linken Theorien und steht inhaltlich der Politik der DKP und der mit ihr befreundeten Organisationen sehr nahe. Seine Eltern beobachten mit zwiespältigen Gefühlen, wie sich ihr Sohn entwickelt. Sie finden seine Aktivitäten einerseits gut, andererseits sorgen sie sich. Dieter versteht das überhaupt nicht, denn unpolitische Spießer sind Vater und Mutter gewiß nicht. Eines Tages erzählen sie ihm ihre Geschichte.
In den 50er Jahren kamen sie im Auftrag der Hauptverwaltung Aufklärung des Ministeriums für Staatssicherheit der DDR in die Bundesrepublik. Seitdem arbeiten sie illegal. Sie befürchten nun, daß ihr Sohn durch seine politischen Aktivitäten ihre operativen Erfolge gefährdet. Dieter findet das alles sehr spannend, was er da erfährt, und daß er eigentlich DDR-Bürger ist, nicht übel. Für den Sozialismus will auch er kämpfen.
Seine Eltern informieren natürlich ihre Partner im Sektor Wissenschaft und Technik, daß ihr Sohn eingeweiht ist. Die sprechen mit ihm. Nach dem Tod seines Vaters entschließt sich Dieter, auch Kundschafter für den Sozialismus zu werden. Er weiß natürlich nicht, was auf ihn zukommt. Den Mitarbeitern im Sektor Wissenschaft und Technik sitzt das Hemd näher als der Rock. Wenn sie schon eine neue Quelle aufbauen, dann wollen sie die auch in einem ihrer Zielobjekte unterbringen. Sie brauchen einen Techniker. Dieses Berufsbild paßt so gar nicht zu Dieters Ambitionen. In der Schule glänzt er in den geisteswissen-

schaftlichen und sprachlichen Fächern. Für Mathe und Naturwissenschaften interessiert sich Dieter nur am Rande, seine Zensuren sind entsprechend.
Das ändert sich nun. Der intelligente junge Mann studiert in Westberlin Luft- und Raumfahrttechnik und schließt seine Ausbildung mit sehr gutem Ergebnis ab. Inzwischen ist er, wenn auch widerstrebend, Mitglied der Jungen Union geworden. Nach zwölf Jahren beruflicher Vorbereitung gelangt »Petermann«, so sein Pseudonym, in die entscheidende Position bei MBB. Sechs Jahre arbeitet er dort erfolgreich und ergiebig als Quelle der HVA in einem hochsensiblen Forschungsbereich des bedeutenden Rüstungskonzerns. Er liefert äußerst geheime Informationen über die Entwicklung des Tornado-Systems und des Eurofighters, über intelligente Raketen und andere Waffentechnik.
Wie in der HVA üblich, beziehen die Verantwortlichen im Sektor Wissenschaft und Technik einen jungen Mitarbeiter in diesen Vorgang mit ein. Er soll die kontinuierliche Betreuung über Jahre sichern. Niemand kann ahnen, daß dieser Frank Weigelt 1990 unverzüglich zum Bundesamt für Verfassungsschutz überläuft. Er verrät dem BfV auch, daß Dieter Ende 1989 uns gegenüber signalisierte, künftig für das KGB tätig sein zu wollen.
Das Bundesamt für Verfassungsschutz nutzt die Gunst der Stunde. Es braucht einen Beweis, daß die HVA operative Vorgänge an das KGB übergibt. Da sie diesen nicht findet, will das Amt selbst mit aller Macht Tatsachen schaffen. Weigelt läßt sich bereitwillig darauf ein, den Vorgang an das KGB zu überführen. Der Versuch im Mai 1990 scheitert. Einerseits von der Unprofessionalität dieser Übergabe schockiert und andererseits sich unserer Warnung vor diesem Schritt erinnernd, lehnte Dieter das Ansinnen ab.
Erst nach der Einheit – unser Kundschafter im BfV, Klaus Kuron, konnte es bis zu seiner eigenen Festnahme verhindern – werden er und seine Frau verhaftet. Der Ver-

fassungsschutz gesteht seine Niederlage nicht ein und behauptet noch Jahre später, daß die HVA den Übernahmeversuch durch das KGB betrieben habe. Dieter Feuerstein wird 1992 zu acht Jahren Freiheitsentzug verurteilt, seine Ehefrau erhält ein Jahr und neun Monate auf Bewährung.

Duell der Geheimdienste

Die Zentren gegnerischer Geheimdienste sind für jeden Aufklärer schillernde Objekte der Begierde. Wer dort Quellen unterbringt, kann mit den gewonnenen Informationen das eigene Quellennetz schützen und gegnerische geheimdienstliche Angriffe effektiv abwehren. Unser Hauptaugenmerk liegt auf dem Bundesamt für Verfassungsschutz, dem Bundesnachrichtendienst, dem Militärischen Abschirmdienst und der Central Intelligence Agency.

Eine der erfolgreichsten Vorgänge beginnt 1968. Als Instrukteur für die Abteilung XV der Bezirksverwaltung Karl-Marx-Stadt verfolge ich diesen von Anfang an – die Kontaktierung, Werbung und schließlich die Einschleusung von »Gisela« als Quelle in die Zentrale des BND in Pullach. Es entspricht den konspirativen Prinzipien unseres Dienstes, daß nicht unmittelbar an einem Vorgang beteiligte Mitarbeiter Klarnamen nicht zur Kenntnis nehmen und schon gar nicht im Gespräch mit anderen oder im Schriftverkehr verwenden.

Bis 1984, da werde ich in diesen Vorgang persönlich einbezogen, bleibt der Fall für mich tabu. Ohnehin hat Markus Wolf dafür noch die persönliche Verantwortung.

Als ich dann Chef der HVA werde, will ich Gabriele Gast, sie ist die »Gisela«, persönlich kennenlernen. Sie lehnt aber ab. Ohne ihre Beweggründe genau zu erkennen, vollziehe ich ihre Entscheidung nach. Viele Jahre arbeitete sie vertrauensvoll mit Wolf und noch enger mit ihren Führungs-

offizieren zusammen. Jeder Neue würde das enge Beziehungsgeflecht stören. So bleibt es bei Grüßen und der Versicherung enger Verbundenheit. Der erfolgreichen Arbeit schadet das zu keiner Zeit.
Ich lerne Gaby erst kennen, als sie aus der Strafvollzugsanstalt entlassen wird. Nachdem mich ihr Bruder gleich nach ihrer Verhaftung besucht hatte, ruft sie mich nach ihrer Entlassung an. Wir treffen uns in meiner Wohnung. Zwischen ihr, meiner Frau und mir beginnt eine Freundschaft, die bis heute anhält. Wir finden es schade, uns nicht schon früher kennengelernt zu haben. Ihre Zeit als Kundschafterin für die HVA und auch den Verrat durch Karl-Christoph Großmann beschreibt sie fesselnd in ihrem Buch »Kundschafterin des Friedens«.

Andere Spitzenquellen sitzen mit Klaus Kuron (»Berger«, später »Stern«) in der Spionageabwehr des Bundesamtes für Verfassungsschutzes, mit Alfred Spuhler und Ludwig Spuhler (»Peter« und »Florian«) im Bundesnachrichtendienst, in den Landesämtern für Verfassungsschutz und im Militärischen Abschirmdienst.
Mit letzterem haben wir etwas Besonderes vor. Wir planen ein Buch über den MAD. »Siegbert«, unser Kundschafter Herbert Kloss, will dazu das entsprechende Material liefern. Diese Informationen gewinnt er hauptsächlich durch das Abschöpfen leitender MAD-Beamte. Mit der Veröffentlichung wollen wir die Aktionsfähigkeit des MAD-Apparates weitgehend einschränken. An diesem Projekt arbeiten die Abteilungen IX mit den Experten der aktiven Maßnahmen aus der Abteilung X eng zusammen. Engagiert und geschickt treibt Herbert Kloss das Vorhaben voran, es nimmt klare Konturen an. Leider können wir dieses Kabinettstück nicht mehr realisieren, das bedauere ich sehr.

Brisante militärische Informationen bekommen wir von Hussein Yildirim (»Blitz«). Er arbeitet als Kfz-Meister in einem US-Militärstützpunkt und hält engen Kontakt mit Unteroffizier James Hall (»Ronny«). In diesem Fall fällt es der HVA besonders leicht, unter fremder Flagge die Zusammenarbeit anzubahnen. »Blitz« ist türkischer Staatsbürger, und der amerikanische Soldat glaubt natürlich, daß dieser für den Geheimdienst seines Landes tätig ist. Ronny liefert über Jahre aus dem Abhörkomplex auf dem Westberliner Teufelsberg Dokumente, die nicht nur für die DDR, sondern auch für den Warschauer Pakt insgesamt von strategischer Bedeutung sind. In dieser Konstellation geheimdienstlicher Arbeit spielen politische Motive keine Rolle, wir bezahlen für jede Information in harter Währung.

Plötzlich versiegt diese wichtige Quelle, »Ronny« wird in die USA versetzt. Doch bald bemüht er sich erfolgreich, erneut in Deutschland eingesetzt zu werden. Er kommt nach Frankfurt/Main in eine zentrale Auswertungseinheit für Fernmeldeaufklärung und elektronische Spionage. »Ronny« liefert zwar viele geheime Dokumente, doch sie sind für uns nicht so interessant. Da er glaubt, für die Türken zu arbeiten, wählt er entsprechend die Dokumente aus. Wir entschließen uns nun, ihn über seinen wirklichen Auftraggeber ins Bild zu setzen und für die Aufklärung der DDR zu gewinnen.

Mitarbeiter der HVA schleusen ihn über die Grenze in die DDR und treffen sich mit ihm in Berlin. Sie werden sich mit ihm einig. »Ronny« bekommt nun den Decknamen »Paul«. »Blitz« hält weiter den Kontakt zu ihm und transportiert die umfangreichen Lieferungen zu uns.

Als James Hall wieder in die USA versetzt wird, frieren wir die nachrichtendienstliche Verbindung zu ihm ein. »Paul« arbeitet nun in der Zentrale der National Security Agency (NSA). Wir hoffen, daß »Paul« eines nicht fernen Tages wieder in Deutschland für uns zur Verfügung steht.

Um aber eventuell notwendige Kontakte in den USA zu ermöglichen, wählen wir einen Instrukteur aus. Manfred Severin ist Hochschullehrer für Anglistik an der Humboldt-Universität und ein von uns geworbener IM. Er scheint der geeignete Instrukteur in den USA zu sein. Einmal trifft er sich mit »Paul«
Wir wissen nicht, daß er zu dieser Zeit schon als Doppelagent für die CIA arbeitet. Der Anlaß der Überwerbung ist grotesk. Während eines Aufenthaltes in Westberlin klaut der gut dotierte Wissenschaftler einen Pfennigartikel in einem Warenhaus und wird ertappt. Das Landesamt für Verfassungsschutz schaltet sich ein, quetscht ihn aus und reicht ihn an Vertreter der CIA weiter. Nun dauert es nicht lange, »Paul« der Spionage für eine fremde Macht zu überführen. Dem Zufallstreffer der amerikanischen Spionageabwehr folgt für unseren Kundschafter ein furchtbares Urteil: 40 Jahre Gefängnis.
1987 beenden wir die Zusammenarbeit mit Blitz und verabschieden ihn offiziell. Er hat eine Amerikanerin kennengelernt, mit der er in den USA leben will. Doch auch er gerät ins Visier der US-Strafverfolgungsbehörden. 1989 wird er zu lebenslanger Haft verurteilt. Die Höhe dieser Strafe entspricht in keiner Weise der tatsächlichen nachrichtendienstlichen Tätigkeit von »Blitz«. Doch die US-Behörden behaupten entgegen aller erarbeiteten Beweise, daß er unser entscheidender Mann in der Arbeit gegen die USA gewesen sei und weitere Quellen geworben und geführt habe. Das entspricht nicht den Tatsachen.
Bitten von Persönlichkeiten aus den USA und anderer Länder, daß Urteil zu überprüfen und gegebenenfalls zu korrigieren, bleiben ungehört. Als ich mich im Juli 1997 in dieser Sache an den Gnadenanwalt der Vereinigten Staaten von Amerika wende, bekomme ich nicht einmal eine Eingangsbestätigung.
1985 meldet sich in der DDR-Botschaft in Mexiko der Air-Force-Sergeant, Jeffrey Carney. Der Experte für elektroni-

sche Spionage war zuletzt in Texas stationiert. Er fühlt sich von der US-Abwehr als Spion verdächtigt und verfolgt und bittet um Übersiedlung in die DDR.

Carney war Anfang der 80er Jahre als Angehöriger der National Security Agency (NSA) auf dem Teufelsberg in Westberlin stationiert gewesen. Unsere Abteilung XI – USA hatte den Spezialisten für elektronische Spionage geworben. Bis 1984 liefert er brisante Informationen. Die USA hatte viele Erkenntnisse über militärische Einrichtungen des Warschauer Vertrages, die im Kriegsfall zerstört werden sollten. 1984 wurde Carney in die USA versetzt. Nun fühlt er sich bedroht, und wir wollen ihm helfen. Gemeinsam mit dem Abteilungsleiter USA, Jürgen Rogalla, organisiere ich die Ausschleusung von »Kid«. Wir wählen den Weg, den wir auch in anderen Fällen nutzen, um von Festnahme bedrohte Kundschafter in die DDR zu holen. In fast allen Ländern, in denen DDR-Frachtschiffe einen Hafen anlaufen, können wir relativ unauffällig Personen an Bord bringen. So kehrten schon einige vom Bundesamt für Verfassungsschutz observierte und verfolgte HVA-Instrukteure unbehelligt in die Heimat zurück. Mitarbeiter verschiedener DDR-Institutionen helfen unbürokratisch und uneigennützig, wenn es um die Sicherheit eines DDR-Bürgers geht. Auch im Fall von »Kid«.

Seine Ausschleusung ist gut vorbereitet. Er verläßt mit seinen Begleitern pünktlich die Botschaft in Mexiko-Stadt. Sie fahren zu einem Frachthafen im Golf von Mexiko. Ein Schiff der Deutschen Seereederei übernimmt dort gerade die letzten Container. Doch die Fahrt mit dem Auto über Hunderte Kilometer dauert länger als geplant. Der Frachter verläßt schon den Hafen, als der PKW am Kai hält. Die Zeit für Ent- und Beladung des Schiffes war befristet, eine Verzögerung der Hafenbehörde nicht erklärbar. Der Kapitän hätte zusätzliche Liegekosten sofort und cash bezahlen müssen.

Die Nerven aller Beteiligten liegen blank. Vor allem »Kid«

wird zunehmend nervöser. Nun bitten wir unsere kubanischen Freunde um Hilfe. Sie reagieren umgehend und höchst professionell. »Kid« fliegt über Havanna in die DDR.

Wir bringen ihn mit Mitarbeitern des zuständigen Bereichs der Hauptabteilung III im Ministerium für Staatssicherheit zusammen Er hilft ihnen, den englischsprachigen militärischen Funkverkehr zu entschlüsseln. Auch hier ahnen wir nicht, was nach der Einheit passieren sollte. Mitarbeiter der Funkaufklärung verraten »Kid«. Der war inzwischen DDR-Bürger geworden und arbeitet längst in einem zivilen Beruf. Der US-Geheimdienst reagiert umgehend und entführt ihn aus der Bundesrepublik Deutschland in die USA. Dort wird er vor Gericht gestellt und zu 38 Jahren Haft verurteilt. Diplomatische Proteste seitens der BRD wegen der widerrechtlichen Entführung eines deutschen Staatsbürgers wirken halbherzig, sind nur Pflichtübung, um das Gesicht zu wahren.

Das Vabanquespiel

Am Nachmittag des 19. Augusts 1985 teilt der Leiter der Bezirksverwaltung Magdeburg des Ministeriums für Staatssicherheit dem Chef der HVA, Markus Wolf mit, daß sich ein Herr Tappert am Grenzübergang Marienborn gemeldet habe. Der Bundesbürger kenne sich offensichtlich gut in der HVA aus, denn er wolle mit einem leitenden Herrn der Abteilung IX sprechen. Der Name Tappert ist Wolf nicht unbekannt. Von Klaus Kuron »Stern« und von Joachim Moitzheim »Wieland« weiß er: Der Mann ist Regierungsdirektor Hans-Joachim Tiedge, im Bundesamt für Verfassungsschutz leitet er die Referatsgruppe IVB. Sie bearbeitet die DDR-Nachrichtendienste.

Doch Markus Wolf sitzt auf gepackten Koffern. Er will zur Kur nach Ungarn. Als Tiedge bereits in einem Objekt der Abteilung IX in Prenden, einem beliebten Ausflugsort

der Berliner, sitzt, benachrichtigt er Mielke. Als amtierender Leiter der HVA bin ich bereits informiert. Wir kennen längst Tiedges persönliche Malaise, die ihn nun in die DDR getrieben hat. Das Privatleben des versierten Fachmanns für Gegenspionage wäre für jeden Geheimdienst ein Alptraum gewesen. Der Alkoholiker stand mit einem Sack voller Schulden vor dem beruflichen und gesellschaftlichen Absturz. Nur sein Duzfreund, der BfV-Präsident Heribert Hellenbroich, schützte ihn noch. Einen Mann wie Tiedge, mit solchen Kenntnissen über die geheimdienstlichen Innereien, schickt man nicht so einfach in die Wüste. So einer bleibt innerhalb und noch mehr außerhalb des Dienstes ein Risiko. Hellenbroich pokerte und verlor.
Nun sitzt Tiedge in Prenden und packt aus. Vieles ist nicht neu für uns, doch wir erfahren viele Details, die uns noch unbekannt sind. Damit können wir schnell und wirkungsvoller die Sicherheit unserer Kundschafter organisieren. Der Überläufer teilt uns unter anderem mit, daß der HVA-Mann Garau seit langem auch für den Bundesverfassungsschutz arbeitet. Tiedge, der ehemalige Abwehrmann, ahnt immer noch nicht, daß wir über Garau schon lange mit dem Verfassungsschutz spielen.
Horst Garau, Kreisschulrat in Cottbus, reist seit 1976 als unser Instrukteur öfter in die Bundesrepublik und hält die Verbindung zu einem angesiedelten IM in England. Seine Frau weiß davon und unterstützt ihn. 1977 dient sich der ehrgeizige Garau dem Verfassungsschutz an. Er glaubt, die Zusammenarbeit mit uns verhindere seinen Aufstieg zum Bezirksschulrat oder ins Ministerium für Volksbildung. Im Westen sucht er einen neuen beruflichen Anfang. Den Leuten im Verfassungsschutz ist das egal, sie überwerben ihn als Doppelagenten. Damit gerät der Mann in den Bereich Klaus Kurons, des Counterman-Spezialisten des Bundesamtes für Verfassungsschutz. Als dieser 1982 sich uns anbietet, erfahren wir vom Doppelspiel Garaus. Wir können aber den Verräter nicht aus dem Verkehr ziehen, weil wir

damit unsere Top-Quelle »Stern« gefährden würden. Also führen wir Garau an der langen Leine. Als der von ihm geführte IM sich ebenfalls von uns lossagt, ist Garau plötzlich ohne Aufgabe. Das könnte die Gegenseite mißtrauisch machen.

Wir spielen vabanque und übergeben dem Instrukteur 1985 die Quelle »Ursula Richter«. Sie berichtet für uns seit Jahren aus dem Bund der Vertriebenen. Brisanteres Material liefert »Lorenz«, ihr Freund und Lebensgefährte. Er arbeitet als Zivilangestellter in der Datenverarbeitung des Bundeswehrverwaltungsamtes und soll dort das nicht mehr benötigte VS-Material vernichten. Doch wichtige Dokumente schickt er nicht in den Reißwolf, sondern er schmeißt sie säckeweise an vereinbarter Stelle über den Grenzzaun in die DDR. Die interessanten Informationen türmen sich geradezu bei uns.

Die Idee, »Ursula Richter« ins Spiel zu bringen, bietet sich an. Sie war während der »Aktion Anmeldung« ins Visier des Bundesverfassungsschutzes geraten und merkt, daß sie observiert wird. Unsere Quellen aus der BfV-Zentrale bestätigen das. Sie ist also verbrannt, und wir hätten sie sofort in die DDR holen müssen. Indem wir sie aber an Garau übergeben, schützen wir sie und ihren Freund. Der Bundesverfassungsschutz kann sie nicht verhaften, ohne ihren Doppelagenten zu gefährden. Unsere Rechnung geht auf. Garau genießt weiter das Vertrauen von Hellenbroich und Tiedge, Kuron führt einen neuen Doppelagenten mehr und ist außer jedem Verdacht, »Ursula« und »Lorenz« liefern weiter Informationen.

Tiedges Seitenwechsel schafft eine völlig neue Situation. Einerseits können wir nun alle Informationen von Kuron unverhohlen nutzen, andererseits müssen wir handeln. Der Gegenseite wird klar sein, daß wir nun wissen, welche Rolle Garau spielt. Außerdem signalisiert »Stern«, daß Garau mit seiner Frau in die Bundesrepublik flüchten will. Wir geben »Ursula« und »Lorenz« das vereinbarte Signal,

sich abzusetzen, kolportieren das im Westen aufkommende Gerücht, Tiedge sei schon lange unser Mann gewesen und lassen Garau und seine Frau verhaften. Kompletter kann der Schutz für Klaus Kuron nicht sein.
»Ursula Richter« düst mit ihrem Wagen über die Transitautobahn in die DDR, »Lorenz« folgt seinen Säcken und kommt an der vereinbarten Stelle über die grüne Grenze. Horst Garau wird angeklagt und zu lebenslänglicher Haft verurteilt, seine Frau bald entlassen. Bei sich bietender Gelegenheit setzen wir den Namen Garau auf eine Liste der Spione, die zum Austausch vorgesehen sind. Die Bundesrepublik reagiert nicht, den entscheidenden Leuten ist das Schicksal ihres Agenten offensichtlich völlig egal.
Horst Garau, nun ohne Hoffnung, bald in den Westen zu kommen, erhängt sich 1988 an einem zusammengedrehten Hemd in seiner Zelle in der Haftanstalt Bautzen. Freude oder gar Genugtuung empfinde ich bei der Nachricht nicht. Der ehrgeizige, aber auch schwache und sensible Mensch Garau ist Täter und Opfer der Geheimdienste geworden.
Frau Garau, Bundesbehörden und die Medien verdächtigen uns, Horst Garau umgebracht zu haben. Das ist völliger Irrsinn. Einmal davon abgesehen, daß ich Mord und Totschlag grundsätzlich als politisches und geheimdienstliches Mittel ablehne und verabscheue, gibt es auch kein Motiv. Der Mann ist mit lebenslänglicher Haft mehr als gestraft, andere operative Aktionen sind nicht gefährdet, auch wenn der von uns angebotene Austausch noch zustandekommen sollte. Bleibt primitive Rache. Die entspricht nicht unserer Mentalität, sie wäre auch höchst unprofessionell.

In der Sauna höre ich zum ersten Mal von Markus Wolf, daß er raus wolle aus der HVA. Die kleine Schwitzrunde kennt sein Räsonieren. Eigentlich hätte er diesen Posten in der HVA nie gewollt, der Beruf passe auch gar nicht so recht zu ihm. Viel lieber hätte er etwas anderes getan, schon damals, als er mit knapp 29 Jahren Chef des Institutes für Wirtschaftswissenschaftliche Forschungen geworden sei. Ich weiß, Koketterie allein ist es nicht, was er da sagt. Es entspricht auch seiner wirklichen Gefühlslage. Er denkt dabei an seinen Vater, den Schriftsteller Friedrich Wolf und an seinen Bruder Konrad, den Filmregisseur und Präsident der Akademie der Künste. Beide sind bekannte und berühmte Künstler, während er lange Jahre ein »Mann ohne Gesicht« blieb, als langjähriger Auslandsaufklärer zwar eine Legende ist, aber eben eine im Unter- und Hintergrund.
Er weiß natürlich, nicht nur in solchen Momenten in der Sauna, daß er uns vertrauen kann, Gespräche und Gedanken bleiben in dieser kleinen Runde. Das beruht selbstverständlich auf Gegenseitigkeit.
Er und ich kennen uns nun schon ein gesamtes Berufsleben. 1952/53 gehörte ich zu den Kursanten, die dem jungen Referenten Markus Wolf in der Schule des Geheimdienstes gespannt zuhörten, dann wurde er mein oberster Chef im Außenpolitischen Nachrichtendienst und später in der HVA. Und nun bin ich, gewiss nicht ohne sein Zutun sein Stellvertreter in der HVA. Überdies wohnen wir seit 1979 zusammen in der Berliner Oberseestraße in einem Zweifamilienhaus. Im Dienst, in der Normannenstraße, sitzt er unter mir im neunten Stock und ich im zehn-

ten. Privat lebt er mit seiner Familie in der oberen Etage und ich mit meiner Frau unten. Wir feiern zusammen die Geburtstage und andere Feste, wie sie fallen.

Jeder weiß, wie der andere in bestimmten Situationen reagiert. Deshalb höre ich sofort einen anderen Ton, als er eines Tages davon spricht, zu seinem 60. Geburtstag den Dienst quittieren zu wollen. Er meint es diesmal ernst. Als anerkanntes Opfer des Faschismus kann er, entsprechend den Gesetzen der DDR, fünf Jahre früher, als es die Norm ist, in Rente gehen. Wie ernst er dieses Ziel ansteuert, merke ich bald. Zunehmend überträgt er mir eine Vielzahl administrativer und operativer Aufgaben. Die Jahresauswertung der operativen Arbeit überläßt er nahezu mir. Diese Bilanz ist nicht nur ein wichtiges Arbeitsinstrument für die HVA, sondern auch der Leistungsnachweis des Dienstes gegenüber dem Minister und der Partei und Staatsführung. Die dazu notwendigen Analysen der laufenden operativen Vorgänge verschaffen mir einen detaillierten Einblick in die Arbeit aller Abteilungen und Referate und eine Panoramasicht auf den gesamten Dienst. Mit diesem Wissen kann ich stärker als bisher auf die Tätigkeit der HVA Einfluß nehmen.

1982 trifft Wolf ein harter Schlag. Sein Bruder Konrad stirbt am 7. März 1982. Der Ältere hat den Jüngeren immer bewundert und gestützt, wenn es notwendig war. Ich kannte Konrad gut und verstehe den großen Schmerz. Der Tod des Bruders gibt nun Markus Wolf den endgültigen Impuls. Er betreibt mit aller Macht und Konsequenz sein Ausscheiden aus der HVA. Bis zu seinem 60. Geburtstag am 19. Januar 1983 will er es geschafft haben.

Wolfs erster Versuch, beim Minister für seine Lebensplanung Verständnis zu schaffen, schlägt fehl. Mielke läßt ihn abblitzen. Er versteht überhaupt nicht, wie jemand seine Position freiwillig verlassen kann. Wolf läßt nicht nach, sein Ausscheiden aus dem Dienst vorzubereiten. Er weiß, wenn er die Lücke nicht selbst schließen hilft, die er hinterläßt, wird er sich nie aus dem Dienst verabschieden können. Er bemüht sich zunehmend, meine Stellung in der HVA und im MfS zu festigen. 1983 werde ich zum 1. Stellvertreter ernannt. Meine Freunde unterstützen mich. Dazu zählen alle Stellvertreter, Horst Jänicke, Heinz Geyer, Werner Prosetzky wie auch der Sekretär der Parteiorganisation, Otto Ledermann. Die Mehrzahl der Abteilungsleiter und eine Vielzahl von Mitarbeitern in den unterschiedlichsten Stellungen, die ich seit Jahren persönlich kenne, stehen auch hinter mir. Markus Wolf kennt meinen Rückhalt im Dienst. Schritt für Schritt übergibt er mir mehr Verantwortung für die operative Arbeit.

Er selbst hat für sich schon eine neue Aufgabe gefunden. Konrad hinterließ ihm ein Vermächtnis. Er arbeitete in seinen letzten Lebensjahren an dem Dokumentarfilm »Die Troika«. Erzählen wollte er die Geschichte von drei Männern, die als Kinder von deutschen Emigranten in der Sowjetunion Freunde wurden und deren Wege sich dann nach dem Krieg trennten. Konrad Wolf lebte als Regisseur in der DDR, Viktor Fischer als Professor in den USA und Lothar Wloch als Bauunternehmer in Westberlin. Eine brisante Geschichte, verweben sich doch die Biografien der drei über die Blockgrenzen hinweg, spiegelt doch ihr Leben unsere Epoche, in der sich die zwei unterschiedlichen gesellschaftlichen Systeme unversöhnlich gegenüberstehen.

Markus Wolf schreibt nun im Auftrag Konrads die Geschichte des nichtgedrehten Films seines Bruders. Dieser Auftrag ist nicht bloß eine Herausforderung für den einstigen Journalisten, der am »Deutschen Volkssender« in Moskau und nach dem Krieg beim Berliner Rundfunk gearbeitet hat. An erster Stelle steht die Verpflichtung gegenüber seinem Bruder. Doch dieses Buchprojekt bietet ihm auch die Chance, endlich aus der Anonymität und aus den Schatten des Bruders und des Vaters in das Licht der Öffentlichkeit zu treten. Für die Arbeit an dem unfangrei-

chen Projekt braucht er Zeit, doch noch immer bietet sich keine realistische Chance, mit allen Ehren den Dienst zu verlassen. Mielke akzeptiert den offiziellen Antrag nicht. Zwei Gründe sehe ich, warum es für Wolf gar nicht so einfach ist, den Dienst im Ministerium zu quittieren. Erst einmal kämpft er nun gegen seine eigene Legende, die er durch die langjährige Tätigkeit als Chef des Auslandsnachrichtendienstes geworden ist. Daran stricken westliche Medien besonders eifrig. Alles, aber auch alles, was sie über den Dienst erfahren, trägt seinen Namen. Das wirkt auch bei Mischa. Er fühlt sich in seiner Ich-Bezogenheit bestätigt. Und Minister Mielke, man mag es nicht glauben, stimmt mit den Westmedien überein. Die Arbeit der HVA kann er sich ohne Wolf nicht denken. Und er glaubt schon jetzt, was die Journalisten später schreiben werden: Mit Wolfs Ausscheiden wird die Aufklärung enthauptet.
Der zweite Grund, warum Mielke seinen HVA-Chef nicht einfach gehen lassen will, ist der Minister selber. Wenn der 60jährige Wolf freiwillig in den Ruhestand geht, könnte ja jemand aus der Parteiführung ihn, als den weitaus Älteren, ebenfalls auffordern, seinen Hut zu nehmen. So gesehen gebraucht Mielke seinen Stellvertreter als Schutzschild. Und der 78jährige Minister hat einen mächtigen Befürworter. Der nur um sieben Jahre jüngere Erich Honecker ist empört, als er von Wolfs Rücktrittsabsichten hört. Zu Egon Krenz sagt er: »Ein General verläßt seine Truppe nicht.« Einmal in Rage, lehnt er auch gleich noch ab, Markus Wolf mit dem Karl-Marx-Orden auszuzeichnen. Nach der ersten Aufregung ändert er dann seine Meinung. Seinen 60. Geburtstag feiert Markus Wolf immer noch als Chef der HVA. Doch nun stellt er endgültig die Weichen. 1983 werde ich in das Kollegium des Ministeriums für Staatssicherheit berufen. Zum zweiten Mal in der Geschichte des MfS sitzt neben Markus Wolf ein zweiter HVA-Mann in diesem erlauchten Gremium. Insider wissen, diese Zugehörigkeit bedeutet lediglich eine repräsen-

tative Pflicht mehr. Das Kollegium nutzt Erich Mielke weder als beratendes Organ, noch bezieht er es in wesentliche Entscheidungen ein. Es ist lediglich ein Feigenblatt, um die autoritäre Führung des Ministers zu verdecken. Natürlich bringt die Zugehörigkeit ein höheres Ansehen inner- und außerhalb des Ministeriums. Für mich wächst mit zwei HVA-Vertretern im Kollegium vor allem das Ansehen unseres Dienstes

So nimmt alles seinen Lauf oder, wie es salopp bei uns heißt: »Es geht seinen sozialistischen Gang.« Immer mehr beschäftige ich mich nun auch mit den operativen Linien, für die ich vorher keine Verantwortung trug. Markus Wolf zieht sich immer mehr zurück.

Die gleichgestellten oder nachgeordneten Leiter gewöhnen sich ungewöhnlich schnell daran. Auch Minister Erich Mielke. Dessen chaotischer Führungsstil trifft mich nun mit voller Wucht. Statt wie bisher Markus Wolf bei kleineren und größeren Problemen anzurufen, glüht nun meine Direktleitung. Der gewisse Respekt, den er Wolf entgegenbringt und der manchmal gemäßigte Ton fällt mir gegenüber weg. Das nervt. Erst mit der Zeit ändert sich das. Mancher traut mir nicht zu, beim Minister auch mal gegenzuhalten. Ganz davon abgesehen, daß diejenigen, die das fordern, es auch nicht tun, bin ich kein Haudrauf. Ich verfolge das jeweils dienstlich relevante Ziel und setze so meine Position durch. Das wirkt nicht immer sofort, aber doch bald auch bei Mielke und entspannt sichtlich die Arbeitsatmosphäre.

Markus Wolf berührt das nur noch wenig. Er bereitet sich auf seinen Ruhestand vor und versucht rigoros Zeit zu gewinnen, um an seinem Buch zu arbeiten. Er delegiert immer mehr Führungsaufgaben an seine Stellvertreter. Als 1. Stellvertreter bin ich längst der eigentliche Leiter der täglichen operativen und administrativen Arbeit. Wolf nimmt nur noch die wichtigsten Planungs- und Kontrollfunktionen wahr. Und er absolviert penibel alle Termine, bei denen er die HVA repräsentiert. In seinen Erinnerun-

gen wird er später schreiben, daß sein letzter Arbeitstag der 30. Mai 1986 gewesen sei, dieser Termin liegt faktisch ein halbes Jahr vor seiner offiziellen Entlassung. Mischa läßt lange vorher die Zügel schleifen, mental und real. Ab Mitte des Jahres 1984 interessiert er sich nur noch sporadisch für die tägliche Arbeit des Dienstes.
Ich nehme es nicht länger hin, die Funktion des Zweiten zu besetzen, aber die Arbeit des Ersten zu tun und dafür die Verantwortung zu tragen. So stelle ich Wolf und Mielke vor die Entscheidung. »Entweder – oder.«
Der Minister hält sich immer noch bedeckt. Den letzten Anstoß, Markus Wolf in den Ruhestand zu entlassen, gibt pikanterweise der Bundesnachrichtendienst. Einer seiner Agenten lernt in Bulgarien die geschiedene Frau des HVA-Chefs kennen und will sie zum Übertritt in die Bundesrepublik überreden. Für Christel Wolf ist das völlig absurd. Doch Mielke bekommt einen Tobsuchtsanfall und unterschreibt die von Wolf lange angestrebte Demission.
Generaloberst Markus Wolf, Leiter der Hauptverwaltung Aufklärung und Stellvertreter des Ministers für Staatssicherheit, wird von seinem Minister am 15. November 1986 ehrenvoll aus dem aktiven Dienst verabschiedet. In einer Dienstversammlung, in der alle leitenden Mitarbeiter der HVA und Vertreter des ZK der SED sitzen, erhält er im Namen Honeckers den Karl-Marx-Orden. Wir, seine Mitarbeiter, empfinden das nicht nur als eine protokollarische Selbstverständlichkeit. Mischa hat diese Anerkennung und Ehre nach einer erfolgreichen Karriere als Chef der Hauptverwaltung Aufklärung verdient. Die älteren HVA-Angehörigen standen fast ihr ganzes Arbeitsleben unter seinem Befehl. Ich kenne seine Motive, das Ministerium zu verlassen, ich verstehe und akzeptiere sie. Nach 35 Jahren Dienst als Aufklärer will er nun seine privaten Ambitionen und Sehnsüchte ausleben.
Zwei Jahre später, am 9. März 1989, schenkt er mir zu meinem 60. Geburtstag sein druckfrisches Buch »Die Troi-

ka«, an dem er nahezu seit dem Tode seines Bruder gearbeitet hat. Ich lese die Widmung: »Mit der Übernahme der Stafette gabst Du mir Ruhe und Sicherheit für die Arbeit an diesem Buch, einem neuen Lebensabschnitt.
Am 9. März 1989, dem Tag des Erscheinens der ›Troika‹.
Mischa«
Das Buch, so bestätigt es auch die öffentliche Reaktion, ist ein guter Start in die zweite Karriere des Markus Wolf. Genau zehn Jahre später nehme ich seine gerade erschienenen Erinnerungen »Spionagechef im geheimen Krieg« in die Hand. Einmal davon abgesehen, daß wir uns immer als Aufklärer und unsere Mitarbeiter als Kundschafter gesehen haben, lerne ich nun meinen Vorgänger im Amt völlig neu kennen. Faktisch seit Jahrzehnten habe er zunehmend erkannt, daß ein Niedergang der DDR nicht aufzuhalten gewesen sei und daß er in seiner Position keinen Beitrag zu deren Erhalt hätte leisten können. Deshalb habe er auf ein Ausscheiden aus dem Dienst hingearbeitet. Er schreibt, was er uns während seiner internen Verabschiedung gesagt hatte: »...wonach ein guter Kommunist viele Beulen am Helm hat, manche auch vom Gegner. An meiner Seite standen mein Nachfolger und die Stellvertreter. Würden auch sie solchen Beulen nicht ausweichen? Würde jeder einzelne die Stärke besitzen, dem Sog des Systems und der militärischen Hierarchie zu widerstehen und bei den Umwälzungen, die unausweichlich bevorstanden, einen eigenen Standpunkt zu behaupten?«
Welche Beule meint er, frage ich mich und welchen Widerstand? Selbst in der Sauna sah ich an ihm keine Beule und hörte von ihm keine widerständigen Gedanken. Auch in anderen Gesprächen unter vier und unter mehreren Augen. Wann dachte er laut über die bevorstehenden unausweichlichen Umwälzungen nach? Wann stemmte er sich gegen das System, wann versuchte er, uns zu einer widerständigen Haltung zu bewegen. Oder meint er etwa die unverbindlichen Gespräche, in denen wir uns über die de-

solate Innen- und Wirtschaftspolitik der Partei- und Staatsführung aufregten oder über ihre Haltung zur Sowjetunion. Wir diskutierten damals unter Gleichgesinnten, hofften darauf, daß sich die Politik mit anderen Personen in der politischen Führung verändern wird. Wir nannten das damals ziemlich hilflos die »biologische Lösung«. Den Kopf steckte aber niemand hinaus, auch nicht Markus Wolf. Dabei hätte es dann wirklich Beulen gegeben.

Meine Beulen erhalte ich nach der Wende, als reihenweise unsere Kundschafter von einigen Mitarbeitern aus dem Ministerium verraten werden, als man unsere Quellen verurteilt und ins Gefängnis schickt. Gedeckelt fühle ich mich, als wir sie nicht unterstützen und ihnen nicht helfen können.

Vom offiziellen Wechsel an der Spitze der HVA am 15. November 1986 erfährt die Öffentlichkeit erst einmal nichts. Für die DDR nicht ungewöhnlich. Aber auch die westlichen Geheimdienste und Medien bekommen nicht mit, daß es einen neuen Leiter der Hauptverwaltung Aufklärung und einen neuen Stellvertreter des Ministers für Staatssicherheit gibt. Erst als das »Neue Deutschland« Wolfs Ausscheiden und die Auszeichnung mit dem Karl-Marx-Orden meldet, rätselt man im Westen über die Ursachen und über den Nachfolger. Selbst als der Name bekannt wird, weiß man wenig damit anzufangen.

»Die Welt« vom 23. Juni 1987 teilt mit: »Der neue Chef der DDR-›Spionage‹, Werner Großmann, hat noch kein ›Gesicht‹. Von dem Nachfolger Markus Wolfs ... existiert im Westen nur die Büroanschrift: Ministerium für Staatssicherheit, Normannenstr. 22, (Ost) Berlin-Lichtenberg.« Nun gibt es also wieder einen »Mann ohne Gesicht« an der Spitze der HVA und eine verstümmelte Biographie dazu. Als die Dienste dem Bundeskanzleramt ein Dossier des Neuen vorlegen müssen, strotzt es von Fehlern. Falscher Geburtstag und Geburtsort, die Angaben zu den Eltern, bis auf den Beruf des Vaters, stimmen nicht. Bis zum Eintritt in den Dienst ist mein Leben für die Gegenseite fast ein weißer Fleck, lückenhafte Angaben auch zu meinem beruflichen Werdegang in der HVA und dem MfS. Daß ich mich mittlerweile besser in ihren Chefetagen und in ihren Ablagen und Archiven auskenne als die meisten ihrer Mitarbeiter, scheinen sie nicht einmal zu ahnen.

Diese Recherche ist ein Offenbarungseid der gegnerischen Dienste. Die ungenauen und falschen Angaben amüsieren

mich, sie beruhigen mich aber auch. Offensichtlich existiert nicht das kleinste Leck in unserem offiziellen und inoffiziellen Apparat. Und über eine Innenquelle im MfS oder im ZK der SED kann sich der Bundesnachrichtendienst offensichtlich auch nicht informieren. Die gibt es nicht. Leider existiert das blamable Dossier nicht mehr, wir vernichten es 1989 mit den anderen Dokumenten.
Schon Hans-Joachim Tiedge hatte mir nach seinem Übertritt in die DDR glaubhaft versichert, im Bundesamt für Verfassungsschutz verfüge man nur über geringe und sich widersprechende Angaben über Personen aus unserem Dienst. Meist stammten sie von dubiosen Quellen. Mit Sicherheit, so Tiedge, gäbe es kein Foto von mir.
Mangels Fakten betreiben die Medien Astrologie. Die Zeit der erfolgreichen Arbeit der DDR-Spionage sei nun vorbei, die HVA enthauptet und entscheidend geschwächt. Wieder erlebe ich ein mir seit langem bekanntes Phänomen. Den Westmedien steht Mielke, wie auch andere führende DDR-Politiker, unkritischer gegenüber als den Informationen und Erkenntnissen der eigenen Leute. Das ist auch so, wenn wir der Partei- und Staatsführung unsere Ergebnisse vorlegen. Uns glaubt man immer zuletzt.

Mein erster Arbeitstag als offizieller Leiter der HVA und Stellvertreter des Ministers beginnt. Ich sitze nun eine Etage tiefer, die engsten Mitarbeiter haben mich begleitet. Meine langjährige Sekretärin Margot Schultz regiert wieder im Vorzimmer. Günter Irmscher steht als persönlicher Mitarbeiter an meiner Seite. Den 54jährigen Oberst kenne ich seit langem aus gemeinsamer Arbeit. Zuletzt sammelte er als Leiter der Abteilung VI und zeitweilig als unser Vertreter in der DDR-Botschaft in Mocambique wichtige administrative und operative Erfahrungen. Mit Horst Jänicke, dem stellvertretenden Leiter der HVA, steht ein versierter und erfahrener General an meiner Seite. Ich hatte ihn gebeten, ein Jahr später in den Ruhestand zu gehen, um mit mir die Anfangsprobleme in den Griff zu bekommen.

Die Vorspiele sind nun offensichtlich vorbei.

Den ersten Zugriff von Minister Mielke auf die HVA wehrte ich vor allem mit Hilfe der mir sehr gut bekannten sowjetischen Partner ab. Sie bedauerten zwar das Ausscheiden von Markus Wolf, stimmten aber vorbehaltlos meiner Ernennung zu. Und sie äußerten ziemlich deutlich ihr Unbehagen, als der neue HVA-Chef nicht auch stellvertretender Minister werden sollte. Auch sie sahen die Gefahr, daß Mielke damit die HVA noch mehr in das MfS integrieren will. Er und einige leitende Leute von der Abwehr wollen beispielsweise operative HVA-Daten in das im Aufbau befindliche EDV-System für das gesamte MfS einspeichern. Diese Versuche werde ich auch in Zukunft abwehren, um die Sicherheit der Quellen sowie die Geheimhaltung aller operativen Vorgänge unter allen Umständen zu gewährleisten.

Auch ein anderes Problem hatte ich schon weitgehend im Vorfeld gelöst. Wolf, von Anfang an Leiter des Dienstes, besaß wegen seiner Herkunft, seines souveränen Auftretens, seiner intellektuellen Ausstrahlung und nicht zuletzt auch wegen seiner Unnahbarkeit ungeteilten Respekt. Ich war als junger Mitarbeiter in den Apparat gekommen, absolvierte mit vielen anderen gemeinsam die Lehrjahre. Uns verbindet ein kameradschaftliches Du-Verhältnis, wir kennen unsere Stärken und Schwächen. Nun muß ich die Balance zwischen »Kumpel« und militärischem Vorgesetzten halten. Bis auf wenige Ausnahmen gelingt das, schon als ich den Dienst de facto leitete. Vor allem in den operativen Abteilungen. Zugegeben, da bin ich zu Hause, da liegen meine Stärken.

Respekt muß ich mir in den Diensteinheiten verschaffen, die Wolf über Jahrzehnte direkt anleitete. Für die Mitarbeiter in der Informationsauswertung, theoretisch-wissenschaftlich perfekt, war Wolf mit seinen analytischen und

strategischen Fähigkeiten unbestritten der geistige Kopf. Nun müssen sie mit dem Pragmatiker Großmann klarkommen. Der Vergleich zwischen dem alten und dem neuen Chef steht noch bevor.
Die wichtigsten Quellen im Operationsgebiet, im voraus über den anstehenden Wechsel informiert, signalisierten ihre Bereitschaft, auch mit dem Neuen zusammenzuarbeiten.
Trotz einiger Unkenrufe ist die Ausgangslage für mich und meine Freunde also nicht schlecht, um die Arbeit des Dienstes stabil und erfolgreich fortzusetzen. Wir wissen aber, daß die politische und ökonomische Lage der DDR uns Aufklärern große Probleme in der operativen Arbeit bereiten wird.

Aufgeklärte Politik

Als eine Feuertaufe für die Effektivität des Dienstes unter dem neuen Leiter gilt die Vorbereitung des Honecker-Besuchs im September 1987 in Bonn. Für die DDR ist diese Staatsvisite das herausragende politische Ereignis dieses Jahres. Wir sollen im Vorfeld die Verhandlungsstrategie der BRD bis ins Detail erkunden.
Ginge es nur um die vorhandenen Quellen und deren Bereitschaft, Material zu liefern, wäre es nicht kompliziert. Aber über uns schwebt seit 1974 das Guillaume-Syndrom, besonders kultiviert von Mielke und Honecker. Sie wollen zwar alles wissen, aber ohne Risiko. Sie wollen zwar alle Dokumente aus dem Bundeskanzleramt und anderen bundesdeutschen Entscheidungsgremien lesen, aber es darf niemand dort geben, der sie besorgt. Nicht auszudenken, was auf uns zukommt, wenn im politischen Umfeld des Bundeskanzlers oder eines unmittelbar beteiligten Ministers in dieser Zeit ein Kundschafter von uns enttarnt wird. Sicher, damit lebt ein Nachrichtendienst immer: Ohne politischen Schaden anzurichten, will er soviel wie möglich

erfahren. Das gilt natürlich besonders für das für Honecker persönlich und für die DDR-Politik so wichtige Ereignis. Wir tanzen also ohne Netz mit Bravour auf diesem Hochseil der Politik. Die DDR-Delegationsmitglieder gehen gelassen in die Gespräche, Überraschungen brauchen sie nicht zu befürchten. Einige bedanken sich später dafür.
Als der Besuch läuft, sind wir in der HVA-Zentrale also relativ entspannt. Die Arbeit ist getan – denken wir. Doch unaufhörlich klingelt der Direktapparat. Der nicht zu stillende Wissensdrang unseres Ministers hält mich in Trab. Da wir die Verhandlungsposition der BRD vorher im Detail kannten, setzt er nun voraus, daß wir während des Besuchs genau wissen, ob ein Gespräch schon beendet ist oder wo sich der Generalsekretär gerade aufhält. Das wissen natürlich auch seine Leute vom Personenschutz, die er ständig an der Strippe hat und die nah an der Delegation dran sind. Von uns will er es aber auch wissen. Wir erklären ihm erst gar nicht, daß wir unsere Quellen für solchen Schnickschnack nicht gefährden, sondern gucken einfach Fernsehen. Die Life-Reportagen und der Video-Text informieren uns blendend. Wir können alle Fragen Mielkes präzise beantworten. Woher wir unsere Informationen nehmen, interessiert den Minister sowieso nie. Uns bleibt der Streß, wenn auch mit großem Unterhaltungswert. Wieder einmal erstaunt uns sein unbeirrbarer Glaube, wir kennten und wüßten tatsächlich alles und seien jederzeit zu jedem Detail auskunftsfähig – ausführlich und fehlerfrei.
Bonn ist erledigt, nun ist Paris dran, schließlich sollen Visiten in Großbritannien und in den USA folgen. Wir ahnen Schreckliches, wenn wir an unsern detailversessenen Minister denken. Im Januar 1988 steht der Staatsbesuch in Frankreich bevor. Wir verfügen nicht mal annähernd über so viele Informationen wie zum BRD-Besuch. Uns fehlen illegal arbeitende Quellen in den zentralen französischen Institutionen. Die in bundesdeutschen und internationalen Gremien in Frankreich tätigen Kundschafter

sind so zahlreich nicht, und sie informieren aus zweiter Hand. Auch die qualifizierten Offiziere der legalen Residentur in der Botschaft der DDR können nicht zaubern. Wir haben sie strikt angewiesen, jeden politischen Schaden zu vermeiden. Trotz der mit großer Vorsicht ermittelten, im Vergleich zum Bonn-Besuch wenigen Informationen sind wir aussagefähig. Nachfragen halten sich in Grenzen, Kritik bleibt aus.

Sorge um den Nachwuchs

Zwei russische Worte bestimmen die Diskussionen im Land: Perestroika und Glasnost. Viele DDR-Bürger, besonders auch SED-Mitglieder, personifizieren ihre Wünsche nach Aufschwung in der Wirtschaft und nach mehr Offenheit in der Gesellschaft. Ihr Hoffnungsträger heißt Gorbatschow. Doch die DDR-Führung geht auf Distanz zum KPdSU-Generalsekretär. Sie spürt instinktiv eine Gefahr, die sich durch die neue Politik des großen Bruders anbahnt. Ihr fehlt aber die Möglichkeit, die Kraft und der Wille, tragfähige eigene Konzepte zu entwickeln und sie mit den Bürgern zu diskutieren. Die Kluft wächst zwischen Volk und Führung. Auch wir spüren das. In der geheimdienstlichen Arbeit bekommen wir ein handfestes Problem.

Warben wir in den 50er, 60er und noch in den 70er Jahren viele unserer Kundschafter in der Bundesrepublik auf politischer oder gar ideologischer Grundlage, gelingt uns das in den 80er Jahren immer weniger. Selbst jene, die die gesellschaftlichen Verhältnisse in ihrem Land vehement kritisieren, sehen in dem real existierenden Sozialismus keine überzeugende Alternative mehr. Auch unsere Quellen im Operationsgebiet, mit denen wir auf Grund politischer Übereinstimmung zusammenarbeiten, stellen kritische Fragen, die wir kaum beantworten können. Streckenweise argumentieren wir gegen unsere eigene Überzeugung,

nur um des Erfolgs willen. Wir glauben fest daran, daß die ökonomischen und politischen Schwierigkeiten in der DDR überwindbar sind und vertrauen immer noch absolut auf die Hilfe der Sowjetunion.
Die neue Situation verlangt, neue Schwerpunkte in der geheimdienstlichen Arbeit zu setzen, um langfristig Informationen gewinnen zu können. Seit Beginn unserer Tätigkeit versuchen wir neben der direkten Beschaffung von Dokumenten auch interessante Personen abzuschöpfen. Was bisher nebenher lief, betreiben wir in den 80er Jahren gezielt und langfristig geplant. Die Situation dafür ist gut. Zunehmend gibt es Treffen auf staatlicher und parteilicher Ebene zwischen den beiden deutschen Staaten
Wir bauen das operative Netz in den DDR-Institutionen im Inland aus, gewinnen Menschen, die an offiziellen Verhandlungen teilnehmen oder durch Kontakte auf politischem oder wirtschaftlichem Gebiet für uns interessante Gesprächspartner kennenlernen. Schnell zeigen sich Erfolge. Die Abschöpfung erweist sich als ein probates Mittel. Viele leitende Persönlichkeiten aus der Politik, aus der Wirtschaft, aus der Industrie suchen das Gespräch mit ihrem jeweiligen Pendant. Politiker stehen regelrecht Schlange, die Medien reagieren prompt und berichten über jedes Treffen. Auch bei offiziellen Begegnungen auf Partei- und Staatsebene klinken wir in die jeweilige Delegation hochqualifizierte Mitarbeiter ein. Ob Egon Bahr mit Hermann Axen oder Erhard Eppler mit den Professoren Otto Reinhold und Rolf Reißig sprechen, wir sitzen immer mit am Tisch, genauso wie in allen Verhandlungen zwischen der DDR und der BRD. Natürlich interessieren uns die Gespräche, wichtiger aber sind die Kontakte, die sich dabei ergeben.
Erstaunlich, wie leichtfertig hohe Funktionsträger der BRD Interna ausplaudern, sich spreizen und dabei geheime Informationen weitergeben, politische Gegenspieler niedermachen, um sich zu erhöhen. Solche menschlichen

Schwächen bescheren uns eine Informationsflut. Neben verwertbaren Fakten aus dem jeweiligen Fachgebiet des Gesprächspartners häufen sich natürlich viele Kenntnisse des Intimlebens von Politikern und andern Funktionsträgern. Die nutzen wir nur in sehr seltenen Fällen. So veröffentlichen nicht wir entsprechende Tatsachen beispielsweise aus Willy Brandts Privatleben, das erledigt das Bundesamt für Verfassungsschutz – aus politischem Kalkül, versteht sich. Natürlich sind auch wir in der geheimdienstlichen Arbeit keine Edelmenschen. Wenn sich die Gelegenheit ergibt, nutzen wir persönliche Dinge auch als Kompromat, also als Druckmittel. Doch wir erkennen, im Gegensatz zum KGB, daß so eingegangene Verpflichtungen auf Dauer nicht funktionieren.

Manchmal halten wir uns nicht nur zurück, sondern versuchen Schaden abzuwenden, um die Gespräche zwischen Ost und West nicht zu gefährden. Die Abteilung XV Neubrandenburg arbeitet seit längerer Zeit mit einer jungen Frau zusammen, die erst an der Hochschule für Staat und Recht in Potsdam-Babelsberg tätig war und dann an der außenpolitischen Zeitschrift »Horizont«.

Als Brigitta Richter den Außenpolitischen Sprecher der SPD, Karsten Voigt, kennenlernt und sich daraus eine Liebesbeziehung entwickelt, übernehmen wir in der Zentrale den IM. Brigitta Richter entwickelt wenig Initiative, über ihren Freund gewonnene politische Informationen an uns weiterzugeben. Sie nutzt den Kontakt zu uns, um auch weiterhin, beruflich legitimiert, in die Bundesrepublik und nach Westberlin reisen zu können. Wir denken darüber nach, die Verbindung zu ihr einzustellen. Als wir erkennen, daß die Beziehung zwischen den beiden immer enger wird, reagieren wir. Wir wollen verhindern, daß durch eventuelle Indiskretionen Karsten Voigt, den wir als Mann des Ausgleichs und der Entspannung schätzen, in das Fadenkreuz der Medien gerät.

Uns ist bekannt, daß Gunter Rettner, der Leiter der Westabteilung im Zentralkomitee der SED, den außenpolitischen Sprecher der SPD persönlich kennt. Ihn bitten wir, mit Voigt zu sprechen. Der zeigt sich erst einmal erschreckt, kommentiert die Mitteilung aber nicht. Bei einem weiteren Gespräch erwähnt Voigt am Rande, daß er seine Freundin liebe und beabsichtige, sie zu heiraten. Wir respektieren das und beenden die Zusammenarbeit mit Brigitta Richter. Wir denken dabei an den einstigen SPD-Spitzenpolitiker Horst Ehmke, der eine Tschechin geheiratet hatte, ohne sich davon beeindrucken zu lassen, daß sie auch mit dem Geheimdienst ihres Landes verbandelt gewesen war. Nach der Wende handeln Karsten Voigt und Brigitta Richter nicht anders, sie gehen zum Standesamt.

Nicht nur wenn es um Liebe und Leidenschaft geht, entscheiden wir politisch und lassen unsere vordergründigen geheimdienstlichen Interessen beiseite. Manchem, der denkt, kraft seiner Wassersuppe im deutsch-deutschen Prozeß auf eigene Faust unterwegs zu sein, halten wir die Tür auf. Als Kurt Biedenkopf seine Gastprofessur an der Universität Leipzig erhält, verdankt er das auch unserem entschiedenen Wirken im Hintergrund. Und wenn ein Mitglied des Bundestages wie Antje Vollmer komplikationslos in die DDR einreist, dann sind wir dabei, um die Tür zu öffnen.

Wir wollen mit solchen Aktionen weder die Bundesrepublik destabilisieren noch führende Persönlichkeiten desavouieren. Natürlich wollen wir die DDR auch nicht liquidieren. Aber die Annäherung der beiden deutschen Staaten und eine weitere Entspannung zwischen West und Ost haben wir schon im Sinn.

Die PID und die PUT

Anfang der 70er Jahre beauftragt mein Chef Markus Wolf mich, den Leiter der Abteilung I, die operative Arbeit der gesamten HVA gegen PID und PUT zu koordinieren. PID,

so heißt in allen Geheimdiensten der sozialistischen Länder die »Politisch-ideologische Diversion« und PUT ist die »Politische Untergrundtätigkeit« des Gegners. Geführt wird dieser Teil unserer Arbeit von der Zentralen Auswertungs- und Informationsgruppe im Ministerium. Für Wolf und mich gehört die Erfüllung dieses Auftrags nun unmittelbar zu unserer Arbeit. Die Argumentation ist einleuchtend. Der Gegner kämpft im Kalten Krieg mit ideologischen und psychologischen Waffen. Funk und Fernsehen des Westens und die zunehmenden persönlichen Kontakte mit Besuchern aus der Bundesrepublik beeinflussen die DDR-Bürger. Wir sollen Institutionen aufklären, die die politische Strategie, die Richtung und den Inhalt des Einflusses auf den Osten bestimmen. Welche Aktivitäten verbergen sich beispielsweise ganz praktisch hinter dem durch Egon Bahr verkündeten Wandel durch Annäherung? DDR-Außenminister Otto Winzer hat sie prompt als »Konterrevolution auf Filzlatschen« stigmatisiert.
Die HVA konzentriert sich auf ausgewählte Ministerien, die wir seit eh und je operativ bearbeiten – im Sinne der PID nennen wir sie »Führungsorgane« –, auf bestimmte untergeordnete Organe des Bundes, der Länder und Parteien – wir bezeichnen sie als »Forschungsorgane« – und auf einige wenige ausgewählte Zentren vor allem im Medienbereich – sie heißen bei uns »ausführende Organe«. Der BND gehört natürlich dazu, denn dessen Erkenntnisse über den Zustand der DDR-Gesellschaft beeinflussen nicht unerheblich die PID.
Anfang der 70er Jahre beginnen die Dienste der sozialistischen Länder, auf diesem Gebiet enger zusammenzuarbeiten. Federführend sind jeweils die zuständigen Abwehrdiensteinheiten. Sie organisieren die alle vier Jahre stattfindenden PID-Konferenzen. Im Januar 1974 fliege ich nach Havanna, jeweils vier Jahre später nach Budapest, Moskau und Berlin. Es zeigt sich, das MfS bearbeitet diese Problematik am umfassendsten, das betrifft die Quali-

tät und Quantität der zu bearbeitenden gegnerischen Objekte.
Die sowjetische, die polnische, die tschechoslowakische, die ungarische und bulgarische Seite loben zwar die DDR-Aktivitäten, beschränken sich aber auf Radio Free Europe und Radio Liberty, auf Landsmannschaften, Emigrantenorganisationen und Geheimdienste. Nur Kuba kommt den DDR-Auffassungen am nächsten. Rumänien ist sowieso nie eingeladen.
Mitte der 80er Jahre fordert Minister Mielke im Zusammenhang mit PID und PUT immer mehr Informationen aus immer mehr Institutionen. Anfang 1985 erhalten wir von ihm die von der Zentralen Auswertungs- und Informationsgruppe erarbeitete Weisung »Bekämpfung feindlicher Stellen und Kräfte im Operationsgebiet, die subversiv gegen die DDR und andere sozialistische Staaten tätig sind (außer imperialistische Geheimdienste und kriminelle Menschenhändlerbanden)«. 225 Personen und Institutionen stehen in diesem Pamphlet.
Das Dokument ist in seinen Forderungen so uferlos, daß wir es nicht besonders ernst nehmen. Unsere operative Kraft reicht einfach nicht aus, ihm zu entsprechen. Und der Ausgangspunkt der dort genannten Überlegungen widerspricht einfach unseren Erkenntnissen. Nicht jede oppositionelle Haltung, nicht jede geäußerte Kritik, nicht jeder Unmut, nicht jede Verweigerung ist von außen gesteuert und organisiert. Vieles, was in den 80er Jahren in der DDR aufbricht, außerhalb, aber auch innerhalb der SED, ist hausgemacht. Natürlich widerspreche ich nicht, schreibe ich meine Bedenken nicht auf, stelle ich es nicht in Frage. Es geht mal wieder seinen sozialistischen Gang, wir lassen die neu benannten Kräfte beobachten und reagieren nur, wenn sich etwas tut.
Wie bei vielen anderen Dokumenten entfaltet sich auch hier die Eigenart deutscher Bürokraten. Sie beschreiben Papier, um ihr Dasein zu rechtfertigen. Besitzen die Autoren

Dienstgrade, tobt sich die Akkuratesse noch penibler als anderswo aus. Die ZAIG produziert unentwegt. Kein Leiter kann das alles lesen, kaum einer nimmt es nach dem Abzeichnen je wieder in die Hand. Auch dieses PID-Dokument schmort in meiner VS-Ablage, die alljährlich auf Vollständigkeit kontrolliert wird. Als tägliches Arbeitsinstrument kommt der Inhalt viel zu kompliziert und schwer daher.

Doch aller Definitions- und Formulierungswahn schafft nicht die wachsende Unzufriedenheit eines Großteils der DDR-Bevölkerung aus dem Weg. Viele Menschen beklagen mangelnde Demokratie, ständig stärker werdende Reisebeschränkungen, Versorgungs- und Angebotsmängel von Waren des täglichen Bedarfs, besonders aber an Produkten des Standards, der anderswo üblich scheint. Die veröffentlichten Produktionsergebnisse und Zuwachsraten widersprechen deutlich dem tatsächlich zunehmenden spürbaren Mangel. Die Zweiklassengesellschaft – die einen haben die Deutsche Mark, die anderen nur die Mark der DDR – fördert den allgemeinen Frust. Das alles begleiten das Fernsehen und der Rundfunk der Bundesrepublik mit Pauken und Trompeten. Stimmt schon: Allein mit Musik löst niemand einen Staatsstreich aus. Es marschiert sich aber leichter.

Noch dazu, wenn etwas Unfaßbares passiert. Die fast schon zu Tode geschleifte Losung, »Von der Sowjetunion lernen, heißt siegen lernen«, bekommt plötzlich einen Adrenalinstoß, sie erfaßt die Massen. Und – noch etwas Unglaubliches passiert – ein sowjetischer Generalsekretär wird zum Hoffnungsträger, eine sowjetische Zeitschrift verboten, reformerische Gedanken nach Art Gorbatschows werden zur Konterbande. Die PID kommt plötzlich aus dem Osten.

Die repressive Reaktion des Staates stärkt die kleine, aber in sich gespaltene Bürgerrechtsbewegung. Sie wird jeden Tag stärker. Den Nährboden bereitet die Unfähigkeit der politischen Führung der DDR, ihr Unvermögen, die wah-

ren Zusammenhänge zu erkennen, und ihre dogmatische Starre.
Der politischen Vorgabe folgend, verstärkt sich die repressive Tätigkeit des MfS. Nicht die Staatsidee, nicht die politische Alltagserfahrung des Volkes, nicht die florierende Wirtschaft soll das Land zusammenhalten, sondern ein Sicherheitsorgan soll es umklammern. Wohl auch um jemand zu haben, wie Minister Mielke in diesen Tagen öfter laut denkt, »der die Drecksarbeit erledigt und zur Verantwortung gezogen werden kann«.
Und wieder schlägt die PID zu. Das Politbüro beharrt auf seiner Ansicht, daß alles, was sich gegen die gesellschaftliche Ordnung im Inneren richtet, von außen gesteuert sein muß. Ein schicksalhafter Fehler.
Je stärker sich die Bürgerbewegung entwickelte, je mehr sich vor allem auch die evangelische Kirche ihrer annimmt, desto dringlicher formuliert die Staats- und Parteiführung einen Auftrag an die Hauptverwaltung Aufklärung. Wir sollen nachweisen, daß Regierungen, Parteien, politische Institutionen und Organisationen und besonders die Geheimdienste der NATO-Staaten hinter allem stecken – der Auslandsgeheimdienst als Weißwäscher für erstarrte Politiker. Dieser Auftrag ist unerfüllbar, die Kritik harsch, daß wir ihn unzulänglich erfüllen.
Natürlich gewinnen wir aus Parteien, politischen und kirchlichen Einrichtungen und von Einzelpersonen Erkenntnisse über deren Aktivitäten und Verbindungen, über ihren politischen Einfluß und materielle Unterstützung von Oppositionellen in der DDR. Doch daß Geheimdienste die Bolzen drehen, die dann die Opposition abschießt, können wir nicht nachweisen. Rainer Eppelmann gehört zu den Ausnahmen. Wie die HA II – Spionageabwehr des MfS erarbeiten auch wir den Nachweis, daß sich Eppelmann seit 1980 ständig konspirativ mit CIA-Mitarbeitern trifft, die als Diplomaten getarnt in der US-Botschaft arbeiten.

Ironie des Schicksals: Eines Tages befördert die Tatsache, daß wir das nicht existente konterrevolutionäre Zentrum nicht finden, eine politische Entscheidung der Partei- und Staatsführung für die Opposition. Als es darum geht, ob Bärbel Bohley, Vera Wollenberger, Werner Fischer und andere wieder in die DDR zurückkehren dürfen, sind wir das Zünglein an der Waage. Eine geheimdienstliche Anbindung dieser Leute gibt es nicht, signalisieren wir.
Diese für die Beteiligten positive Auskunft kann uns den Vorwurf einbringen, gar kein richtiger Auslandsnachrichtendienst zu sein, da wir in die innere Repression eingebunden sind. Ja, wir gehören zum MfS und unterliegen allen Befehlen und Weisungen, auch denen zur Bekämpfung der inneren Opposition. Doch unsere substantielle legitime Aufgabe besteht darin, den Einfluß von Personen außerhalb des Landes in die DDR aufzuklären. Dazu gehören ausgebürgerte oder geflüchtete Dissidenten. Uns interessiert nicht, was Wolf Biermann oder Jürgen Fuchs oder Roland Jahn im Westen treiben, sondern was sie gegen die DDR tun. Das ist legitim. Aus dem BND oder dem BfV wissen wir, wie intensiv sich beide Dienste für ehemalige KPD- oder DKP-Funktionäre interessieren, die in die DDR übergesiedelt sind. Aus der Sicht der BRD-Dienste ein normaler Vorgang.
Viele Künstler, die die DDR verlassen haben, interessieren uns nicht. Einfach deshalb, weil sie nicht gewollt und zielgerichtet in die DDR hineinwirken. Die HVA kümmert sich zum Beispiel überhaupt nicht um Manfred Krug oder Angelica Domröse und Hilmar Thate und viele andere Persönlichkeiten.
Natürlich arbeiten wir mit den Diensteinheiten der Abwehr zusammen, gewähren Diensthilfe entsprechend der jeweiligen Aufgaben. Wenn wir etwas über Fluchthilfeunternehmen erfahren, geben wir das weiter. Ebenso informieren wir die Spionageabwehr, um die Volkswirtschaft vor Schaden zu bewahren, um Terroristen abzuwehren

und wenn wir konkrete Verbindungen von Geheimdiensten zur Bürgerrechtsbewegungen feststellen.
Unsere DDR-IM sind angehalten, auch Informationen für die Abwehr zu erarbeiten. Aber wir werben nicht einen einzigen DDR-Bürger mit dem Ziel, im Inland zu arbeiten. Alle unsere DDR-IM binden wir in operative Vorgänge nach außen ein.

Aktive Maßnahmen

Anfang der 80er Jahre kommen immer mehr Abteilungen in meine Zuständigkeit. So auch die Abteilung X – Aktive Maßnahmen. Später wird sie mir direkt unterstellt.
Ich wiederhole, was Markus Wolf in seinem Buch »Spionagechef im geheimen Krieg« feststellt, die Abteilung X war keine Abteilung der Lügen und bewußten Irreführung im klassischen Wortsinn der Desinformation.
Wir wollen viel mehr Einfluß auf einzelne Personen, Institutionen und politische Prozesse bekommen und nutzen dabei in der Regel Fakten, die wir offiziell oder inoffiziell erlangen. Die beschaffen die anderen operativen Abteilungen der HVA, aus dem Staatsapparat, aus den politischen Parteien und Organisationen, aus den Geheimdiensten und Medien der BRD und Westberlins. Auch Erkenntnisse der Hauptabteilung III – Funkaufklärung des MfS fließen ein. Je nach Bedarf und Ziel mischen wir Fakten mit desinformierenden oder desorientierenden Formulierungen. Das ist beileibe keine HVA-Spezialität. Von Beginn ihrer Existenz ist die DDR Ziel der »Psychologischen Kampfführung«. Durch Ballon- und Flugblattaktionen, über Radiosendungen von bundesdeutscher und alliierter Seite kommen gezielt Halbwahrheiten und Lügen über die Grenze.
Unsere Aktiven Maßnahmen wenden sich erst einmal gegen ehemalige Nazigrößen, die sich in der BRD wieder in Amt und Würden befinden. Wir denken uns aber auch etwas aus gegen Kalte Krieger vom Schlage eines Gerhard

Löwenthal, längere Zeit auch gegen Franz Josef Strauß, Alfred Dregger, Werner Marx und Axel Springer. Und wir haben die gegnerischen Geheimdienste, den BND, das BfV und den MAD und die dort führenden Leute im Visier. Einfluß nehmen wir auf die Entwicklung progressiver Kräfte in Parteien und Organisationen.

Der Neo-Nazi-Szene in der BRD widmen wir uns vorrangig. Von Mitte der 70er Jahre bis 1987 beeinflussen wir über den Schriftsteller Bernt Engelmann den »Presseausschuß Demokratische Initiative« und die Zeitschrift »Blick nach rechts«. Beide gibt der Publizist Kurt Hirsch heraus, ein Verfolgter des Naziregimes. Die Blätter machen Front gegen rechtsradikale und ultrakonservative Entwicklungen in der BRD. Wie in anderen von uns initiierten und beeinflußten Pressediensten agieren wir auch hier nicht allein. SPD-Kreise unterstützen Hirsch ideell und materiell. Nur in ganz wenigen Fällen produziert die Abteilung X Totalfälschungen. Für eine trage ich die Verantwortung. Im Zusammenhang mit dem mysteriösen Tod Uwe Barschels im Jahre 1987 schreiben wir im April 1988 einen Brief, der die Unterschrift Barschels trägt. Er ist an den CDU-Vorsitzenden Schleswig-Holsteins und Bundesfinanzminister, Gerhard Stoltenberg, gerichtet. Der Schreiber unterstellt, daß Stoltenberg von den Intrigen gegen Björn Engholm gewußt hat. Obwohl ausgedacht, liegen wir gar nicht so sehr daneben. Das bestätigt später öffentlich Frau Barschel. Sie weiß, daß ihr Mann unter gleichem Datum einen Brief an Gerhard Stoltenberg abschickte. Wir senden unseren Brief unter anderen an die ARD und an den Norddeutschen Rundfunk. Die Redaktionen lassen von Experten die Echtheit überprüfen. Das Ergebnis lautet: alles in Ordnung. Als nach 1990 Beteiligte die Katze aus dem Sack lassen, herrscht großes Entsetzen beim NDR.

Warum schreiben wir diesen Brief? Unmittelbar nach dem Tod von Uwe Barschel stehen die Täter für die Medien fest. Wer anders als das MfS begeht ein solches Verbrechen?

Mit dem Brief reagieren wir nur auf eine Unterstellung. Die Anschuldigungen hören in den folgenden Jahren nicht auf, im Gegenteil. Statt mit Nachdruck beim BND, dem israelischen Mossad und der amerikanischen CIA zu recherchieren, wird die Spur immer wieder in unsere Richtung gelegt.

Mitte der 70er bis Mitte der 80er Jahre häuft sich bei uns Stoff über die ehemals in einer gemeinsamen Rechtsanwaltssozietät in Westberlin tätigen CDU-Funktionäre Eberhard Diepgen, Klaus-Rüdiger Landowsky und Peter Kittelmann. Die drei arbeiten mit kriminellen Fluchthelferorganisationen zusammen, stellen Pässe und Passierscheine zur Verfügung. »Luft«, so der Deckname unseres IM, eines Diplom-Politologen, der als freier Journalist in Westberlin lebt, kennt die drei und viele andere Persönlichkeiten in Westberlin und der BRD gut. 1978/79 recherchiert er im Auftrage der Illustrierten »Quick« über Fluchthilfeunternehmen und beteiligte staatliche oder gesellschaftliche Einrichtungen und Privatpersonen. Er stößt dabei auf die drei Anwälte und CDU-Jungpolitiker. Geplant sind mehrere Beiträge. Als »Quick« die Brisanz der Recherche erkennt, stoppt die Chefredaktion das Vorhaben. »Luft« erhält ein angemessenes Ausfallhonorar. 1985/86 beschäftigt sich ein Politmagazin des öffentlich-rechtlichen Fernsehens erneut mit dieser Problematik. »Luft« soll seine Recherchen beisteuern. Eberhard Diepgen und Klaus-Rüdiger Landowsky erfahren davon. Sie fordern den inzwischen in die CDU eingetretenen »Luft« auf, ihnen schriftlich zu bestätigen, daß er über keinerlei Erkenntnisse zu ihrer Person im Zusammenhang mit Fluchthilfeunternehmen verfügt. Nach Rücksprache mit seinem Führungsoffizier schreibt »Luft« für die Stützen der Gesellschaft den geforderten Persilschein. Warum? »Luft«, der noch weitere, uns sehr interessierende Kontakte unterhält, könnten wir abschreiben, wenn er sein Wissen öffentlich macht. So verpflichtet

er sich drei einflußreiche Politiker und liefert für uns weiter wichtige Informationen.
Eigentlich sollte »Luft« vor allem Kontakt zum damaligen Staatssekretär im Bundeskanzleramt, Prof. Dr. Waldemar Schreckenberger, herstellen. Schreckenberger, ein Schulfreund und Vertrauter von Bundeskanzler Kohl, wird 1982 Staatssekretär und Chef des Bundeskanzleramtes. 1984 überwirft sich Kohl mit Schreckenberger, löst ihn als Chef des Kanzleramtes ab und beschäftigt ihn lediglich für Sonderaufgaben bis 1989.
Schreckenberger wird angeblich abgesetzt wegen fachlicher Probleme im Dienstablauf. In Wahrheit hängt die Düpierung des einstigen Kanzlerintimus mit der U-Boot-Affäre zusammen. Bundeskanzler Kohl, Außenminister Genscher, Verteidigungsminister Gerhard Stoltenberg und Ministerialdirektor Horst Teltschik sind darin verstrickt. Südafrika verhandelt 1983 mit der Bundesrepublik. Das Apartheid-Regime braucht Unterlagen und Personal für den U-Boot-Bau und für eine dazugehörige Werft. Das widerspricht aber einem Beschluß des Sicherheitsrats der UNO von 1977, in welchem ein Waffen- und Rüstungsembargo über die Republik Südafrika verhängt wurde. Offiziell lehnt die Bundesregierung 1983 das Begehren Südafrikas ab.
Inoffiziell sucht man jedoch nach einem gangbaren Weg. Bundeskanzler Kohl weist Teltschik und Schreckenberger an, die Angelegenheit zu prüfen, einschließlich der Möglichkeit, komplette U-Boote zu liefern. Im Juni 1984 kommt es zu einem Vertragsabschluß zwischen den deutschen Firmen Howaldtswerke-Deutsche-Werft AG (HDW) und Ingenieurkontor Lübeck (IKL) mit Südafrika. Franz Josef Strauß ist mit der ganzen Angelegenheit vertraut und zieht seinerseits Fäden in Politik und Wirtschaft. Immerhin geht es um über 100 Millionen DM. Ohne Zustimmung des Bundessicherheitsrats liefern die beteiligten Firmen HDW und IKL Unterlagen nach Südafrika.

Im November 1986 tauchen plötzlich Pressemeldungen über dieses illegale Rüstungsgeschäft auf. In den »Kieler Nachrichten« heißt es: »U-Boot-Pläne der HDW an Pretoria«. Nun beschäftigt sich der Bundestag damit. Die Fraktionen von SPD und Grünen erreichen die Einsetzung eines Untersuchungsausschusses. Der kommt aber zu keinen Ergebnissen. Die Regierungsvertreter halten sich bedeckt, verschweigen oder wissen nichts. Teltschik und Schreckenberger schicken Unterlagen in den Reißwolf. Anzeigen gegen Regierungsvertreter wegen uneidlicher Falschaussage, so auch gegen Bundeskanzler Kohl, bearbeitet die Staatsanwaltschaft nicht. Alles verläuft im Sand. Endgültig geklärt ist nichts. Wir können Informationen über diesen Skandal und die darin verwickelten Persönlichkeiten der Bundesregierung nicht mehr in die Öffentlichkeit bringen. Auch wir schickten unsere Akte 1989/90 durch den Reißwolf, wenn auch aus ganz andern Gründen als Teltschik und Schreckenberger. Leider, sie würde einiges Licht in die Affäre um Parteispenden und Schwarzgeldkonten bringen.
Aktive Maßnahmen lassen sich am wirksamsten umsetzen, wenn dritte einbezogen werden. Auf Grund ihrer Professionalität bieten sich Journalisten besonders an. So setzen wir nicht wenige Maßnahmen erfolgreich um. Es sei nur an den »Stern« erinnert. Die Abteilung X pflegt mit Hilfe sogenannter »Legaler Dächer« in DDR-Institutionen viele Kontakte zu westlichen Journalisten und erschließt sich damit Kanäle, um gezielte Nachrichten zu lancieren.
Offiziere im besonderen Einsatz (OibE) in Schlüsselpositionen wie dem Presseamt der Regierung der DDR, ermöglichen faktisch, jeden einreisenden Journalisten mit der HVA in Kontakt zu bringen. Nur wenige der Journalisten sehen das anders oder sie vermuten es zumindest. Doch sie lassen sich darauf ein, weil sie ja auch interessante Dinge erfahren wollen. Doch wir sind auch auf der Hut, um nicht auf gestreute Desinformation hereinzufallen.

Wir müssen uns hauptsächlich auf Reisejournalisten beschränken. Entsprechend der Aufgabenstellung im MfS werden fest in der DDR akkreditierte Journalisten von der HA II – Spionageabwehr bearbeitet. Da deren Leitung in jedem Journalisten einen möglichen Spion sieht, überwachen sie die perfekt, beruflich und privat. Wird der HA II nur der geringste Versuch der HVA bekannt, sich einem akkreditierten Westkorrespondenten zu nähern, gibt es Zoff. Ich erlebe das eines Tages selbst.
Als Fritz Pleitgen 1977 seinen Korrespondentenposten in Moskau verläßt und Leiter des ARD-Studios in der DDR wird, sagt mir unser KGB-Verbindungsoffizier hinter vorgehaltener Hand: »Mit Pleitgen kann man reden, es lohnt sich.« Da ich die Möglichkeiten der sowjetischen Aufklärung kenne, mit ausländischen Journalisten in Moskau und in anderen Orten zusammenzukommen, nehme ich den Tip ernst.
Obwohl ich die Animositäten der HA II zu uns kenne, recherchiere ich in der Registratur des MfS und erfahre, die HA II hat Pleitgen bereits erfaßt. Prompt ruft mich der 1. Stellvertreter des Ministers, General Bruno Beater, an. Ich nehme seinen Befehl zur Kenntnis, jede weitere Aktivität, Pleitgen betreffend, zu unterlassen. »Begreif doch, daß alle westlichen Journalisten potentielle Spione sind und deshalb in den Aufgabenbereich der HA II fallen«, tönt es aus dem Hörer. So müssen wir auf einen interessanten und klugen Gesprächspartner verzichten.

Das Gleichgewicht der Panik

Mitte 1982 fliege ich nach Moskau. Mit im Flugzeug sitzen Leiter mir unterstellter Diensteinheiten. Von Zeit zu Zeit treffen sich die Chefs der jeweiligen operativen Linien abwechselnd in der UdSSR und in der DDR zum Erfahrungs- und Gedankenaustausch. Während des Aufenthaltes empfängt mich der Stellvertreter des Vorsit-

zenden des KGB und Leiter der I. Hauptverwaltung – Aufklärung, W. A. Krjutschkow, zu einem Gespräch.
Wir sitzen in seinem Dienstzimmer in der zweiten Etage im Gebäude der I. Hauptverwaltung in Jasenowo, unmittelbar am südöstlichen Außenring Moskaus. Außer uns beiden ist nur ein mir seit langem bekannter russischer Dolmetscher im Raum. Ich kenne Wladimir Krjutschkow nun schon seit geraumer Zeit, doch heute reden wir zum ersten Mal unter vier Augen.
Der fünf Jahre ältere Chef des Auslandsnachrichtendienstes der Großmacht Sowjetunion, der führenden Macht im Warschauer Pakt, weiß seine ihm zukommende Rolle wohl zu spielen. Er schätzt aber auch die Arbeitsergebnisse des kleineren Partners und weiß, wie der sowjetische Dienst daran partizipiert. Das bestimmt nicht unwesentlich die lockere, freundliche Atmosphäre. Auch charakterlich passen wir ganz gut zusammen. Offen, direkt, ohne geheuchelte Höflichkeitsfloskeln begegnen wir uns. Wir können einander vertrauen und halten Versprechen ein.
Diesmal überrascht mich Krjutschkow. Entgegen seiner sonstigen Gewohnheit, das Gespräch mit einer tour d'horizon zu beginnen, widmet er sich mit Ernst und Nachdruck einem Thema: der Raketenstationierung in Westeuropa. Natürlich hatte ich mich auch darauf vorbereitet. Doch er sagt etwas, das mich völlig überrascht. Er spricht von einem unmittelbar bevorstehenden Raketen-Kernwaffen-Angriff der NATO-Staaten und beruft sich auf seriöse Aufklärungsergebnisse seines Dienstes. Ich bin perplex. Von Rainer Rupp (»Topas«), der seit 1979 aus dem Brüsseler Hauptquartier der NATO für die HVA berichtet, liegen entsprechende Erkenntnisse nicht vor. Natürlich befindet sich Europa gerade im Raketen-Nachrüstungsfieber. Schon am 12. Dezember 1979 hatte die NATO beschlossen, 108 Mittelstreckenraketen »Pershing II« in der Bundesrepublik und 464 Marschflugkörper »Griffin« im übrigen West-

europa zu stationieren. Seit dem 20. Januar 1981, dem Tag, als Ronald Reagan seinen Eid als Präsident schwor, forcierte er aggressiv die Militärpolitik gegen die Sowjetunion. Nach einer Fernsehansprache, als er glaubte, die Mikrofone seien ausgeschaltet, scherzte er: »Wir beginnen mit der Bombardierung (er meinte die Sowjetunion) in fünf Minuten.«

In der Bundesrepublik hatten die Grünen 1981 Strafanzeige gegen die Bundesregierung gestellt, weil die neuen USA-Waffen, die ab 1983 in der Bundesrepublik stationiert werden sollen, »ausschließlich und eindeutig die Eigenschaften von Erstschlagswaffen besitzen«. Die westeuropäische Friedensbewegung erstarkt durch die wachsende Gefahr eines Atomkrieges, aber er steht doch nicht unmittelbar bevor.

Der Chef der sowjetischen Aufklärung sieht dagegen die Welt kurz vor dem Ausbruch des Dritten Weltkrieges. Das sagt er mir auch so. Und deshalb habe Generalsekretär Leonid Breshnew die Geheimdienstaktion »Rjan« (Raketno-Jadernoje Napadenie – atomarer Raketenangriff) befohlen. Die sowjetischen Residenten in den NATO-Staaten berichten im 14-Tage-Rhythmus über die zunehmende Kriegsgefahr. Krjutschkow fordert von der HVA, wie auch von allen anderen Diensten der Warschauer Vertragstaaten, sich aktiv und intensiv am Aufklärungsschwerpunkt »Rjan« zu beteiligen. Das ist für mich ein Befehl.

Wir ordnen diesen Schwerpunkt in unsere Tätigkeit ein. Das fällt uns nicht schwer, denn wir beschäftigen uns seit je damit, jede militärische Überraschung auszuschließen. Aus den von unseren Kundschaftern besorgten Dokumenten höchster Geheimhaltungsstufe wissen wir bereits: Die NATO plant im Falle eines konventionellen Angriffs des Warschauer Paktes nicht nur den Ersteinsatz von Atomwaffen auf gegnerischem Boden, sondern im Rahmen ihrer Strategie der Flexiblen Reaktion sogar auf eigenem Territorium.

Auch das veröffentlichte Bedrohungsszenario der westlichen Allianz widerspricht gravierend den eigenen Lagebeurteilungen. Entgegen der öffentlichen Propaganda geht die NATO davon aus, daß die Sowjetunion und damit der Warschauer Vertrag nicht beabsichtigt, Westeuropa anzugreifen. Westliche Stabsoffiziere rechnen nicht mit einem massiven und begrenzten konventionellen Angriff. Auch in den Dokumenten der NATO-Kommandostabsübungen geht man nicht davon aus, daß der Warschauer Pakt einen atomaren Erstschlag plant, wohl aber, daß er auf einen gegnerischen nuklearen Angriff analog reagieren würde.

Für uns steht »Rjan« auf der Tagesordnung, und wir übergeben unseren entsprechenden Diensteinheiten Kriterien für die Aufklärung. Monatlich geht ein Bericht von uns nach Moskau, und wir bekommen im gleichen Zeitraum einen von dort.

Bereits nach kurzer Zeit bestätigen sich unsere bisherigen Erkenntnisse. Vieles von dem, das unsere Kundschafter liefern, läßt sich zwar dem Problem zuordnen, eine unmittelbare Kriegsgefahr deutet sich aber nicht an. Bestünde sie, wüßten wir es bestimmt von Rainer Rupp (»Topas«), der im Zentrum der NATO sitzt. Ergebnis: Unsere monatlichen »Rjan«-Berichte geraten immer dürftiger, die von sowjetischer Seite bleiben ganz aus.

Als Krjutschkow 1987 in die DDR kommt, rede ich mit ihm darüber. Ich hoffe, er bestätigt unsere Erkenntnisse und stimmt zu, die breitgefächerte Aufklärung auf diesem Gebiet einzustellen. Mit meiner Intervention erreiche ich aber genau das Gegenteil. Er beschwört uns, in unseren Anstrengungen nicht nachzulassen und veranlasst, daß wir wieder monatlich Berichte bekommen. Trotz des neuen Generalsekretärs scheinen die Moskauer ihr Überraschungs-Trauma weiter zu pflegen.

Ich sehe zwei Probleme. Trotz des eingeleiteten politischen Tauwetters im Ost-West-Konflikt ist natürlich der Kalte Krieg noch nicht beendet und die Gefahr einer militäri-

schen Auseinandersetzung nicht endgültig gebannt. Wachsamkeit ist schon am Platze, aber doch mit mehr Sinn für die Realität.
Außerdem ist mir nicht klar, ob hartleibige Militärstrategen die politische Führung in Moskau fest im Griff haben oder ob der Kreml die Militärs zu solchem Handeln antreibt, um der Ost-West-Annäherung entgegenzuwirken. Oder ahnen einige führende Mitglieder der Parteiführung schon die nahende Gefahr für die Existenz der real existierenden sowjetischen Gesellschaft? Brauchen sie einen Grund, den militärisch-industriellen Komplex zu stärken? Wir lassen nichts unversucht, dem sowjetischen Partner die NATO transparent zu machen, um Fehleinschätzungen und Fehlentscheidungen zu verhindern. Quellen wie Rainer Rupp (»Topas«) in der NATO, Peter Kraut und Heidrun Kraut (»Siegfried« und »Kriemhild«) in Rüstungsfirmen, Dieter Feuerstein (»Petermann«) bei MBB und andere liefern kontinuierlich geheimste Dokumente. Wir und Moskau bekommen eine Übersicht sowohl zur militärpolitischen und strategischen Planung als auch zur Militärtechnik. Die Politiker können so die militärische Situation realistischer einschätzen, um das Patt zwischen Ost und West zu bewahren und die Beziehungen zwischen den Blöcken zu stabilisieren.
Als die NATO 1999 den Luftkrieg gegen Jugoslawien beginnt, sind deutlich Elemente der Wintex/Simex-Kommandostabsübungen von 1988 zu erkennen, die wir aufgeklärt hatten. Damals unterstellte die NATO der sowjetischen Führung unter Gorbatschow eine militärische Intervention in Jugoslawien, die dann einen militärischen Konflikt zur Folge gehabt hätte, mit der Option auf den Ersteinsatz von Kernwaffen durch die NATO. Die Ziele in der DDR, in Polen und in der ČSSR standen fest. Eines hieß Dresden. Im Jahr 1999 braucht die NATO nicht mehr zu kalkulieren, daß die inneren Konflikte Jugoslawiens durch die Einmischung von Ost und West internationalisiert werden

und außer Kontrolle geraten. Die NATO ist stark, Rußland schwach. Für Europa und die Welt ein gefährliches Denken.

Der gläserne BND

Die Geheimdienste der Bundesrepublik werden wach. Die Angriffe auf uns nehmen in den 80er Jahren zu. Das ist die Folge des Auftrags, den Klaus Kinkel gab, als er am 1. Januar 1979 Präsident des Bundesnachrichtendienstes wurde. Mit Hilfe menschlicher Quellen und dem Ausbau der elektronischen Aufklärung will er stärker in die DDR und den gesamten Ostblock eindringen. Die Nachfolger Kinkels, 1983 Eberhard Blum und 1985 Hans-Georg Wieck, verstärken die Werbung menschlicher Quellen in der DDR. Wir erkennen das schnell. Seit eh und je bearbeiten wir den Gegner nicht allgemein, sondern konzentrieren uns auf die Bereiche, von denen real Aktivitäten gegen die DDR und die anderen Länder des Warschauer Pakts ausgehen. Je besser wir also den Bundesnachrichtendienst, das Bundesamt für Verfassungsschutz und einige ihrer Landesämter sowie den Militärischen Abschirmdienst kontinuierlich ausforschen, desto besser sind wir in der Lage, noch wirkungsvoller zu parieren. Wir erweitern das Informationsspektrum durch vorhandene Quellen und erschließen neue Möglichkeiten, unser Wissen zu erweitern. Wir kennen genau die politische Lageeinschätzung des Bundesnachrichtendienstes, verfügen über konkretes Wissen, wie alle BRD-Dienste ihre Agenturarbeit organisieren. Deshalb gelingt es uns leicht, nachrichtendienstliche Operationen zu paralysieren.

Der BND versucht verstärkt, Angehörige des Ministeriums für Staatssicherheit, hauptsächlich der Hauptverwaltung Aufklärung und leitende Mitarbeiter der NVA, der Volkspolizei, aus dem Staatsapparat und aus der Wirtschaft zu werben.

Dem Schwiegersohn von Markus Wolf werden 500.000 DM geboten. Er lehnt ab.
Von einem Mitarbeiter des Sektors Wissenschaft und Technik der Hauptverwaltung Aufklärung weiß man, daß er mit ziemlich komplizierten familiären Problemen nicht zurechtkommt. Der Kontaktmann will vollendete Tatsachen schaffen, legt einen Toten Briefkasten an, übergibt Chiffriermaterial und verspricht hohe finanzielle Zuwendungen. Der Umworbene lehnt ab.
In Wien arbeitet der Sohn des ehemaligen DDR-Verteidigungsministers Heinz Hoffmann als Militärattaché an unserer Botschaft. Ihm bietet ein Agent eine Million DM. Hoffmann lehnt ab.
Ebenfalls in Wien führt ein Agent des BND den Fahrer des Militärattaché-Stabes der DDR. Dieser war Jahre vorher während seiner Tätigkeit in der Schweiz von dortigen Diensten geworben worden, und nach der Versetzung nach Österreich nutzt ihn der BND mit. Er wird in der DDR verhaftet und verurteilt.
In Australien versuchen BND-Mitarbeiter einen DDR-Diplomaten zu werben. Sie hantieren mit einem MfS-Ausweis, mit einem MfS-Dienstauftrag, der die gefälschte Unterschrift Mielkes trägt, und weiteren Falsifikaten. Der DDR-Bürger riecht den Braten und entzieht sich der geheimdienstlichen Umarmung.
In Norwegen wird die Ehefrau des DDR-Botschafters unter Druck zur Mitarbeit aufgefordert. Sie lehnt ab.
Jährlich registrieren wir etwa 40 solcher Versuche. Mindestens 20 gehen vom Bundesnachrichtendienst aus. Die Methode ist schlicht. Viel Geld ist im Spiel, politischer Druck und Erpressung. Natürlich interessiert uns brennend, ob es dem BND gelingt, eine sogenannte Innenquelle im Ministerium für Staatssicherheit zu installieren. Er schafft es nicht, versucht aber über Jahre, seine Unfähigkeit zu vertuschen und redet deshalb uns und wohl auch sich immer wieder ein, Stiller sei sein langjähriger Agent gewe-

sen. Erst nach der Wende gelingt es dem Bundesnachrichtendienst und dem Bundesamt für Verfassungsschutz, aus dem Nachlaß der HVA einige Verräter zu rekrutieren. Ein billiger Triumph, der unseren Kundschaftern und Quellen aber im vereinten Deutschland teuer zu stehen kommt.

So wie gegen die HVA schießt sich der Bundesnachrichtendienst auch auf die Sicherheitsdienste und staatlichen Institutionen der anderen Länder des Warschauer Pakts ein. Über unsere Quellen erfahren wir die Namen von Agenten in der UdSSR, in Polen, in Ungarn und Bulga rien. In der DDR enttarnen wir einige. Entweder wir überwerben sie als Doppelagenten, oder wir kontrollieren sie einfach. So erfahren wir die Schwerpunkte der Gegner und kennen die Informationen, die sie erhalten. In etlichen Fällen laufen wir aber auch ins Leere. Wir erkennen zwar den Verrat und dessen Ausmaß, uns gelingt es aber nicht, den Agenten beweiskräftig zu enttarnen. Bei all diesen Aktionen arbeiten wir eng mit der HA II – Spionageabwehr zusammen.

Natürlich versuchen wir, weitere Quellen im BND zu installieren. Wir gewinnen dabei eine Menge Erkenntnisse über eine Vielzahl hauptamtlicher Mitarbeiter in der BRD und im Ausland. Eine direkte Werbung von BND-Mitarbeiter gelingt uns in den letzten Jahren nicht.

Wir versuchen es indirekt. Von uns und in starkem Maße auch von der Spionageabwehr des MfS geworbene DDR-IM bringen wir gezielt in das Blickfeld des Gegners. Fünf DDR-Bürger, allesamt IMB (Inoffizielle Mitarbeiter mit Feindberührung), werden, ohne voneinander zu wissen, vom BND geworben. Sie sind absolut zuverlässig, eine unbedingte Voraussetzung für den Erfolg. Wir können also mit einem sogenannten Nachrichtenspiel beginnen.

Vier von den fünf BND-Werbern, mit denen wir es zu tun haben, arbeiten direkt im Referat 12 B – DDR-Politik in der Pullacher Zentrale, einer in der Außenstelle BB 10 in Bremen. Wir wissen, BND-Mitarbeiter führen nicht nur

einen Agenten, sondern mehrere, in einem Fall sind es fünf. Und alle fünf sind unsere IMB.
Über Jahre hinweg beliefern wir, entsprechend der Auftragslage, den BND mit Informationen. Unsere IMB berichten natürlich präzise über die Zusammenkünfte und Treffen mit ihren Agentenführern. Wir können so beobachten, wie sie arbeiten, erfahren etwas über ihre politische Haltung, ihre fachliche Qualifikation. Ihr gesamtes Seelenleben, ihre private Sphäre sind für uns bald keine Geheimnisse mehr. Auch der Vergleich der jeweiligen Arbeitsweisen bringt interessante Erkenntnisse. Der BND trifft sich mit seinen DDR-Agenten (also unseren IMB) in der Regel in Drittländern.
Schließlich entschließen wir uns, den Agentenführern ein Angebot zu unterbreiten. Wir haben drei Trümpfe in der Hand. Die Tatsache, daß sie über Jahre mit der HVA zu tun hatten, getäuscht und desinformiert wurden – wie sollen sie das ihrem Dienst erklären? Hinzu kommt unser internes Wissen über ihre Verfehlungen im dienstlichen und privaten Bereich. Und drittens unterbreiten wir auch finanzielle Angebote.
Wir beginnen mit unseren Werbeoperationen in Österreich, Schweden und Ägypten. Beachten müssen wir, daß der BND die Treffs seiner hauptamtlichen Mitarbeiter und deren Agenten durch Observationsgruppen überwacht. Diese Gruppen bzw. einzelne Observanten stehen untereinander in Funkverbindung. Hier klinken wir uns ein und hören ihren Funkverkehr ab, in einigen Fällen helfen uns Spezialisten der HA III – Funkaufklärung des MfS.
Auch unsererseits sind hauptamtliche Mitarbeiter unterwegs. Sie führen die Werbegespräche, und sie müssen, ebenso wie unsere IMB, geschützt werden.
In einem Fall erhalten wir durch unsere Funkaufklärung Kenntnis von dem bis dahin unbekannten Namen und der Privatanschrift eines BND-Mitarbeiters. Er begeht einen kapitalen Fehler, indem er offen mit seiner Ehefrau zu Hau-

se telefoniert. Beim Werbegespräch den Klarnamen zu kennen ist schon ein Vorteil.
Es ist für uns überraschend, daß keine der fünf angezielten Personen unserem Angebot folgt. Alle offenbaren sich ihren Vorgesetzten. Trotz der Panne trösten wir uns. Immerhin zog der BND keinen nennenswerten Nutzen aus der Zusammenarbeit. Und: Er muß seine Mitarbeiter aus ihrer Tätigkeit herauslösen.
Für uns ein weiterer Beweis, daß Kompromate und Geld nicht unbedingt zum Erfolg führen. Ein Nachrichtendienst wird jedoch immer wieder den Versuch wagen, wenn es sich anbietet.

Am 30. November 1988 erreicht uns eine Hiobsbotschaft aus der Zentrale des Bundesnachrichtendienstes. In Pullach tauchte eine in der HVA gefertigte Fotokopie eines streng geheimen, internen Dokuments des BND auf. Was sollen wir tun? Wir müssen schnell drei Fragen beantworten, um unsere Quellen zu warnen. Wenn wir wissen, um welches Dokument es sich handelt, können wir auch sagen, welcher unserer Kundschafter im BND es uns geschickt hat. Dann wird auch klar, wer es in der HVA bearbeitet und wer es nach Pullach geschickt hat. Die Kopie der Kopie muß her. Als wir sie in den Händen halten, sind wir gewiß, dieses Dokument lieferte unser Kundschafter »Peter« aus Pullach. Er ist unmittelbar gefährdet, denn im BND ist der Verteilerkreis für dieses Dokument sehr klein. Wir warnen sofort »Peter« und seinen Bruder »Florian«. Die melden uns, daß der BND sie bereits observiert. Für mich sind nicht nur schlechthin zwei Quellen in Gefahr, sondern zwei Männer, die ich sehr schätze.
Gleich nach meinem Amtsantritt als Leiter der HVA traf ich »Peter« und »Florian« in Budapest. Harry Schütt, der Leiter der Abteilung IX, sein Mitarbeiter Siegfried Schlegel und der Instrukteur Günter Böttger begleiteten mich. Wir redeten über die persönliche und operative Situation,

über die Politik Gorbatschows und über notwendige Reformen in der DDR. Die Atmosphäre war gelöst und harmonisch. Hier saßen Freunde zusammen, die den gleichen Idealen verpflichtet sind, an einem gemeinsamen Projekt arbeiten. Ich schätze die beiden Brüder sehr, ihre Ernsthaftigkeit und ihren Mut.

Mit »Peter«, Klarname Alfred Spuhler, und »Florian«, Klarname Ludwig Spuhler, sind wir seit 1971 in Kontakt. »Peter« verpflichtet sich 1958 für zwölf Jahre zur Bundeswehr. Er avanciert zum Hauptmann, bewirbt sich dann beim BND. 1968 wird der 28jährige eingestellt. Als Mitarbeiter in der Abteilung II besucht er Lehrgänge an der Nachrichtenschule der Bundeswehr in Bad Ems und der Heeresoffiziersschule der Bundeswehr in Hannover und entwickelt sich zum Spezialisten für die Elektronische und Fernmeldeaufklärung.

Alfred Spuhler ist ein Grübler, der über den Sinn seiner Arbeit und den Zustand der Welt nachdenkt. Mit wachsender Einsicht in die dienstlichen Belange stellt er eine militärische Überlegenheit des Westens über den Osten fest. Die Balance zwischen den beiden Blöcken scheint ihm die einzige Möglichkeit zu sein, den Frieden zu erhalten. Dabei will er helfen. Für einen Geheimdienstoffizier ziemlich ungewöhnlich, sucht er Kontakt zu linken Organisationen. Er findet Gesprächspartner, mit denen er über grundsätzliche Probleme der beiden Gesellschaftsordnungen diskutieren kann. Bald landet er bei Marx und Engels. Wie viele der jungen Leute in den sechziger Jahre sucht er bei ihnen Antworten auf Fragen, die er sich angesichts des Zustands dieser Welt stellt.

Als er sich entschließt, direkten Kontakt mit der HVA zu suchen, weiht er seinen älteren Bruder Ludwig in seine Pläne ein. Der will ihn unterstützen. Um die Jahreswende 1971/72 trifft sich Alfred mit dem Leiter der Abteilung IV, Harry Schütt, und dem Referatsleiter, Werner Reckling. Nicht nur die politischen Ansichten der drei Männer stimmen überein, auch die Chemie stimmt. Alfred und Ludwig verpflichten sich, mit der HVA zusammenzuarbeiten. Als Harry Schütt 1977 Leiter der Abteilung IX wird, führt er den Vorgang dort weiter. Werner Reckling stirbt leider während einer Herzoperation.

Als wir das Dokument kennen, ist es für uns nicht schwer, den Verräter zu überführen. Die strengen Sicherheitsvorschriften in der HVA ermöglichen einen schnellen Zugriff. Treffen Filme von einer bestimmten wichtigen Quelle ein, entwickelt sie in der Fotostelle im Beisein des zuständigen operativen Mitarbeiters immer derselbe Laborant. Der für Alfred Spuhler zuständige Fotograf war aber inzwischen wegen undurchsichtiger privater Verhältnissen entlassen worden. Es stellt sich heraus, daß er mehrere Filme kopiert und mit nach Hause genommen, aber bis zu seiner Verhaftung nur dieses Dokument dem BND zugespielt hatte. Er wird angeklagt und verurteilt.
»Peter« und »Florian« bieten wir an, sofort in die DDR zu kommen. Beide wollen dies erst, wenn sich wirklich kein anderer Ausweg mehr bietet. Ohnehin haben sie nach unserer Warnung sofort alle operativen Handlungen eingestellt. Wenn sie sich richtig verhielten, so glauben sie, könnten sie der Verhaftung entgehen. Und wenn sie doch inhaftiert würden, wäre der Bundesnachrichtendienst nicht in der Lage, ihnen etwas zu beweisen. Zunächst behalten sie recht. Lediglich auf Grund von Vermutungen werden die beiden Brüder am 29. November 1989 verhaftet. Sie verweigern die Aussage und merken bei den Vernehmungen, daß der BND im Nebel stochert. Die Beweise liefert dann der Verräter Karl-Christoph Großmann, der sich nach dem Fall der Mauer der Gegenseite andient.
Vor dem 3. Strafsenat des Bayrischen Oberlandgerichts schildert Alfred Spuhler in einer ausführlichen Erklärung unter anderem seine Motive. »Es war mein freier Entschluß, mit der HVA des MfS zusammenzuarbeiten. Un-

ser gemeinsames Ziel war es, den Frieden zu sichern und für den weiteren Aufbau der sozialistischen Gesellschaftsordnung und damit für ein gerechteres Gesellschaftssystem einzutreten. Es gab keine niederen Beweggründe, die mich zu dieser Zusammenarbeit veranlaßten. Es erfolgte keine Bezahlung für gelieferte Informationen, ein derartiges Angebot hätte ich abgelehnt. Die von der HVA zur Verfügung gestellten Geldbeträge dienten zur Begleichung der Kosten. Einzige versorgungsmäßige Bedingung meinerseits war, daß im Falle meiner Enttarnung meine Familie in jeder Hinsicht unterstützt wird.«

Und er bekennt sich ohne Umschweife zu seinem mit ihm angeklagten Instrukteur, dem Offizier im besonderen Einsatz Günter Böttger: »Wie sich sehr bald herausstellte, war die Wahl von Böttger zum Instrukteur ein ausgesprochener Glückstreffer für meinen Bruder und mich. Die Zusammenarbeit mit ihm gestaltete sich nicht nur fachlich sehr gut, sie basierte auf gegenseitigem Vertrauen, woraus sich schon nach kurzer Zeit eine tiefe und ehrliche Freundschaft entwickelte.«

Die leitenden Herren des Bundesamtes für Verfassungsschutz bringen wir schier zur Verzweiflung. Fast alle ihre geplanten Aktivitäten gegen HVA-Kundschafter werden uns rechtzeitig von unseren Quellen im Bundesamt oder in den Landesämtern gemeldet. Wir reagieren schnell und lassen die Abwehr ins Leere laufen. In der Kölner Merianstraße 100 ist man fassungslos über die lange Latte der Mißerfolge. Selbst die »Reisewegüberwachung«, mit der sie früher öfter einen DDR-IM auf dem Weg zur Quelle entdecken konnten, erweist sich in den letzten Jahren als Flop. An welchem Grenzübergang die Beamten des Staatschutzes auch verstärkt kontrollieren und observieren, niemand geht mehr in die Falle.

Wenn sie versuchen, mit Mitarbeitern der Ständigen Vertretung der DDR in Bonn und der DDR-Handelsvertre-

tung in Düsseldorf in Kontakt zu kommen, kennen wir bereits die Zielpersonen, wissen wir, welche Dienst- und Wohnräumen sie abhören wollen. Und wir lesen auch ihre mühsam zusammengestellten Personendossiers, mit denen sie DDR-Bürger zur Mitarbeit erpressen wollen. Den Verfassungsschützern gelingt keine Werbung mehr. Und wenn sie glauben, es geschafft zu haben, sind wir mit im Geschäft.
Der Kriminaldirektor im BKA, O. M. Engberding, wird 1993 in seinem Buch »Spionageziel Wirtschaft« feststellen: »Die Nachrichtendienste der DDR hatten derart schwere Einbrüche in unsere Spionageabwehr erzielt, daß wir eigentlich nur noch solche Enttarnungen verbuchen konnten, die uns der Zufall oder eine Panne beim Gegner beschert oder die uns der gegnerische Nachrichtendienst wohlüberlegt zugestanden hat.«

Nicht viel anders ergeht es den Kollegen vom Militärischen Abschirmdienst. Wir verfügen zwar dort über viel weniger Direktquellen als in den anderen Diensten, dafür aber über sehr gute Abschöpfkontakte. Und die sind nicht weniger effizient. Der stellvertretende Chef des MAD und Leiter der Spionageabwehr, Oberst Joachim Krase, erzählt unserem Kundschafter Herbert Kloss (»Siegbert«), einem freien Journalisten, so viele Interna, daß der MAD wie ein offenes Buch vor uns liegt. Bedingt durch die strengen konspirativen Regeln innerhalb des Ministeriums für Staatssicherheit wissen weder wir noch die Hauptabteilung II – Spionageabwehr, daß wir beide Krase als Quelle nutzen. So können wir nicht einmal die einzeln gewonnenen Erkenntnisse gemeinsam auswerten. Doch viele Mitarbeiter des Militärischen Abschirmdienstes sind wahre Plaudertaschen. Wohl um ausbleibende Erfolge zu kompensieren überschreiten sie laufend ihre Abwehrkompetenz und dabei die Grenze zur DDR. Besonders in der Hauptstadt versuchen sie zu observieren.

In seiner Anklageschrift gegen mich und weitere leitende Mitarbeiter der Hauptverwaltung Aufklärung vom 10. Juni 1991 bezieht sich der Generalbundesanwalt auf ein Gutachten des MAD-Mitarbeiters Petersen vom 18. Februar 1991: »Der Gutachter gelangt zu dem Schluß, daß die Diensteinheiten der HVA bei Ausnutzung ihres durch Ausspähungsmaßnahmen erlangten Wissens in der Lage gewesen seien, Abwehrmaßnahmen und vorbeugende Maßnahmen des MAD zu unterlaufen und in nachrichtendienstliche Operationen des MAD einzudringen. Dementsprechend sei davon auszugehen, daß in den Jahren ab etwa 1983 der MAD, bezogen auf die Nachrichtendienste der DDR und der UdSSR, seinen Abwehrauftrag nicht mehr ausreichend habe erfüllen können.«
Nicht nur das! Die Dienste der Bundesrepublik haben im Gegensatz zu uns ihren Verfassungsauftrag eben nicht erfüllt.

Zugegeben, so erfolgreich wie wir die bundesrepublikanischen Dienste aufklären, sind wir bei denen anderer NATO-Staaten längst nicht. Im Gegenteil. Zu Agenten britischer, französischer und italienischer Dienste gibt es nur wenig ertragreiche Kontakte. Das liegt offensichtlich an zu geringem Aufwand, an eigenem Unvermögen, aber auch daran, daß deren Aktivitäten gegen uns entschieden geringer sind als die der Bundesrepublik.
Gegenüber der CIA sind wir aktiver. Eine direkte Werbung von hauptamtlich in den USA tätigen Mitarbeitern verlangt eine sehr langfristige Vorarbeit. Deshalb konzentrieren wir uns zunächst auf getarnte CIA-Angehörige, die in der DDR und in Drittländern als Diplomaten tätig sind. Das entspricht im wesentlichen auch der strategischen Anlage der CIA selbst. Wir verfügen so über Abschöpfkontakte und arbeiten erfolgreich mit Doppelagenten. Gemeinsam mit der Hauptabteilung II kontrollieren wir im wesentlichen die Agenturarbeit der CIA in der DDR.

Ein herausragendes Ergebnis erzielen wir im Jahr 1986. Wir beschaffen das Dokument »Canopy Wing«, überlebenswichtig für die Verteidigungsfähigkeit der Warschauer Vertragsstaaten. Wir wissen nun, daß es unter der Leitung von NSA, Pentagon und Spezialisten verschiedener militärischer Geheimdienste eine Arbeitsgruppe für Elektronische Kampfführung gibt. Sie soll die Fähigkeit des Warschauer Paktes lahmlegen, einen nuklearen Schlag abzuwehren. Schaffen die das, wird der nukleare Erstschlag der NATO möglich, der sogenannte Enthauptungsschlag.

Die Ein-Megabit-Lüge

Es trifft mich wie ein Schlag mit der Keule, als ich im August 1988 von dem Beschluß des Politbüros höre, mit großem Tamtam den Ein-Megabit-Chip vorzustellen. Die »wissenschaftlich-technische Höchstleistung der DDR« soll nicht etwa der dafür zuständige Generaldirektor zu Hause präsentieren, nein, Wirtschaftssekretär Günter Mittag plant für seinen Generalsekretär Erich Honecker einen Paukenschlag. Und der soll dem sowjetischen Generalsekretär Michail Gorbatschow im September während eines Staatsbesuches so richtig in den Ohren klingen. In Moskau will Erich Honecker auf einer RGW-Leistungsschau dem Perestroika-Genossen die Überlegenheit der DDR-Wissenschaft so richtig vorführen. Ich kann es nicht fassen.
Die eingeweihten HVA-Mitarbeiter wissen, woher diese Höchstleistung kommt, die das Weltniveau der DDR-Wissenschaft belegen soll. Seit Jahren ist die wissenschaftlich-technische und Wirtschaftsaufklärung ein Schwerpunkt unserer Arbeit. Die Partei- und Staatsführung schraubt ihre Forderungen besonders auf dem Gebiet der Mikroelektronik immer höher. Wir verstehen das, denn in der DDR wird die Kluft zwischen verbrauchtem und produziertem Nationaleinkommen ständig größer. Der Durchbruch zum internationalen Höchststand auf diesem Gebiet soll Ent-

lastung schaffen. Schon 1981 hatte der Rektor der Akademie für Gesellschaftswissenschaften beim ZK der SED, Otto Reinhold, auf der Sechsten Tagung der Gemeinsamen Kommission der Ökonomen der UdSSR und der DDR den Zusammenhang formuliert: »Wer mit diesem hohen Tempo ... nicht Schritt halten kann, wer auf einigen Gebieten die Spitzenpositionen nicht zumindest mitbestimmen kann, wird seine internationale ökonomische Position und als Folge davon auch politischen Einfluß verlieren.« Es geht ums Eingemachte.

Wir von der HVA erfüllen unseren Auftrag. Die Kundschafter liefern Forschungsergebnisse und technologische Lösungen aus westlichen Forschungslabors und Konstruktionsabteilungen, die dem jeweils aktuellen wissenschaftlich-technischen Weltstand zehn Jahre voraus sind. Doch der allgemeine Trend sinkender Wirtschaftskraft der DDR, der sich aus der verfehlten Wirtschaftspolitik ergibt, wird damit nicht aufgehalten. Das entsprechende Umfeld in der DDR-Wirtschaft fehlt, auch wenn auf dem Gebiet der Mikroelektronik ab 1986 Milliarden investiert werden.

Mich empört vor allem, daß Wirtschaftslenker Mittag die Megabit-Lüge in Moskau inszenieren will, statt auf diesem Gebiet eng mit der UdSSR zu kooperieren. Gipfel der Peinlichkeit: Das KGB und die sowjetische Führung wissen genau, woher die Grundlagen für den DDR-Superchip kommen.

Ich muß etwas tun, aber was? Ich gehe zu Minister Mielke und weise ihn auf die mögliche internationale Blamage hin. Wider Erwarten reagiert der prompt. Er greift zum Telefon und ruft Günter Mittag an. Er will ihn bitten, die geplante Demonstration angeblicher wissenschaftlicher Stärke zu verhindern. Doch schon nach wenigen Worten unterbricht ihn Mittag rüde: »Misch dich nicht in meine Angelegenheiten, kümmere dich um deinen eigenen Kram.« Mielke läuft rot an, so etwas passiert ihm selten, und ich bin auch noch Zeuge dieses Affronts.

In solchen Augenblicken denke ich über den Sinn meiner Arbeit nach. Was passiert mit den Ergebnissen? Denn es ist ja nicht nur dieser Chip, auch für andere volkswirtschaftliche und wissenschaftliche Bereiche liefern wir wichtige Unterlagen. Besonders konzentrieren wir uns auf die Militärtechnik und beschaffen sogar komplette Muster. Letztlich verzetteln wir uns aber genauso wie die DDR-Wirtschaft.

Technik der Aufklärung

Die Bundesdruckerei in der Berliner Oranienstraße 91 produziert im November 1987 den ersten Personalausweis einer neuen Generation. In den nächsten Jahren soll jeder Bundesbürger ein solches Dokument erhalten. Die Angaben zur Person werden in den Einwohnermeldeämtern nicht mehr mit Dokumententinte eingetragen, sondern zentral eingedruckt. Untrennbar mit einer Hülle verschweißt, gelten sie als absolut fälschungssicher. Als die Pressekampagne anläuft und Erika Mustermann zur bekanntesten Bundesbürgerin wird, haben wir die Herausforderung schon angenommen. Galten bisher unsere nachgefertigten Dokumente als meisterlich, stehen wir nun vor einer fast unlösbaren Aufgabe. Durch präzise Koordinierung vieler IM und hauptamtlicher Mitarbeiter wird es möglich. Die Spezialisten des Operativ-Technischen Sektors (OTS) des MfS analysieren und bearbeiten das von uns beschaffte Know how und das Spezialpapier.
Nun brauchen wir nur noch eine neue Druckmaschine. Das Finanzministerium stellt die Mittel zur Verfügung. Die Staatsdruckerei der DDR in Leipzig soll die Maschine besorgen und nutzt die Chance, sie kauft in der BRD zwei Maschinen, eine für sich.
Schon 1989, die alten Ausweise sind noch gültig, reisen HVA-Instrukteure komplikationslos, mit fälschungssicheren Ausweisen aus eigener Produktion, ins Operationsge-

biet. Die Personaldokumente der Bundesrepublik Deutschland tragen unsichtbar den Qualitätsnachweis: Made in GDR.
Die Investitionen für diese Glanztat sind beträchtlich. Doch ein bißchen marktwirtschaftlich denken wir auch. Sollten in der DDR und eventuell in anderen sozialistischen Ländern neue Personaldokumente eingeführt werden, amortisieren sich die finanziellen Aufwendungen. Das erübrigt sich dann. Ich bekomme Jahre später ein Original umsonst in meiner Einwohnermeldestelle. Doch ich bin einer der wenigen, die wissen, so sicher ist der nicht.
Die Druckmaschine beschäftigt am 7. März 1996 den 2. Untersuchungsausschuß des Bundestages in Bonn. Während meiner Vernehmung glaubt mir niemand, daß wir ein solches Gerät hatten und demzufolge die fälschungssicheren Dokumente selbst herstellen konnten. Der SPD-Bundestagsabgeordnete Julius Beucher beruft sich bei meiner Vernehmung auf eine entsprechende Auskunft der Bundesregierung. Die verweist wieder auf die Vernehmung von Schalck-Golodkowski. Und der hatte zu Protokoll gegeben, zwar einen entsprechenden Auftrag erhalten, aber nicht mehr realisiert zu haben. Wer, so frage ich, beauftragte Schalck? Die HVA war es nicht.
Beucher ist nun baff erstaunt über meine Variante und will sie kaum glauben. Wörtlich: »Ja, ja. Deshalb nehme ich das ja mit Empörung zur Kenntnis.« Empört ist er vor allem darüber, daß die Bundesregierung dem Ausschuß verschweigt, wo die Druckmaschine geblieben ist. Auch da kann ich helfen. Ende Juni 1990 besichtigten die Regierungsbeauftragten zur Auflösung des MfS/AfNS, Oberkonsistorialrat Dr. Ulrich Schröter, Dr. Georg Böhm und General Fritz Peter die von uns besenrein verlassenen Räume in der Roedernstraße. Gleichzeitig sahen sie sich die Arbeitsräume des OTS an. Dort stand unter anderem die Druckmaschine. Die Beauftragten beschlossen an Ort und Stelle, alle Druckanlagen des OTS in das Innenministe-

rium der DDR unter Minister Dr. Peter-Michael Diestel zu überführen. Ein paar Tage vorher hatten Beamte des BND die Druckmaschine interessiert betrachtet.

Auch auf anderen Gebieten im operativ-technischen Bereich sind wir technisch auf der Höhe der Zeit. Das zahlt sich beim Schutz unserer Botschaften und Handelsvertretungen aus. Eine Gruppe hochspezialisierter Mitarbeiter, ausgerüstet mit entsprechender Kontertechnik, spürt gegnerische Abhöranlagen auf. In den Botschaften in London und in Harare (Simbabwe) erkennen sie die Handschrift britischer Geheimdienste. Für die valutaschwache HVA ergibt sich noch ein Nebeneffekt, wir bekommen hochempfindliche Technik. Außerdem fertigen unsere Ingenieure eine ausführliche Dokumentation. Wir empfehlen einen geharnischten Protest beim Foreign Office. Als Minister Mielke darüber mit Erich Honecker spricht, lehnt der ab. Er denkt wohl an seinen Staatsbesuch in Großbritannien. Abgesehen davon, daß wir genau über die Abhörtechnik in unserer Ständigen Vertretung in Bonn und in der Handelsvertretung in Düsseldorf Bescheid wissen, stoßen unsere Spezialisten in keiner anderen DDR-Botschaft auf elektronische Wanzen. Ob die Elektroniker der jeweilig anderen Seite findiger sind als unsere Leute, bleibt offen.
Eine wichtige und technisch anspruchsvolle Aufgabe erfüllen die Mitarbeiter, die mit Hilfe der HA III den gegnerischen Observationsfunk überwachen. Natürlich kontrollieren wir nicht das gesamte Territorium der BRD, aber eben die Gebiete, in denen wir häufig vertreten sind. Mit den gewonnenen Informationen sichern wir unser illegales Netz im Operationsgebiet. Sie ergänzen oder bestätigen die Signale unserer Quellen in den Geheimdiensten, wenn einzelne IM gefährdet sind.

Wladimir Krjutschkow, der Leiter der I. Hauptverwaltung Aufklärung des KGB sitzt neben mir in meinem Dienstwagen. Wir fahren an einem schönen Sommertag des Jahres 1987 über die holprige Autobahn nach Dresden. Der dienstliche Teil des Arbeitsbesuches liegt hinter uns, jetzt beginnt der touristische. Krjutschkow kennt die DDR gut, war jedoch noch nicht in Dresden und möchte die schöne Stadt unbedingt sehen. Es überrascht mich, daß sich Krjutschkow für die private Wirtschaft in der DDR interessiert. Er will etwas über selbständige Handwerker, Einzelhändler und Dorfgastwirte wissen. Laut denkt er darüber nach, wie man so etwas auch in der Sowjetunion organisieren könne.

In Dresden angekommen, fahren wir auf den Weißen Hirsch. Dort besuchen wir nicht den privaten Fleischermeister, sondern ein privat geführtes Forschungsinstitut. Krjutschkow will unbedingt Manfred von Ardenne kennenlernen. Ich habe uns über die Bezirksverwaltung des MfS angemeldet. Ardenne begrüßt uns wie gute Freunde. Er erzählt von seinem Zwangsaufenthalt als Wissenschaftler in der Sowjetunion gleich nach dem Krieg. Dankbar erinnert er sich daran, wie er von den sowjetischen Behörden während der Zeit in der Sowjetunion und nach seiner Rückkehr in die DDR behandelt wurde. Krjutschkow ist beeindruckt.

Ardenne offeriert zunächst seine Sauerstoff-Mehrschritt-Therapie. Und der 80jährige, der sich damit selbst behandelt, beweist mit seiner Vitalität deren Wirkung. Konzentriert trägt er dann vor, wie er sich die notwendige wirtschaftliche Erneuerung der DDR vorstelle. Vor allem, so sagt er, müsse sich das mittelständische Gewerbe entwickeln. Darüber habe er auch schon mit Egon Krenz gesprochen. Mit Honecker oder Mittag zu reden halte er für überflüssig. Daß der oberste Wirtschaftslenker mit dem ro-

ten Baron nicht kann, ist in der DDR ein offenes Geheimnis. Aber das erkläre ich Krjutschkow später. Manfred von Ardenne und einige seiner Mitarbeiter stellen uns praktisch und theoretisch die neuesten Forschungsergebnisse der einzelnen Institutsbereiche vor. Der sowjetische General, von Perestroika und Glasnost angefeuert, ist ganz Ohr und Auge. Begeistert verabschiedet er sich von dem Physiker, der sein eigenes Forschungsinstitut leitet, wenn auch mit staatlicher Beteiligung.
Wir sind noch nicht richtig im Gästehaus des MfS angekommen, da klingelt schon das Telefon. Mielke ist am Apparat. Ihn hatte ich vom Besuch bei Manfred von Ardenne nicht unterrichtet. Mittag hatte das nun getan und sich laut bei meinem Minister beschwert, nicht um Erlaubnis gebeten worden zu sein, wenn sich jemand in seinem Fachbereich bewegen möchte. Einmal in Fahrt, untersagt er künftig jeden Besuch von sowjetischen Funktionären bei Ardenne. Wie harsch auch Mittags Ton gewesen sein mochte, der von Mielke mir gegenüber ist bestimmt um einiges schärfer. Eine Stellungnahme ist fällig. Wieder im Dienst, schreibe ich den geforderten Bericht. Mielke will genau wissen, wie der Besuch verlaufen ist und worüber geredet wurde.

Ein Jahr später begleite ich Mielke nach Moskau. Er soll einen weiteren Leninorden bekommen. Andrej Gromyko, von 1957 bis 1985 sowjetischer Außenminister und jetzt Vorsitzender des Präsidiums des Obersten Sowjets, verleiht am 24. April 1989 im Kreml dem ergriffenen Erich Mielke den Ehrentitel »Held der Sowjetunion«. Zum vierten Mal erhält er den Leninorden mit der Medaille »Goldener Stern«.

Atmosphärisch anders verlaufen die Gespräche mit dem Vorsitzenden des KGB, Viktor Tschebrikow. Minister Erich Mielke, acht Jahre älter und 25 Jahre länger im Amt als sein Gegenüber, tritt nun entschieden selbstbewußter auf. Er kritisiert, wie lasch die sowjetische Partei- und Staatsführung in letzter Zeit mit den Bürgerrechtsbewegungen in der UdSSR umgehe und was im Zeichen von Glasnost in den Medien veröffentlicht und diskutiert wird. Tschebrikow weist die Kritik zurück. Er versichert, man habe alles unter Kontrolle und er sehe keine Gefahr für die politische und staatliche Existenz der Sowjetunion.

Dann empfängt Michail Gorbatschow beide Minister. Er gratuliert Mielke zur Auszeichnung mit dem Leninorden. Dessen Leistung als Minister für Staatssicherheit der DDR schätze er sehr hoch. Der erfolgsgewohnte Mielke nimmt das Lob erfreut zur Kenntnis und hört Gorbatschow aufmerksam zu, der eloquent für seine Politik und für das neue Denken wirbt.

Für Perestroika läßt sich Mielke noch erwärmen, Glasnost hält er für suspekt und gefährlich. Diese Transparenz könne man ja in der UdSSR praktizieren, nicht aber in der DDR. Er nutzt aber die Gelegenheit und regt Gorbatschow an, die Kooperation der UdSSR und der DDR auf dem Gebiet der Mikroelektronik zu fördern. Der Generalsekretär zeigt sich angetan und verspricht, Maßnahmen einzuleiten. Mielke ist danach euphorisch gestimmt wie sonst kaum. Zurück in der DDR, stellt er ernüchtert fest, daß Gorbatschow nicht daran denkt, seine Zusage ernstzunehmen.

In der DDR-Öffentlichkeit findet die Reise nicht statt. Die Zeitungen, der Rundfunk und das Fernsehen melden weder die Auszeichnung Mielkes noch das offizielle Gespräch des Ministers für Staatssicherheit mit dem sowjetischen Generalsekretär. Die Partei- und Staatsführung und besonders Honecker unterbinden jede Nachricht. Unser Bemühen, eine engere Kooperation mit der Sowjetunion in Sachen Mikroelektronik anzukurbeln, bleibt folgenlos.

1989 kommt der gerade ernannte Leiter der I. Hauptverwaltung des KGB, Leonid Schebarchin, mit einer Delega-

tion in die DDR. Im Gästehaus des MfS in Damsmühle trifft sich die sowjetische Delegation mit Aufklärern der HVA. Schebarchin und Mielke sprechen mehrere Stunden miteinander. Eine Unterhaltung ist es eigentlich nicht, es redet fast nur Mielke. Und zwar ziemlich rüde. Er gibt sich ganz als der im Klassenkampf erfahrenere und klügere Funktionär. Das ist nicht nur Eitelkeit, sondern auch Taktik. Mielke will seinen Worten Nachdruck verleihen. Er beanstandet, wie nachsichtig die Bruderparteien in allen sozialistischen Ländern und in der Sowjetunion mit den Reformbewegungen umgehen, er sieht eine existentielle Gefahr für den real existierenden Sozialismus. Seine nachdrückliche Kritik an der Politik Moskaus, so glaubt er, würde Gorbatschow erreichen und nachdenklich stimmen.
Politisch differenziert mit Oppositionellen umzugehen ist Mielkes Sache nicht. Er sieht nur die eine Möglichkeit, sie konsequent zu bekämpfen. Für ihn steht fest, daß sie alle von außen beeinflußt und gesteuert werden. Seine Logik, geprägt von der Kommunistischen Internationale als revolutionärem Weltzentrum, das im Klassenkampf jedes Detail in jedem Land im Griff haben will, überträgt er auf den Gegner. Dessen politische, militärische, wirtschaftliche, ideologische und vor allem auch geheimdienstliche Aktivitäten sind für ihn Bestandteil eines in sich geschlossenen, präzisen Plans. Er fordert deshalb:
»All die erfolgreiche Arbeit der Aufklärung genügt nicht mehr. Wir müssen eindringen in die Konspiration der Bourgeoisie. Wir müssen wissen, was in den Zentren der Bourgeoisie, in den höchsten Führungszentren ausgehandelt wird.«
Schebarchin reagiert erschreckt und betroffen. »Ich sitze hier wie ein Beschuldigter. Wir machen nicht die Politik, sondern führen sie durch.«
Schebarchin ist nach dieser Veranstaltung ziemlich erregt und verärgert. Wir trinken erst einmal einen Wodka. Diesen anklagenden Wortschwall müssen wir beide erst ver-

dauen. Ich kenne Leonid seit Jahren, aber auch ich überfordere ihn in unserem Gespräch, wenn auch ganz anders als Mielke. Ich bin felsenfest davon überzeugt, daß die Sowjetunion helfen wird, personelle und damit politische Veränderungen in der DDR herbeizuführen. Doch Schebarchin ist genau so hilflos wie ich. Einen Ausweg sehen wir beide nicht. Desillusioniert sitzen wir da. Kein guter Anfang für den Urlaub, den Leonid in der DDR verbringen will. Wir sprechen zwar noch viel in den nächsten vierzehn Tagen über die Gegenwart und die Zukunft unserer Länder, doch optimistischer werden wir nicht dabei.

Neben den engen Kontakten zu den sowjetischen Aufklärern pflegen wir auch freundschaftliche Beziehungen zu den Diensten der anderen sozialistischen Länder. Offiziell treffen wir uns alle vier Jahre zu einer gemeinsamen Tagung. Dort besprechen wir die politische und operative Lage, beraten gemeinsame strategische Richtlinien. Nach Warschau, Prag, Sofia, Budapest und Moskau sind wir 1988 an der Reihe. Delegationen der Aufklärungsorgane aus der UdSSR, ČSSR, aus Polen, Ungarn, Bulgarien, Kuba, Vietnam, aus der Mongolei und der DDR kommen nach Berlin. Rumänien ist wie immer nicht eingeladen.
Vor und besonders während der Tagung machen sich die politischen Widersprüche bemerkbar, die sich zwischen den einzelnen Ländern seit der letzten Konferenz in Moskau im Jahr 1983 entwickelten. Sehr unterschiedlich bewerten die einzelnen Sprecher die PID (politisch-ideologische Diversion) und die Reformbewegungen in ihren Ländern. Von den Ungarn sind wir eine moderate Haltung dazu schon seit längerer Zeit gewöhnt, doch nun hören wir ähnliches von den Genossen aus Polen und der ČSSR. Natürlich spiegelt sich hier die Politik ihrer Partei- und Staatsführungen wider.
Als Gastgeber hält Erich Mielke ein Grundsatzreferat. Schon nach den ersten zehn Minuten merke ich, er geht

hart zur Sache gegen alles, was auch nur nach Opposition aussieht. Er appelliert an alle, genau so konsequent wie die DDR dagegen vorzugehen. Trotz unterschiedlicher Auffassungen über die Ursachen der jeweiligen inneren Opposition, über deren Behandlung, über notwendige politische und ökonomische Reformen, sieht niemand den realen Sozialismus gefährdet.
Zur nächsten Konferenz wollen wir uns in vier Jahren, also 1992, in Kuba treffen. Die Ungarn erwarten im Oktober 1989 die Leiter der äußeren Abwehr der Aufklärungsorgane in Budapest. Dort reden wir über die zunehmende Aktivität gegnerischer Geheimdienste, über deren Zielobjekte, die Zielpersonen und über die Methodik. Wir vereinbaren eine bessere Kooperation zwischen den Abteilungen der äußeren Abwehr unserer Aufklärungsdienste.
Keiner ahnt, daß wir nur noch gegen Schatten boxen.

Die HVA in der Dritten Welt

Zum dritten Mal fliege ich 1987 nach Kuba. Die Reise ist teils dienstlich, teils privat. Für die erste Woche stehen viele Termine in meinem Kalender, in den folgenden vierzehn Tagen will ich mit meiner Frau Kuba touristisch erkunden. Ich mag die Kubaner, bin immer noch begeistert, wie sie den Diktator Batista zum Teufel jagten und wie sie die Befreiungskämpfer in anderen Ländern unterstützen. Zwar bereiten mir ihr aufschäumendes Temperament und ihre Leichtigkeit in allen Lebenslagen ein paar Probleme, doch als Mann der preußischen Disziplin beneide ich sie auch deswegen.
Auf dem Flugplatz Jose Marti begrüßt uns der Leiter der kubanischen Aufklärung, General Luis Barreiro. Ihn schätze ich besonders, denn seine Truppe ist außergewöhnlich erfolgreich. Bei Bedarf unterstützt er uns uneigennützig und effektiv.

Ich wohne mit meiner Frau in einem Gästehaus. Eines Tages höre ich, daß Raul Castro vorbeikommen will. Der Minister der Revolutionären Streitkräfte ist mir sofort sympathisch. Wir sind fast gleichaltrig und verstehen uns auf Anhieb. Das mehrstündige Gespräch bestätigt, was ich über ihn gehört habe. Der Mann hat einen starken Willen, ist klug, seine Einschätzungen sind realistisch und analytisch. Für einen Kubaner wirkt er geradezu sachlich und nüchtern abwägend. Die Politik Gorbatschows beobachtet er besorgt. Würde die Sowjetunion geschwächt, berge das natürlich Gefahren für die Existenz des sozialistischen Kuba hier in der Karibik, vor der Schwelle zur USA. Doch er ist zuversichtlich, allen Entwicklungen zum Trotz, das vom Kapitalismus befreite Kuba erfolgreich zu verteidigen. Raul spricht auch, so versichert er, im Namen seines Bruders Fidel.
Spontan schlagen die Kubaner vor, unsere Freunde in Nikaragua zu besuchen. Ich denke an meinen Minister zu Hause, doch der ist weit, und ich stimme zu. Die kubanischen Partner und unser Resident in Nikaragua organisieren schnell Gespräche mit leitenden Mitarbeitern des kleinen Aufklärungsdienstes und mit dem Innenminister Tomás Borge. Mit einer kubanischen Maschine fliegen wir zu einem dreitägigen Aufenthalt dorthin.
Meine Frau und ich sind erschüttert von der Verwüstung, der Armut und dem Elend, das der Diktator Somoza hinterlassen hat. Ganz zu schweigen von den Folgen eines verheerenden Erdbebens und des Bürgerkrieges. Die Hauptstadt Managua ist fast völlig zerstört. Die Sandinisten stehen vor der kaum zu bewältigenden Aufgabe, das Leben im Lande wieder zu normalisieren.
Meine Frau besucht eine Schule, einen Kindergarten und das Krankenhaus »Karl Marx«, das die DDR eingerichtet hat. Sie ist erschüttert und begeistert zugleich. Für die Kinder, in armseligen Verhältnissen aufgewachsen, wird alles unternommen, um das Leid und die Not zu mildern. Um

jedem Kind jeden Tag einen Becher Frischmilch zu geben, bewegen die Sandinisten Himmel und Hölle.
Ich bin mit dem Chef der Aufklärung, Commandante de Brigada Renan, verabredet. Er kämpfte mit Che Guevara und ist einer der wenigen Überlebenden der Gruppe, die die Bauern und Landarbeiter in Bolivien zur Revolution führen wollte und scheiterte. Seine jungen Mitarbeiter, darunter Frauen, sind hoch motiviert und mit Hilfe der Kubaner nachrichtendienstlich gut ausgebildet. Mit wenig Geld ausgestattet, fehlt ihnen fast jede Technik. Eine schwierige Lage, um Quellen im Einflußbereich der USA zu plazieren. Mit Interesse vermerke ich, die Sandinisten suchen wie die Kubaner gute Kontakte zu den spanischen Diensten. Und: Zu ihren Zielobjekten gehören auch bundesdeutsche Einrichtungen.
Das ist für mich eine wichtige Mitteilung. Nach der weltweiten Anerkennung der DDR Anfang der siebziger Jahre ist die DDR in 75 Staaten der Dritten Welt mit diplomatischen Einrichtungen präsent. Die Tätigkeit der HVA aus diesen Vertretungen heraus richtet sich in keinem Fall gegen Bürger und Institutionen des jeweiligen Gastlandes, sondern gegen die NATO, insbesondere gegen die BRD und die USA und deren Geheimdienste. Die Generale Werner Prosetzky und Horst Jänicke, die den entsprechenden Bereich in der HVA leiten, leisten dabei eine hervorragende Arbeit.
In erster Linie gewährleisten sie mit ihren Mitarbeitern vor Ort die Sicherheit der DDR-Bürger und der Einrichtungen. Dazu gehört, terroristische Anschläge abzuwehren, eingebaute Abhörtechnik fremder Dienste aufzuspüren und Werbeoperationen fremder Dienste gegen DDR-Bürger zu verhindern. Immerhin sind 13.000 DDR-Bürger längerfristig in diesen Ländern tätig, reisen viele kurzfristig in diese Staaten. Ihr Einsatz auf dem Gebiet der wirtschaftlichen und humanitären Hilfe ist oftmals mit einem erheblichen Sicherheitsrisiko verbunden. Das betrifft be-

sonders jene Länder wie Äthiopien, Mocambique, Angola und Nikaragua, in denen ein Bürgerkrieg tobt.
Ein schier unlösbares Problem ergibt sich für uns daraus, daß wir einerseits die Hilfsbedürftigkeit der Dienste in solchen Ländern kennen, aber nicht helfen können, weil die Ressourcen der HVA das nicht erlauben. Das beschäftigt mich bis Ende der 80er Jahre. Der Innenminister Mocambiques bittet mich beispielsweise dringend um Hilfe beim Bau neuer Unterkünfte für Angehörige seines Ministeriums. Ich kann ihm nichts versprechen.
Bleiben solche Begehren auf der Ebene der Ministerien, weisen wir sie schweren Herzens zurück. Kommen solche Gesuche bis zum Generalsekretär der SED, wird ihnen gnadenlos entsprochen. 1989 möchte Äthiopien Panzer. Egon Krenz, der gerade Erich Honecker vertritt, erbittet auch unsere Meinung. Wir halten es für politisch falsch, den Krieg Äthiopiens gegen Eritrea zu unterstützen. Auch die Internationale Abteilung des ZK der SED vertritt diesen Standpunkt. Egon Krenz trägt das Anliegen und unseren Standpunkt Erich Honecker vor und erhält von diesem die Weisung, die Panzer zu liefern.
Ähnlich verläuft es, wenn Dienste aus der Dritten Welt um logistische Hilfe bitten. Das MfS wird dann angewiesen, meist unter Federführung der HVA, dieser zu entsprechen. Dazu gehören Informationsaustausch, sicherheitspolitische Konsultationen und Ausbildung ebenso wie materielle Hilfe, technische Ausrüstungen, Waffen und Munition für polizeiliche Maßnahmen. Niemals bilden oder rüsten wir Terroristen aus, beteiligen wir uns an militärischen Auseinandersetzungen oder inneren Machtkämpfen, an Vernehmungen, Folterungen oder anderen Gesetzesverletzungen. Mit den Geheimdiensten Syriens, Iraks und Libyens gibt es keinerlei Zusammenarbeit.

Die Unzufriedenheit in der DDR-Bevölkerung wächst Anfang des Jahres 1989 und weitet sich im Sommer dramatisch aus. Die Ausreiseanträge stapeln sich. Bis zum 30. Juni verlassen bereits 38.917 Antragsteller das Land. Menschen flüchten, besetzen in Berlin die Ständige Vertretung der Bundesrepublik und die USA-Botschaft, suchen Unterschlupf in den diplomatischen Vertretungen der BRD in Warschau, Prag und Budapest. Vor allem in Ungarn sammeln sich zur Ausreise Entschlossene.

Ungarn fühlt sich überfordert, in seinem Land DDR-Bürger die Ausreise in den Westen zu verweigern. Es kündigt den entsprechenden Vertrag mit der DDR und öffnet mit einer spektakulären Aktion am 10. September 1989 den Grenzzaun.

Die BRD-Regierung verhandelt und erreicht die Ausreise der DDR-Bürger, die in Polen und in der ČSSR die BRD-Botschaften besetzt hatten. Den hundert Frauen, Männern und Kindern, die in Berlin in der Ständigen Vertretung der Bundesrepublik sitzen, sichert die DDR-Regierung Straffreiheit und Ausreisegenehmigungen zu, wenn sie das Gebäude verlassen.

Die Partei- und Staatsführung ist hilf- und konzeptionslos. Sie ist außerstande, politisch wirksam zu agieren. Die zuständigen Regierungsorgane reagieren lediglich und suchen mit untauglichen Mitteln nach pragmatischen Lösungen. Das Ministerium für Auswärtige Angelegenheiten arbeitet das diplomatische Instrumentarium ab, erfolglos nach außen, wirkungslos nach innen. Das Ministerium für Staatssicherheit und in dessen Sog das Innenministerium wirken mit den schon über Jahre praktizierten Methoden

keineswegs beruhigend und stabilisierend – im Gegenteil. Die Hauptverwaltung Aufklärung steht in dieser Zeit des Umbruchs im Ministerium für Staatssicherheit immer ein bißchen daneben. Natürlich erwartet man von uns, wie eh und je, wichtige Dokumente und Einschätzungen aus den gegnerischen Zentren. Die liefern wir natürlich. Kritik, daß wir nicht genügend über den Einfluß von außen auf das innere Geschehen berichten, verstummt. Minister Mielke ist vollauf mit den inneren Problemen der DDR beschäftigt, seine täglichen Anrufe bleiben aus. Zu Besprechungen auf höchster Leitungsebene, die er in der letzten Phase häufiger einberuft, werde ich immer weniger eingeladen. Geschieht das doch, kommentiert Mielke: »Das ist zwar nicht dein Aufgabengebiet, es schadet aber auch nichts, wenn du zumindest die Probleme kennst.«
Mielke hält die Aufklärung in Fragen der inneren Sicherheit für inkompetent und unvermögend.
Er hat ja recht. Ich weiß viel besser, wie der BND, die Parteien und die Regierung der BRD die Situation in der DDR einschätzen, als daß ich in der Lage bin, daraus Schlußfolgerungen für die DDR zu ziehen. Irgendwann hatten wir uns in der HVA selbst ins Abseits gestellt. Wir liefern unsere Ergebnisse und akzeptieren viel zu lange die Einschätzungen der Fachabteilungen über die sich entwickelnden Bürgerbewegungen. Schließlich wissen wir, daß sie in der Mehrzahl nicht ferngesteuert sind. Zu spät erkennen wir, daß die meisten, jedenfalls zu dieser Zeit, mit politischen Reformen die DDR erneuern und stabilisieren und nicht liquidieren wollen.
Wir in der HVA sind mit der Rolle, die wir im Ministerium spielen, ganz zufrieden. Sicher gibt es in unseren Reihen unter der Hand kritische Reaktionen und Diskussionen über die Entwicklung in der DDR. Letztlich reduziert sich aber alles auf den Glauben, daß vor allem personelle Veränderungen an der Spitze erforderlich sind, um den Weg für Reformen frei zu machen. Wir hoffen auf die biologi-

sche Lösung und auf Aktivitäten jüngerer Kräfte, wie eben auf Egon Krenz. Und wir glauben unerschütterlich an den Einfluß und die Kraft der UdSSR. Sie wird die DDR niemals aufgeben.
Zweifel und Kritik äußern wir nur im kleinen Kreis. Leitende Mitarbeiter der Abwehr gehören nicht dazu. Zwar spüre ich auch dort manchen Frust und Zweifel, zu Gesprächen kommt es nicht, nicht mal zum vorsichtigen Abtasten. Mit Funktionären in anderen Ministerien und im Zentralkomitee sprechen wir offener. Dort denkt so mancher über notwendige Maßnahmen und Reformen nach, aber eben immer nur in Zweier-, höchstens in Dreiergesprächen und ohne Konsequenzen. Wenn sie mit uns reden, hoffen sie, daß wenigstens wir etwas bewegen oder auslösen können. Besonders anregend ist der Gedankenaustausch mit Günther Sieber, Abteilungsleiter für Internationale Verbindungen im ZK der SED, und mit seinem Stellvertreter, Bruno Mahlow. Beide versuchen, ihre Beziehungen zu sowjetischen Partnern zu nutzen. Auch im Ministerium für Auswärtige Angelegenheiten, hauptsächlich in den Abteilungen BRD und Westberlin, im Ministerium für Außenhandel und auch in der Wirtschaft suchen Verantwortliche das Gespräch mit uns. Minister Gerhard Beil verfolgt kritisch Günter Mittags Aktivitäten und beobachtet besorgt, wie der selbsternannte sozialistische Manager während des jährlichen Besuchs der Messe in Hannover das Gespräch mit Bundeskanzler Kohl sucht und mit ihm des öfteren unter vier Augen im Kanzleramt spricht.

Gespräche mit Schalck

Im Gespräch mit Alexander Schalck-Golodkowski ist Vorsicht angebracht. Seit Anfang der achtziger Jahre gilt eine Vereinbarung zwischen ihm und Minister Mielke: Die HVA erhält jährlich 1 bis 1,5 Millionen DM aus Schalcks Bereich Kommerzielle Koordinierung. Anfang jeden Jahres

setzen wir uns zusammen und besprechen die Modalitäten. Diese Zusammenkunft gerät dann meist zu einer tour d'horizon. Wir reden meist über internationale, weniger über nationale Themen.
Als Sekretär der Arbeitsgruppe Bundesrepublik/Westberlin im Politbüro, der Mittag vorsteht, und als Beauftragter Erich Honeckers geht er merklich auf Distanz zu uns. Jede kritische Bemerkung zu ihm über die DDR-Wirtschaftspolitik ist gefährlich und auch sinnlos. Und wenn er die ausufernde Subventionierung von Nahrungs- und Gebrauchsgütern als irrsinnig bewertet, beendet er den Gedanken: »Es gibt nur einen Generalsekretär, der die Politik bestimmt, und wenn der nicht will, dann bleibt es eben so.«
Später redet Schalck nur noch mit Mielke und betrachtet die HVA mehr und mehr als störende Konkurrenz. Keiner seiner Unterstellten darf für uns arbeiten, wir erhalten keinerlei Unterlagen aus seinem Bereich. Ich bekomme lediglich die Protokolle der Arbeitsgruppe BRD/WB. Schalcks Berichte über seine Gespräche mit bundesdeutschen Politikern und Wirtschaftsbossen überreicht mir Minister Mielke meist nur auszugsweise und bearbeitet. Offenbar sollen wir Schalcks jeweilige Partner wie Franz Josef Strauß nicht erkennen. Natürlich fällt es uns nicht schwer, die Quelle für die jeweilige Information zu identifizieren. Das ist ein kindisches Spiel, zumal Schalck viele unserer Ausgangsinformationen direkt erhält. Auf Mielkes Informationsliste, die der ständig modifiziert, steht er an prominenter Stelle.
Als Leiter des autarken Bereiches Kommerzielle Koordinierung gilt Schalck als einflußreicher Mann. Viele suchen seine Nähe. Denn er verfügt über beste Beziehungen und über begehrte Dinge. Westprodukte tragen für viele in der DDR das Siegel des großen Zampano.
Nach der Wende wird der Begehrte zum Buhmann. Über Schalck ergießt sich der blanke Haß. Dem Selbstbe-

wußten fehlt offensichtlich die Kraft, sich dieser Woge zu stellen. Er taucht unter und nutzt seine Beziehungen zur anderen Seite. Er fürchte um sein Leben, begründet er seine Flucht. Und er fühle sich, so hören wir, von der HVA observiert. Nur mit seinem Schritt über die Grenze habe er seinen Verfolgern entkommen können. Ich stelle mir die Frage: Wer hat Alexander diesen Wahnsinn eingeredet. Die HVA bearbeitet nie leitende DDR-Staats- und Parteifunktionäre, das ist uns verboten. In der Zeit des Umbruchs sind wir außerdem so mit unseren IM in der DDR und im Operationsgebiet beschäftigt, daß wir zu solchen Unternehmungen gar nicht in der Lage sind.

Herrscht sonst offiziell Schweigen über die sich häufenden Probleme in der DDR, erlebe ich im Mai 1989 in einer Kollegiumssitzung eine Überraschung. Es ist übrigens die einzige Zusammenkunft dieses Gremiums, an der ich teilnehme, die wirklich den Anforderungen an eine solche Veranstaltung gerecht wird. Die Zentrale Auswertungs- und Informationsgruppe (ZAIG) legt ein Papier über die Lage in der DDR vor. Die Autoren hatten die vielen Berichte aus den Kreis- und Bezirksdienststellen zusammengefaßt und verdichtet. Diese Arbeit gibt ein ungeschöntes Bild der Stimmung und der ökonomischen Situation in der DDR. Die Kollegiumsmitglieder sollen dazu Stellung nehmen. General Alfred Kleine, Leiter der Hauptabteilung XVIII – Sicherheit in der Volkswirtschaft schildert noch einmal klar und deutlich die äußerst kritische Wirtschaftslage. Ich kenne aus den von uns beschafften Informationen ähnliche Bewertungen. Sie stammen aber aus der Ständigen Vertretung der BRD, aus Bundesministerien, aus Parteigremien und gesellschaftlichen Einrichtungen.
Die Teilnehmer der Kollegiumssitzung empfehlen, den Bericht unverzüglich und unverändert an die Parteiführung zu geben. Minister Mielke sträubt sich. Er will dem jeweils zuständigen Politbüromitglied den Teil übergeben, der

dessen Fachbereich betrifft. Nicht einmal Erich Honecker erhält die Gesamtinformation, wie Egon Krenz später in seinem Buch »Herbst '89« mitteilt. Warum handelt Egon Krenz damals nicht, warum nicht die Kollegiumsmitglieder, die wie General Rudi Mittig und General Horst Felber Mitglieder des ZK der SED sind, und warum ich nicht? Denn es ist ja nicht das erste Mal, daß wichtige Informationen zurückgehalten werden. Uns fehlt der Mut.
Wir sind verstrickt in Parteiräson, Parteidisziplin und in die Angst vor persönlichen Nachteilen, eingebunden in die starren Strukturen, Teil des Ganzen, letztlich aber isoliert vom Ganzen. Trotzdem glauben wir unverdrossen an den Forbestand der DDR.
Dabei werden wir in der HVA auch Opfer unserer eigenen Profession und deren Ergebnissen. Die Analytiker auf der anderen Seiten schätzen zwar die Lage in der DDR realistisch ein, aber auch sie sind unfähig, die Konsequenzen zu sehen. Die von uns aus Bonner- und Westberliner Regierungs- und Parteizentren beschafften Lageeinschätzungen beschreiben zwar eine Zunahme regimekritischer Aktivitäten, stellen jedoch die Existenz der DDR nie in Frage. Auch die Ständige Vertretung der Bundesrepublik nicht. Und wir erst recht nicht.

Als Anfang August 1989 Erich Honecker mit akuter Gallenblasenerkrankung vom RGW-Gipfel aus Bukarest zurückkehrt, fällt die Regierungsgewalt faktisch in die Hände von Günter Mittag und Erich Mielke. Egon Krenz, zu dieser Zeit Stellvertreter von Honecker, läßt sich in den Urlaub schicken. Mittag und Mielke versuchen, die Massenflucht in den Griff zu bekommen. Um den Schein staatlicher Autorität zu demonstrieren, lassen sie die Menschen aus der Prager Botschaft mit dem Zug über DDR-Territorium in den Westen transportieren.
Die DDR taumelt. Das »Neue Forum« wird zur Bewegung vieler Bürger. Die Rufe während der Montagsdemonstra-

tionen in Leipzig »Wir sind das Volk« wandeln sich in »Wir sind ein Volk«. Dieses Signal bringt das Land vollends in Aufruhr. Die Losung »Stasi in die Produktion« dringt wie ein Fanfarenstoß bis in die Berliner Normannenstraße. Uns wird klar: Der Zorn der Menschen richtet sich hauptsächlich gegen uns.

Die ökonomische Kraftlosigkeit der DDR, der Mangel an Demokratie, die Unfähigkeit, Staat und Gesellschaft zu reformieren, und die verfehlte Sicherheitspolitik der SED treffen nun die Staatssicherheit mit voller Wucht. Sie soll mit repressiven Maßnahmen den Sturz aufhalten und wird so zum Prügelknaben der Nation. Und niemand in der Partei- und Staatsführung, weder zu Zeiten Honeckers noch später zu Zeiten Modrows, nennt das Kind beim Namen: Das MfS handelte im Auftrag der Politik. Es ist kein Staat im Staate, sondern Machtinstrument der herrschenden Partei, ihr Schild und Schwert, wie Mielke oftmals betont. Die jeweils Mächtigen entziehen sich später der Verantwortung, dies laut zu sagen. Honecker, Krenz und später auch Modrow.

Mit den Feiern zum 40. Jahrestag der Gründung der DDR will die Parteiführung immer noch Stabilität und Stärke demonstrieren. Sie fürchtet aber Gegendemonstrationen. Das Gerücht kursiert, ein Marsch zum Brandenburger Tor stehe bevor, ein massenhafter Grenzdurchbruch sei geplant. Wir in der HVA erfahren von unseren IM aus Westberlin: Der Senat und die Alliierten ordnen in ihren Dienststellen Alarmbereitschaft an. Wir können leider nicht ermitteln, wer die Parole vom Grenzdurchbruch gestreut hat. Ich bin überzeugt, politische und geheimdienstliche Kreise – nicht nur deutsche – ziehen hier ihre Fäden und verwirren sie zu einem gordischen Knoten. Sie warten, daß er durchschlagen wird.

Niemand in der Regierung und im Ministerium für Staatssicherheit denkt an Schußwaffengebrauch, um Demonstrationen zu verhindern, wohl aber bei einem massenhaf-

ten Grenzdurchbruch. Deshalb soll am Tag des Festaktes im Palast der Republik jede »Zusammenrottung« verhindert werden, das Brandenburger Tor ist nahe, die Logik der seit 26 Jahren stehenden Mauer zwingend.
Mich erfaßt zunehmend Resignation. Als Gast der Festsitzung lasse ich die Rede Honeckers im Palast der Republik über mich ergehen. Bald verlasse ich mit meiner Frau den abendlichen Empfang. Zum FDJ-Aufmarsch gehe ich erst gar nicht. Das ist beileibe kein Protest, es ist die blanke Rat- und Hilflosigkeit. In dieser Nacht wird nicht geschossen, aber geprügelt und verhaftet.
Am nächsten Morgen, einem Sonntag, gerät eine turnusmäßige Sitzung bei Mielke zu einer konspirativen Zusammenkunft. In seinem Arbeitszimmer sitzen Generale aus dem Ministerium für Verteidigung und aus dem Innenministerium. Aus dem MfS ist die Abwehr vertreten, ich als Stellvertreter des Ministers und Chef der Aufklärung bin nicht eingeladen. Zwischen mir und Mielke herrscht Funkstille, ich bin von den Entscheidungsprozessen im Ministerium abgeschnitten. Ungewöhnlich an diesem Morgen: An der Versammlung nehmen Egon Krenz und der Leiter der Sicherheitsabteilung des ZK, Wolfgang Herger, teil. Krenz verliest eine Erklärung zur politischen Lage, die er auf der nächsten Politbürositzung vortragen will. Honecker ist damit faktisch abgesetzt. Die Anwesenden stimmen zu.
Mit der Ablösung Erich Honeckers und dann auch Günter Mittags, dem verantwortlichen Wirtschaftssekretär, und Joachim Herrmanns, dem Sekretär für Agitation und Propaganda, glauben sie, das Problem zu lösen.
Ein neues Reisegesetz soll den Unmut der Bevölkerung eindämmen. Auf diesem Gebiet ist die HVA nun wirklich kompetent. Aber auch hier werden wir nicht hinzugezogen. Die Veröffentlichung des unakzeptablen Entwurfes am 6. November beruhigt nicht, sondern heizt die gespannte Atmosphäre weiter an. Die heftigen Proteste richten sich nicht

nur gegen das Reisegesetz. Die Demonstranten wollen mehr: »Die Mauer muß weg« und »Die SED muß weg«. Am 4. November fordern auf dem Alexanderplatz in Berlin viele der eine Million Menschen sofortige demokratische Reformen: Beseitigung des Machtmonopols der SED, freie Wahlen, Abschaffung der Staatssicherheit. Der frühere Leiter der HVA, Markus Wolf, spricht auf dieser Kundgebung. Als einziger Redner stellt er sich vor die Mehrzahl der Mitarbeiter des MfS und wendet sich gegen ihre pauschale Verurteilung. Trotz Pfeifkonzert und Buhrufen will er verhindern, daß alle Mitarbeiter des Ministeriums zu Prügelknaben der Nation werden. Gleichzeitig bekennt er sich zur Verantwortung und auch zur Schuld, aber auch zur Bereitschaft, an der Erneuerung mitzuwirken. Eine mutige, ehrenwerte Haltung, die ihm gerechterweise nicht nur von Angehörigen des MfS Achtung und Anerkennung einträgt.
Am 9. November 1989 tagt das Zentralkomitee. Das Politbüro stellt einen Beschluß des Ministerrats zur Diskussion. Es ist eine Durchführungsbestimmung zum Reisegesetz der DDR. Am gleichen Abend verkündet der wurstige Günter Schabowski auf einer Pressekonferenz, daß alle DDR-Bürger »sofort« und »unverzüglich« die Grenze passieren können. Ein Sturm bricht los, die Mauer fällt. Die DDR ist nun wirklich am Ende. Diesen Abend verbringe ich zu Hause, Minister Mielke fällt nicht einmal auf, daß ich nicht im Dienst bin.
Unmittelbar nach der 10. Tagung des Zentralkomitees findet eine Aktivtagung der Parteiorganisation des MfS statt. Der Leiter der Abteilung für Sicherheitsfragen des ZK, Wolfgang Herger, nimmt daran teil. Der Stellvertreter des Ministers, Rudi Mittig, informiert über die ZK-Tagung und versucht, die Tätigkeit des MfS pauschal zu rechtfertigen. Doch das löst Kritik an seiner Person und an seiner Tätigkeit aus. Einige machen ihrer Stimmung Luft und äußern ihre Meinung zur bereits zurückgetretenen Parteiführung.

Eine Premiere und völlig ungewöhnlich in dieser Runde. Ich weise darauf hin, daß viele Informationen, die an die Politbüromitglieder gegangen sind, unbeachtet in irgendwelchen Ablagen verschwunden sind oder als unglaubwürdig abgetan wurden. Als wir beispielsweise rechtzeitig auf den schwindenden Einfluß der Friedensbewegung in den westlichen Länder aufmerksam machten, schickte das für dieses Thema zuständige Politbüromitglied Hermann Axen das Papier mit seinem Kommentar zurück: »Was soll der Quatsch.« Weil ihm die Aussage nicht gefiel, nahm er sie nicht zur Kenntnis. Dieser mangelnde Realitätsbezug, so sage ich, ist auch in der Auffassung der Partei- und Staatsführung zu erkennen, jede Opposition in der DDR sei von außen gesteuert. Viel zu lange gaben wir ausschließlich Informationen weiter, die diese These stützen. Wir haben deshalb in der HVA beschlossen, dies nicht mehr zu tun. Beifall erhalte ich für meinen Beitrag nicht.

Mißbilligung für Mielke

Am 13. November 1989 sitze ich wie viele DDR-Bürger vor dem Bildschirm. Das Fernsehen der DDR überträgt die 11. Tagung der Volkskammer der DDR. Wichtiges und Skurriles, Lebenswichtiges und Nebensächliches, Ernstes und Lächerliches klären die Abgeordneten in der aktuellen Fragestunde.
Volkskammerpräsident Dr. Günther Maleuda dankt dem Abgeordneten Dr. Gerhard Schürer für die Antwort auf eine Anfrage zu den Eierpreisen, stellt fest, daß noch 20 Wortmeldungen vorliegen, und erteilt Minister Mielke das Wort. Plötzlich bin ich hellwach. Was wird er sagen? Seit über dreißig Jahren ist Erich Mielke Mitglied des Parlaments. Heute redet er zum ersten Mal vor diesem Gremium. Das Paradoxe: Als Minister amtiert er nur noch – die Regierung ist schon am 7. November zurückgetreten, und eine Parteifunktion hat er auch nicht mehr – am 8. November

trat das Politbüro der SED zurück. Es ist wohl der letzte Auftritt des 82jährigen in der Öffentlichkeit. Ich erwarte, daß er sich vor seine Mitarbeiter stellt und im Interesse des Ministeriums rettet, was zu retten ist. Dann höre ich die ersten Sätze. Es bahnt sich eine Katastrophe an. In dieser angespannten Situation, in der auf den Straßen die Sprechchöre hallen »Stasi in die Produktion«, sagt er: »Und wir haben hervorragende Informationen geliefert, die die Entwicklung so weit brachten, wie wir sie heute haben, nicht nur für die DDR, sondern für das sozialistische Lager.« Mir wird siedend heiß. Nach dem Satz, »ich liebe doch alle Menschen«, wird der Minister öffentlich ausgelacht. Ich schalte den Fernsehapparat aus.

Am nächsten Tag gibt es im MfS und in der HVA nur ein Thema. Viele Mitarbeiter sahen zumindest in der Aktuellen Kamera die Kurzfassung des blamablen Auftritts ihres Ministers, die anderen hörten davon. Von betroffen bis sarkastisch und zynisch sind die Reaktionen. Wir setzen uns in der HVA-Leitung mit dem Sekretär unserer Parteigrundorganisation, Otto Ledermann, zusammen und entwerfen eine Resolution. Das ist ein außergewöhnlicher Vorgang. Wir, Generale und Mitarbeiter der HVA, wenden uns schriftlich gegen unseren, wenn auch nur noch amtierenden Minister. Zorn, aber auch eine gewisse Portion Hilflosigkeit treiben uns an. Wir entschuldigen uns für das Auftreten unseres Ministers und adressieren das Schreiben an den Volkskammerpräsidenten Günther Maleuda.

Am gleichen Tag werde ich über Rundruf zu einer Beratung ins Kollegiumszimmer gebeten. Erich Mielke will die leitenden Mitarbeiter des Ministeriums für Staatssicherheit über die Sondersitzung der Volkskammer informieren. Was will er uns mitteilen?

Die Resolution nehme ich mit, fest entschlossen, Mielke zu sagen, daß die HVA nicht hinter seinen Worten und seinem Auftreten steht. Unterwegs treffe ich den 1. Sekretär der SED-Kreisleitung, Horst Felber. Er hat auch eine Stel-

lungnahme dabei. Wir lesen gegenseitig die jeweiligen Schreiben. Schnell einigen wir uns, den Text der HVA vorzutragen. Wir betreten gemeinsam das Sekretariat, melden uns an und gehen in Mielkes Arbeitszimmer mit dem großen Konferenztisch und den zwei Sitzgruppen.
Der Minister sitzt hinter seinem Schreibtisch. Stehend tragen wir unser Anliegen vor und mißbilligen sein Auftreten in der Volkskammer. Ich rechne mit einem Wutausbruch. Doch er bleibt ruhig. Er hört sich alles an, unterbricht uns nicht. Dann spricht er. Er verstehe uns nicht, es wäre doch alles richtig gewesen, was er da gesagt habe und wie er aufgetreten sei. Den einzigen Fehler, den er sehe, er habe den vorbereiteten Zettel nicht aus der Tasche gezogen, um an Hand der Stichworte eine richtige Reden zu halten. Insofern habe er vielleicht etwas vergessen zu sagen, aber im großen und ganzen hätte er doch die richtigen Worte gewählt und alles Wichtige gesagt. Uns klingt noch sein Satz in den Ohren, den er den Abgeordneten zugerufen hatte: »Ich fürchte mich nicht, hier ohne Rededisposition Antwort zu stehen. Ich habe vorher kein Referat fertiggemacht.« Endgültig fertiggemacht hatte er uns mit seinem Auftreten. Ich sage ihm noch einmal, daß er in dieser angespannten Situation dem Ministerium und allen Mitarbeitern einen schlechten Dienst erwiesen habe. Er nimmt auch das ruhig zur Kenntnis.
Wir schweigen. Dann gehen Felber und ich ins Kollegiumszimmer, dort sitzen schon die anderen stellvertretenden Minister und die Leiter der wichtigsten Abteilungen. Nach kurzer Zeit kommt Mielke. Er erklärt noch einmal sein Auftreten, versucht es zu rechtfertigen, versteht unsere Aufregung überhaupt nicht, läßt aber die Meinung der anderen gelten. Das ist sehr ungewöhnlich.
Plötzlich merke ich, da vorn sitzt ein alter, gebrochener Mann. Die Tragweite seines Tuns begreift und versteht er nicht mehr. Er hat resigniert. Der Greis da vorn entspricht überhaupt nicht mehr dem Bild, daß die meisten Mitar-

beiter des Ministeriums für Staatssicherheit immer noch von ihm haben.
Meine Gedanken schweifen ab, und ich denke an den Minister, den ich bisher kannte und dem der Mann da vorn kaum noch ähnlich ist. Mielke leitet das Ministerium totalitär. Sein Wort gilt, ein anderes kaum. Manche Leute nimmt er einfach nicht zur Kenntnis. Obwohl er alle duzt und lediglich mit dem Familiennamen anredet, käme niemand auf den Gedanken, ihn mit dem in der Partei üblichen Du anzusprechen. Nur Markus Wolf, Hans Fruck und einige wenige Ältere aus der Abwehr gebrauchen die vertrauliche Anrede.
Der Choleriker Mielke schreit, wenn ihm etwas nicht paßt, kanzelt den Gesprächspartner ab, ob nun am Telefon oder im persönlichen Gespräch. 1983, als ich ins Kollegium des Ministeriums aufrücke, warnen mich einige: Da kannst du dich ja auf einiges gefaßt machen. 1979, nach der Flucht Stillers, tobt er am Telefon. Er beschimpft uns von der HVA, wie dumm wir sind und daß wir die Zusammenhänge nicht erkennen, und daß wir die Sicherheit nicht gewährleisteten.
Als ich Leiter der HVA bin, von 1986 bis zum Schluß, gibt es diese cholerischen Ausbrüche kaum noch, dieses Fertigmachen der anderen, wenn ihm irgendetwas nicht paßt. Natürlich rastet er immer mal wieder aus. Unsere Arbeitsbeziehungen werden zunehmend sachlicher.
Jeden Morgen, er kommt immer ziemlich früh ins Ministerium, ruft er alle verantwortlichen Leiter an und fragt: Was gibt es Neues? Sehr oft antworte ich, Genosse Minister, von uns gibt's nichts besonders Berichtenswertes. Außer einem Knurren höre ich nichts, er legt auf.
Das Sicherheitsbedürfnis Mielkes nimmt mit der Zeit zu. Natürlich auch ausgelöst durch die reale Politik des Westens, dessen ausgesprochenes Ziel es ist, die DDR und die anderen sozialistischen Länder irgendwann von der Bildfläche verschwinden zu lassen. Und so gerät jede in der

DDR geäußerte Kritik zur politisch-ideologischen Diversion, gesteuert durch ein imperialistisches Zentrum. Mielke will immer genauer wissen, wer ist wer. Dahinter steht die Auffassung: Wenn man jeden kennt und über jeden Bescheid weiß, kann man jene entlarven, die im Auftrag des Imperialismus die Stabilität der DDR im Inneren untergraben.
Ich merke, daß ich jetzt ungerecht werde. Denn dies alles allein dem Minister und der Staatssicherheit anzulasten, verkehrt die Dinge. Dieses Sicherheitsdenken war Staats- und Parteidoktrin. Der Unfehlbarkeitsanspruch der Parteiführung, alles für das Volk zu tun, die beschworene politisch-moralische Einheit zwischen Volk und Partei ließ einfach nicht zu, Kritik zu tolerieren, sie als produktiv für die Gesellschaft anzusehen. Zweifel an der realen Politik konnte nur vom Klassenfeind kommen. Damit wurde es eine Angelegenheit der Staatssicherheit. Und damit erhielt Mielke mehr Einfluß und mehr Macht im Staat.

Die Diskussion im Kollegium geht weiter. Einige halten sich noch immer zurück, andere sagen ungeschminkt ihre Meinung. Für uns ist klar, wir schicken die Resolution an den Volkskammerpräsidenten ab. Das kurze Schreiben endet mit dem Satz: »Wir versichern erneut, daß die Staatssicherheitsorgane sich mit Entschiedenheit zur Erneuerung der sozialistischen Gesellschaft in der DDR bekennen, sie engagiert unterstützen und die dazu notwendigen Veränderungen bei sich selbst durchsetzen werden.«
Die Situation in und um das Ministerium für Staatssicherheit spitzt sich immer mehr zu. Ich löse mich von meiner Resignation und aus dem Zustand des Wartens. Abgesehen, daß sich die Haltung auch auf die nachgeordneten Leiter auswirkt, zwingt mich die Verantwortung für Tausende treuer Mitarbeiter wieder zum Handeln. Die nachrichtendienstliche Arbeit geht ohnehin weiter. Im Ministerium entwickelt sich zunehmend eine kritische Haltung,

vor allem unter den jungen Mitarbeitern. Sie sehen keinen Sinn mehr darin, irgendwelche Veranstaltungen »abzusichern«, sie wollen lieber selbst an den Demonstrationen teilnehmen. Und sie wenden sich gegen altgediente Parteifunktionäre und Vorgesetzte. Unmut macht sich auch breit gegen die bis dahin gültige konservative Kleiderordnung, gegen das Verbot, Bart zu tragen und, nach der Maueröffnung, gegen das Verbot, Westberlin zu betreten.

Die auf Ordnung, Disziplin und Aufrechterhaltung der Arbeit bedachten Mitarbeiter bleiben in der Mehrzahl, und so gelingt es, die Stabilität des Apparates zu erhalten.

Ende Oktober beginnen wir in den einzelnen Abteilungen, die ersten Akten zu minimieren. Niemand kann absehen, wer sie in die Hände bekommt. Wir müssen unsere Quellen schützen. Am 13. November 1989 wählt die Volkskammer auf Vorschlag der SED Dr. Hans Modrow mit einer Gegenstimme zum neuen Regierungschef der DDR. Zu seiner 28köpfigen »Koalitionsregierung«, wie er sie nennt, gehören elf Mitglieder, die aus den traditionellen Blockparteien kommen. In Leipzig tragen Demonstranten zum ersten Mal Plakate mit der Aufschrift»Deutschland einig Vaterland«. Trotz aller Unkenrufe scheint mit dieser Regierungsbildung die Perspektive unseres Dienstes sicher. Das Ministerium für Staatssicherheit gibt es zwar nicht mehr, dafür das Amt für Nationale Sicherheit (AfNS). Mein neuer Chef heißt nun Wolfgang Schwanitz, ehemaliger Stellvertreter des Ministers für Staatssicherheit. Schon als Erich Mielke im Oktober seinen Rücktritt angekündigt und zunächst Rudi Mittig und später Wolfgang Schwanitz als möglichen Nachfolger genannt hatte, erklärte er mir, warum ich nicht in Frage käme: »Der Chef eines solchen Apparates braucht Erfahrungen in der Abwehr.« Kein Problem für mich, ich bin und will Aufklärer bleiben. Das alles ist Schnee von gestern. Ich schätze Wolfgang Schwanitz, kenne ihn persönlich und dienstlich sehr gut. Er ist der richtige Mann in dieser Funktion. Ich werde ihn mit allen Kräften unterstützen.

Jetzt bin ich damit beschäftigt, den Apparat des Aufklärungsdienstes zu reformieren. Wir beginnen, den Kaderbestand zu reduzieren, Ziele und Aufgaben zum Teil neu zu definieren und den Bestand der Akten und Karteien zu

minimieren. Im Klartext: Ich weise an, Akten zielstrebig zu vernichten. Mitarbeiter fragen mit Recht, warum, wenn der Dienst weiterexistieren soll? Wir rechnen vom ersten Tag an damit, daß aufgebrachte Bürgerrechtler in unser Gebäude eindringen. Aber nicht sie sind gefährlich, sondern Agenten anderer Geheindienste, die unter ihrer Flagge segeln und gezielt Material suchen.
Bisher finden wir noch Verständnis dafür, daß kein Personen- und Sachwissen anderen Geheimdiensten in die Hände fallen darf. Garantieren kann das aber für die Zukunft niemand, denn keiner weiß, wie lange es die DDR noch geben wird. Immerhin spricht Modrow von einer Verantwortungsgemeinschaft, und Bundeskanzler Kohl legt Ende November ein Programm vor, dessen Punkt zehn lautet: Wiedervereinigung. Trotzdem hoffen wir und konzentrierten uns auf den Neuaufbau des Dienstes.
Im Apparat nehmen Unzufriedenheit, Hektik, spontane Aktionen vor allem jüngerer Mitarbeiter zu. Es vermischen sich Unruhe, gespannte Erwartung und Unsicherheit.
Die Mitteilungstafel im Erdgeschoß wird zum Forum. Einzelne Mitarbeiter und Gruppen heften Zettel mit ihrer Meinung an, andere entfernen sie und plazieren ihre Ansichten. Für mich alten Militär eine völlig ungewohnte und gewöhnungsbedürftige Situation.
Die jungen Leute kritisieren vor allem die alten Kader und fordern Erneuerung. Ihr erster Unmut entlädt sich gegen die Parteileitung, die als Erfüllungsgehilfin der dienstlichen Leitung gesehen wird. Jüngere Parteifunktionäre krempeln die Partei im Aufklärungsdienst um. Sie organisieren Ende November ein Meeting im Innenhof des Ministeriums. Damit leiten sie den Rücktritt der SED-Kreisleitung des MfS ein. Die jungen Genossen der HVA formulieren klare Ziele und helfen uns, den Nachrichtendienst zu reformieren.
Ende November finden Zusammenkünfte der Abteilungsparteiorganisationen in der HVA statt. Wir wählen unsere

Vertreter, die wiederum auf der Delegiertenkonferenz der HVA die Delegierten zum Sonder-Parteitag wählen. In den Grundorganisationen der HVA verändert sich das Kräfteverhältnis zwischen jung und alt oder, wie es so einfach heißt, zwischen Konservativen und Erneuerungswilligen. Doch die Jungen wissen auch nicht so recht, wohin sie wollen. Nur eins ist klar: Es muß anders werden, konzeptionell denkt noch niemand. Erst einmal geht es um die »Machtübernahme«.

Während der Delegiertenkonferenzen in der HVA herrscht ein völlig neuer Ton. Die Kandidaten wählen wir nach ausführlichem Für und Wider. Das kennen wir Alten noch aus den fünfziger Jahren. In der Grundorganisation bekomme ich noch problemlos ein Mandat für die HVA-Konferenz, doch dort werden schon Stimmen laut, die mich nicht wählen wollen. Markus Wolf, der nach seinem Ausscheiden aus dem Dienst Mitglied der Parteiorganisation geblieben ist, steht außer jeder Diskussion. Mit Recht. Sein Auftreten am 4. November 1989 auf dem Alexanderplatz würdigen alle. Er bekommt die meisten Stimmen. Einige seiner Befürworter lehnen mich ab. Viele kämpfen aber in offener Diskussion um ein Mandat für mich. Mit knapper Mehrheit schaffe ich es. Ich empfinde es als Sieg. Nicht meine dienstliche Stellung, nicht die Parteifunktion, nicht mein militärischer Rang entscheiden, sondern nur meine Persönlichkeit. Die Diskussion um meine Person werte ich als Warnung, aber auch als Auftrag, eingefahrene Gleise zu verlassen und sich Neuem nicht zu verschließen. Perestroika und Glasnost nun auch in der HVA.

Niemand stellt aber die DDR in Frage, keiner fordert die Auflösung der SED. Die Mehrheit fordert, den Staat und die Partei demokratisch und sozialistisch zu erneuern, frei von Stalinismus und Dogmatismus. Dazu gehört ein selbständiger, unabhängiger Aufklärungsdienst unter demokratischer Kontrolle, der nicht nur einer Partei verpflichtet ist.

Die sich überschlagenden Ereignisse lassen kaum Zeit und Kraft, diese Forderungen systematisch umzusetzen. Als Pragmatiker stelle ich mir vorrangig die Aufgabe, den inoffiziellen Apparat zu schützen, unsere Kundschafter und Quellen vor Schaden zu bewahren. Ich will verhindern, daß Personen und unsere Tätigkeit dekonspiriert werden und unser Wissen in fremde Hände gerät.
Anfang Dezember bilden sich in allen Bezirken Bürgerkomitees. Sie wollen die MfS-Bezirksverwaltungen auflösen, nachdem fast alle Kreisdienststellen bereits besetzt sind. Auch im AfNS verstärkt sich der Druck, die alte Führung zu entfernen. Das Kollegium tritt zurück, erste leitende Kader werden entlassen. Am 7. Dezember 1989 konstituiert sich in Berlin der Zentrale Runde Tisch. Seine Mitglieder fordern die Regierung als erstes auf, alle Dienststellen des AfNS durch Kräfte des Innenministeriums zu kontrollieren und die Vernichtung von Material und Dokumenten zu verhindern. Schließlich soll das AfNS unter ziviler Kontrolle aufgelöst werden. Die Soldaten des Wachregimentes Felix Dzierzynski verschwinden aus der Normannenstraße, an den Pforten stehen nun Volkspolizisten.
Am 14. Dezember 1989 beschließt die Modrow-Regierung, das AfNS aufzulösen. Ein Nachrichtendienst und ein Verfassungsschutzorgan sollten entstehen. Wie soll der neue Nachrichtendienst aussehen, fragen wir uns. Eine Arbeitsgruppe soll so schnell wie möglich eine Konzeption vorlegen. Das erweist sich als äußerst kompliziert. Das Beharrungsvermögen der Mitarbeiter ist stärker als erwartet. Sie stellen Fragen. In welcher Richtung sollen sich Ziele und Aufgaben verändern? Besteht die sozialistische DDR weiter? Bleiben die BRD und andere NATO-Staaten Gegner, wieso soll also der Dienst verkleinert werden? Wem wird der Dienst unterstellt, wo soll er seinen Sitz haben?
Fragen über Fragen. Ehe wir sie richtig beantworten können, wächst der Druck der Bevölkerung und des Zentra-

len Runden Tisches gegen den Aufbau eines neuen Dienstes.

Wir sitzen zwischen allen Stühlen. Die Regierung hält sich weitgehend heraus. An Ministerpräsident Modrow komme ich kaum heran. Er beauftragt Staatssekretär Walther Halbritter, der Mitglied der Volkskammer und Beauftragter der Regierung für den Runden Tisch ist. Der versucht die Atmosphäre etwas zu entspannen. Einige Zeit befaßt er sich mit dem Problem, wem der neue Dienst unterstellt und wo er eingegliedert wird. Die absurde Idee, uns ins Innenministerium einzugliedern, wischt er vom Tisch. Er bemüht sich um ein Gespräch zwischen mir und den Moderatoren des Zentralen Runden Tisches. Ich schreibe den Herren, sie antworten nicht. Später tauchen mehrere Referenten auf, die mit uns zusammenarbeiten sollen. Insgesamt sind das inkompetente Leute, die unser Metier nicht kennen. Sie wissen nichts und übernehmen keine Verantwortung.

Für Dezember 1989 kündigt die Modrow-Regierung eine Amnestie an. Wir bitten, rechtskräftig verurteilte Spione des Bundesnachrichtendienstes und anderer westlicher Spionagedienste davon auszunehmen und stoßen auf Unverständnis. Kann oder will man uns nicht verstehen? Ohne Gegenleistung opfert man keine Faustpfänder. Bereits kurze Zeit später, als unsere ersten Kundschafter verhaftet werden, braucht uns niemand mehr ins Kalkül zu ziehen.

Viele unserer Mitarbeiter reagieren empört, sie glauben, die Leitung hätte sich nicht genügend bemüht. Wahr ist, unsere Regierung hat uns faktisch abgeschrieben. Mitte Dezember 1989 ernennt sie ihren Beauftragten für die Auflösung des AfNS. Peter Koch läuft gegen eine Wand. Wir wollen, gemäß unserem Auftrag, den Dienst erhalten und neu aufbauen, er muß ihn, entsprechend seinem Auftrag, auflösen. Er widersetzt sich energisch, uns zu unterstützen. Die Regierung und der Zentrale Runde Tisch rügen ihn heftig und entbinden ihn schließlich von seiner Aufgabe. Das ist zumindest ungerecht. Er ist kein Versager. Jeder andere, gleich welchen Formats, wäre in dieser Zeit an der Sache gescheitert.

Die Regierung zieht jetzt einen Joker aus der Tasche und ernennt im Januar 1990, gleich nach der Entlassung Kochs, den ehemaligen Leiter der DDR-Zivilverteidigung, Generaloberst Fritz Peter, zum neuen Beauftragten. Er soll eng mit der vom Zentralen Runden Tisch beauftragten Dreiergruppe, bestehend aus Dr. Georg Böhm, Werner Fischer, Gottfried Forck, dem Bischof von Berlin-Brandenburg, zusammen arbeiten.

Im Dezember 1989 läuft beim AfNS die Entlassungswelle an. Bis Ende dieses Monats sind in der HVA fast alle Abteilungsleiter und zahlreiche Mitarbeiter entsorgt. Einige suchen sich neue Arbeitsstellen, die meisten werden arbeitslos.

Parallel wird abgerüstet. Wir übergeben auf Befehl der Regierung alle Waffen dem Innenministerium beziehungsweise der NVA. Konspirative Wohnungen und Objekte werden aufgelöst, die Kraftfahrzeuge abgegeben. Für den weiteren Ausverkauf inventarisieren wir die Einrichtung und Ausstattung der Dienstzimmer sowie die technischen Geräte.

Alle noch vorhandenen HVA-Angehörigen arbeiten, physisch und psychisch bis an die Grenze belastet, an ihrer eigenen Entlassung. Diszipliniert führen sie alle Befehle und Weisungen aus, ohne vieles davon richtig zu verstehen oder gar zu billigen.

Ohne Zwischenfälle übergeben sie die Waffen. Jeder einzelne handelt dabei höchst verantwortungsbewußt. Jeder vermeidet Handlungen, die unabsehbare Folgen provozieren können. Jeder bewahrt damit seine Familie, seine Freunde und Genossen, ja die gesamte Gesellschaft vor Schaden! Niemand nimmt das als eine außergewöhnliche Leistung zur Kenntnis. In den Medien wird die friedliche

Wende hervorgehoben, niemand würdigt in diesem Zusammenhang die Angehörigen des Ministeriums für Staatssicherheit, der Nationalen Volksarmee und des Ministeriums des Innern. Alle handeln so verantwortungsbewußt, daß kein Schuß fällt. Das ist eine historische Leistung.

Die verlorene Ehre

Auf der Tagesordnung des Zentralen Runden Tisches im Schloß Niederschönhausen steht am 14. Januar 1990, wie schon so oft, das Thema Stasi. Jeweils ein Vertreter der Aufklärung und der Abwehr sollen an diesem Tag Fragen beantworten.

Dr. Heinz Busch, stellvertretender Leiter der Abteilung VII – Auswertung ist von der Leitung der HVA ermächtigt, dort Rede und Antwort zu stehen.

Ihn hatten wir schon im Herbst 1989 beauftragt, offiziell mit Vertretern der Bürgerbewegung zu sprechen. Nach der politischen Wende wollen auch wir uns mehr in der Öffentlichkeit präsentieren. Busch soll erst einmal mit den Bürgerbewegten ins Gespräch kommen, ihnen deutlich machen, daß die HVA als legitimer Auslandsnachrichtendienst der Verfassung und den Gesetzen der DDR verpflichtet ist, weder verbrecherisch handelt noch die Menschenrechte verletzt. Er soll um Verständnis werben, daß wir unsere Mitarbeiter gefährden, wenn wir internes Wissen über Personen und Sachverhalte offenlegen. Und er soll die Bürgerrechtler von der Notwendigkeit eines Nachrichtendienstes, also von unserer Existenzberechtigung überzeugen.

Busch scheint für diese Aufgabe geeignet. Er ist kontaktfreudig und wirkt sympathisch. Sein unaufhörlicher, aber nicht aufdringlicher Redefluß, gepaart mit Geschick, Kenntnissen und Wissen, beeindruckt Gesprächspartner. Als wir uns für Busch entscheiden, bedenken wir auch seine bisherige Tätigkeit. Er bearbeitet zwar die Originaldokumente, die unsere Kundschafter auf militärpolitischem und militärstrategischem Gebiet in die Zentrale schicken, aber er kennt keine Quelle persönlich und keinen Klarnamen. Wenn er sein Wissen auf diesem Gebiet unbewußt im Gespräch verwendet, kann er niemand gefährden. Es scheint zu klappen. Busch ist stolz auf seinen Auftrag und berichtet uns ausführlich, wie überzeugend er in Gesprächen auf die Bürgerrechtler wirkt.

Von seinem Auftreten vor dem Zentralen Runden Tisch versprechen wir uns eine ähnliche Ausstrahlung. Wir besprechen in Grundzügen, was vor diesem Gremium zu sagen ist.

Die selbstbewußte Haltung Buschs änderte sich am Vorabend des Termins vor dem Runden Tisch abrupt. Unsicher geworden, bittet er um weiteren Rat. Der stellvertretende Leiter der HVA, Oberst Ralf-Peter Devaux spricht mit ihm. Er beauftragt Busch, sollte er am Runden Tisch überhaupt zu Wort kommen, sich ausschließlich auf die humanitären Aspekte der Sicherung der Quellen der HVA zu konzentrieren. Unbedingt müsse er die Motivation der wichtigsten West-Quellen der HVA nennen, nämlich die Erhaltung des Friedens, den Abbau der Systemkonfrontation und die wirtschaftliche Stärkung der DDR. Deshalb erwarten und benötigen die Kundschafter den Schutz und die Unterstützung der DDR. Eine öffentliche Diskussion über Einzelheiten zu Quellen und Methoden der HVA soll er unbedingt vermeiden. Devaux beruhigt ihn: Als Auswerter könne Busch nicht unter strafrechtlichen Druck geraten.

Zusätzlich üben die beiden in einem Rollenspiel, wie Busch heikle Fragen von Teilnehmern am Runden Tisch, die dem MfS sehr kritisch gegenüberstehen, beantworten kann. Selbst verbale Angriffe, falsche Darstellungen und fehlendes Faktenwissen spielen sie durch. Als sich beide voneinander verabschieden, sagt Busch, er fühle sich nun besser

vorbereitet, gehe die Dinge selbstbewußt und locker an. Es kann also nichts schiefgehen.
Ich komme am 13. Januar 1990 erst spät nach Hause. Beiläufig erzählt mir meine Frau, daß Heinz Busch angerufen habe. Besonders dringend sei es wohl nicht gewesen. Er habe nicht gesagt, daß er sich noch einmal melden wolle oder daß ich zurückrufen solle. Der Anruf beunruhigt mich überhaupt nicht, denn es ist alles für den morgigen Tag geregelt.
Am nächsten Tag, am 14. Januar, erscheint Busch nicht zur Sitzung des Zentralen Runden Tischs. Wir sind besorgt. Am Telefon sagt seine Frau, ihr Mann sei wie gewöhnlich am Morgen mit dem Auto zur Arbeit gefahren. Mehr wisse sie nicht. Auch am nächsten Tag meldet sich Busch nicht. Als er auch weiterhin nicht zum Dienst erscheint, befürchten ihm nahestehende Mitarbeiter, daß er Selbstmord begangen haben könnte. An Verrat denkt vorerst niemand.
Schließlich wird es zur Gewißheit. Heinz Busch ist ein Überläufer. Später erzählt er dem Spiegel, niemand aus der HVA hätte mit ihm darüber gesprochen, was er denn am Zentralen Runden Tisch hätte sagen sollen. Generaloberst Werner Großmann wäre nicht zu sprechen gewesen, und dessen Stellvertreter, Oberst Ralf-Peter Devaux, habe lediglich zu ihm gesagt: »Du gehst dorthin und sagst, was du weißt – das ist ja so gut wie nichts.« Busch fühlte sich, so behauptet er es jedenfalls, in seiner Ehre als MfS-Offizier gekränkt und erwiderte angeblich: »So werde ich mich am Runden Tisch nicht verhalten.« Devaux habe ihn darauf so handfest bedroht, daß Busch um sein Leben fürchten mußte. Auf der Stelle geht er in der Nacht zum 15. Januar in die Bundesrepublik und dient sich dort dem Bundesnachrichtendienst an. Offensichtlich für ihn ein Vorgehen, das sich mit der Ehre eines Offiziers vereinbaren läßt. Für uns ist das ein Schock. An seiner politischen Haltung, seiner Treue zur Partei und zum Staat zweifelte bisher niemand. Er galt jederzeit als zuverlässiger und einsatzberei-

ter Genosse. Nun versuchen wir sein wirkliches Motiv zu erkennen. So schwer ist das nicht. Die persönlichen Eigenschaften, die ihn für eine solche Aufgabe prädestinierten, entfalteten sich offensichtlich in eine von uns nicht vorhergesehene Richtung. Geistig wendig und eloquent, verfügte er über ein übersteigertes Selbstwertgefühl, kämpfte ständig um seine Beförderung, fühlte sich in seiner Dienststellung unter Wert behandelt und zu wenig gefördert. Als wir ihm diesen Auftrag übertrugen, versprachen wir uns, daß er sich im Interesse der HVA und in seinem eigenen voll engagiert.

Doch in diesen unsicheren Zeiten der Wende, in denen die Karriere eines MfS-Offiziers schon beträchtlich wackelte, sah er offensichtlich eine Chance, sich ganz andere Sporen zu verdienen. Er ließ alles andere hinter sich und sah nur noch seinen persönlichen Vorteil.

Buschs Verschwinden beschäftigt uns in den folgenden Tagen. Wir müssen wissen, wo er sich aufhält. Und wir müssen prüfen, welche konkreten Informationen und Namen er preisgeben kann. Er kennt zwar keine Quelle mit Klarnamen, aber er weiß, aus welch hochsensiblen gegnerischen Objekten das Material stammt. Einige Kundschafter können wir noch warnen. Mehr können wir nicht tun.

Busch brüstet sich bis heute damit, »den Top-Spion ›Topas‹«, unseren Kundschafter im Brüsseler NATO-Hauptquartier Rainer Rupp enttarnt zu haben. Er verschweigt, wieviel er dafür vom BND kassierte. Busch belastet in verschiedenen Prozessen mehrere Mitarbeiter und vor allem Kundschafter schwer. Der BND hat ihn fest im Griff. Die Gerichte wissen, wenn sie ihn als Zeugen brauchen, müssen sie sich an den BND wenden. Als Busch leer ist wie eine ausgequetschte Zitrone, verliert der Bundesnachrichtendienst das Interesse. Als das Oberlandesgericht Düsseldorf ihn wie üblich über den BND zu einer Zeugenaussage auffordert, kommt aus Pullach der Bescheid, einen Herrn Busch kenne man nicht.

Das Neue Forum ruft zu einer Demonstration am 15. Januar 1990 vor dem Hauptgebäude des MfS/AfNS auf. Die Teilnehmer sollen Steine und Mörtel mitbringen, sie sollen die Eingänge zumauern. Wenn das gelingt, ist die MfS/AfNS-Zentrale und damit der Aufklärungsdienst arbeitsunfähig.

Als die Plakate des Neuen Forums im Stadtgebiet auftauchen, nutze ich eine Besprechung bei Ministerpräsident Modrow und weise ihn darauf hin. Ich erwarte, daß er und andere Anwesende wie der Innenminister, General Lothar Arendt, und der Generalstaatsanwalt etwas unternehmen. Abgesehen davon, daß niemand in dieser Runde den Aufruf kennt, es reagiert auch keiner. Ohne Diskussion geht Modrow zur Tagesordnung über. In seinem Buch »Ich wollte ein Neues Deutschland« behauptet er aber, vorher nichts gewußt zu haben. Es trifft mich, wenn ich dort weiter lese, was er den Bürgerrechtlern in der Normannenstraße kurz vor der Erstürmung der Gebäude gesagt haben will: »Um den bevorstehenden Sturm auf das Gebäude zu verhindern, bemühte ich ein Bild: Was können die Sessel denn für die Ärsche, die einst darauf gesessen haben?«

Wir erkennen in vielen Handlungen des Ministerpräsidenten gegenüber dem AfNS/MfS diese Haltung, ohne dieses Urteil schon gelesen zu haben. Er schreibt uns ab, obwohl er das Gegenteil behauptet. Wir können uns das nicht erklären. Ist es die Stimmung in der Bevölkerung gegenüber dem Ministerium für Staatssicherheit? Will er nicht in den Strudel geraten, der uns erfaßt hat? Wahrscheinlich raubt ihm die von der Bürgerbewegung entfachte Stasihysterie auch den Nerv. Nach 1990 bemüht sich Hans Modrow, uns und unseren Kundschaftern zu helfen.

Wir müssen die nächsten Tage ohne jede Hilfe der Regierung überleben. Ein bißchen sind wir vorbereitet. Wir rechnen seit langem mit einer solchen Aktion der Bürgerrechtler. Eine kleine Gruppe hochmotivierter Mitarbeiter will verhindern, daß Fremde unser Haus betreten. Am Haupteingang befestigen wir ein Schild. Darauf steht »Aufklärungsdienst«. Bisher tolerierte die Bürgerbewegung unsere Institution.

Die noch nicht vernichteten Akten liegen in den Schränken. Jeden fremden Zugriff wollen wir deshalb abwehren. Der Befehl an die Einsatzgruppe im Hause lautet: Das Eindringen Fremder in die Gebäude ist unter Einsatz körperlicher Gewalt zu verhindern.

Die Leitungen der einzelnen Diensteinheiten ziehen sich in noch existierende konspirative Wohnungen zurück und beobachten von dort das Geschehen. Sie verständigen sich über Telefon. Wir müssen improvisieren, die bei früheren Übungen hervorragend funktionierenden Mobsysteme gibt es nicht mehr. Einige Gebäude und auch technische Mittel stehen uns nicht mehr zur Verfügung, bestimmte Personen sind nicht mehr erreichbar.

Den Demonstranten gelingt es, die Haupttore zum MfS-Komplex zu öffnen und einige Gebäude zu stürmen. Ministerpräsident Hans Modrow will in letzter Minute retten, was zu retten ist. Er erscheint vor der MfS-Zentrale und versucht in dem Chaos mit den Leuten zu sprechen. Zu spät. Bestimmte Bereiche, beispielsweise die Zimmer der Spionageabwehr – HA II, durchsuchen bereits Spezialkräfte gegnerischer Dienste. Das Haus der HVA bleibt verschont.

Der Sturm auf das Ministerium für Staatssicherheit bleibt aber auch für uns nicht ohne Folgen. Den Eingang kontrollieren nun Mitglieder der Bürgerbewegung. Wir können nicht mehr ungehindert unser Dienstgebäude betreten. Wir handeln aber mit ihnen aus, daß im 24-Stunden-Rhythmus jeweils 20 bis 30 namentlich genannte Mitarbeiter die Gebäude betreten dürfen. Auch mir als Leiter ist nur so der Zutritt möglich. Mit Nachdruck fordere ich ein vom Ministerpräsidenten unterschriebenes Dokument. Staatssekretär Walter Halbritter verhilft mir zu einem Ausweis mit der Aufschrift »Amtierender Leiter des Nachrichtendienstes der DDR«. Damit komme ich nun ohne besondere Kontrolle und jederzeit in mein Dienstzimmer. Gesichert ist auch, daß immer zwei verantwortliche Mitarbeiter der HVA-Leitung die laufenden Arbeiten organisieren und beaufsichtigen. Generalmajor Horst Vogel, Generalmajor Heinrich Tauchert, Oberst Bernd Fischer, Oberst Ralf-Peter Devaux, Oberst Gotthold Schramm und Oberst Manfred Süß teilen sich den Dienst ein.

Die Leitung kann sich nun wieder zu Besprechungen im größeren Kreis treffen. Ich schreibe die Namen der Abteilungsleiter einfach auf die aktuelle Liste. Natürlich nutzen wir auch noch einige intakte konspirative Objekte und treffen uns dort zu notwendigen Absprachen.

Der Ministerrat der DDR beschließt am 13. Januar 1990 die Auflösung des Amtes für Nationale Sicherheit und verbietet, bis zu den Wahlen am 6. Mai 1990 weder einen Verfassungsschutz noch einen Nachrichtendienst zu gründen. Die beiden Blockparteien LDPD und CDU hatten in der Volkskammer einen anderen Beschluß blockiert. Die Bezeichnungen Nachrichtendienst und amtierender Leiter sind also rein fiktiv. Egal, uns helfen sie erst einmal.

Das Eis wird immer dünner. Wir können aber weitermachen. Unsere inoffiziellen Mitarbeiter in der DDR und vor allem die Kundschafter im Operationsgebiet dürfen wir nicht hängen lassen. Wir treffen uns mit vielen inner- und außerhalb der DDR und beenden ordentlich die operative Tätigkeit. Gabriele Gast beschreibt das in ihrem Buch »Kundschafterin des Friedens«. So weit wir überhaupt noch über Mittel verfügen, zahlen wir bei diesen Gesprächen noch ausstehende Gelder. Das hält sich aber in Grenzen. Stand uns 1989 noch der gesamte Jahresetat zur Verfügung, so erhalten wir 1990 nur die von uns geforderten und begründeten Summen, um den Dienst arbeitsfähig zu halten. Verglichen mit dem, was wir benötigen, viel zu wenig. Es reicht nicht, alle eingegangenen Verpflichtungen zu erfüllen.

Die unsichere Zukunft des Nachrichtendienstes erschwert alles sehr. Die Auflösung des Amtes für Nationale Sicherheit ist zwar längst beschlossen, uns läßt man aber, als Teil des ehemaligen Amtes, unberücksichtigt. Immer wieder taucht der Gedanke auf, bis zur Gründung eines eigenständigen Dienstes Teile des Apparates in das Verteidigungsministerium zu überführen. So empfiehlt es jedenfalls Ministerpräsident Modrow dem neuernannten Regierungsbeauftragten Fritz Peter und den Beauftragten des Zen tralen Runden Tisches Georg Böhm, Werner Fischer und Bischof Gottfried Forck.

Uns ist klar, wenn wir uns nicht so schnell wie möglich aus dem MfS/AfNS lösen, können wir uns nicht länger der von der Regierung dem Runden Tisch zugestandenen zivilen Kontrolle des Auflösungsprozesses entziehen. Über kurz oder lang wird man dann auch in unserem Haus stehen und Einblick in Akten verlangen. Gerade das müssen wir unter allen Umständen verhindern. Weil wir nicht wissen, ob uns das gelingt, nutzen wir jede Stunde und vernichten operative Materialien, besonders die Akten, die Aufschluß über unsere Kundschafter geben.

Natürlich bemühen wir uns weiter, uns selbständig zu machen. Dafür wollen wir kompetente Vertreter der Bürgerbewegung gewinnen. Hans Modrow vermittelt Ende Januar 1990 ein Gespräch mit Wolfgang Ullmann, Konrad Weiß, Georg Böhm und Ibrahim Böhme. Gotthold Schramm, Leiter der Abteilung XVIII – Zivilverteidigung BRD und ich fahren zu später Stunde zum Hotel Johannishof, wo Hans Modrow logiert. Wir müssen warten. Unsere Gesprächspartner sitzen mit dem Ministerpräsidenten zusammen. Erst nach Mitternacht werden wir eingelassen.

Ich bekomme gleich das Wort, beschreibe unsere Situation, schlage vor, die Aufklärung als selbständigen Dienst weiterzuführen und weise auf unsere Pflicht hin, unsere Quellen zu schützen. Die Herren sind interessiert und äußern sofort ihre Gedanken.

Der Kirchenhistoriker Wolfgang Ullmann, Minister in der Regierung Modrow, denkt laut darüber nach, den Nachrichtendienst von der allgemein beschlossenen Auflösung auszunehmen. Die Existenz oder Nichtexistenz solcher Dienste sei eine internationale Angelegenheit und sollte innerhalb der Abrüstungsverhandlungen geregelt werden.

Der Dokumentarfilmregisseur Konrad Weiß zeigt sich überrascht, daß operative Mitarbeiter von uns nicht nur in der BRD, sondern auch in anderen Ländern tätig sind. Er erkennt Schwierigkeiten, mit denen die Verbindung herzustellen, und bietet seine Hilfe an. Vielleicht ist es möglich, so sinniert er, bestimmte Strukturen der Kirche dabei zu nutzen. Nebenher will er wissen, ob wir etwas zur internationalen Verknüpfung neofaschistischer Kräfte sagen können.

Gegen zwei Uhr morgens löst sich diese Runde auf. Gotthold Schramm und ich gehen noch ein paar Schritte durch die Nacht, um das Gehörte zu bewerten. Wichtig ist erst einmal, daß die Herren Verständnis für unser Bemühen zeigen. Ob sich diese Haltung auch auf andere Bürgerrechtler auswirkt?

Gespannt und gedämpft optimistisch gehen Gotthold Schramm und ich deshalb Anfang Februar zu einem Gespräch mit Generaloberst Fritz Peter, dem Regierungsbeauftragten, Oberkonsistorialrat Ulrich Schröter, dem ständigen Vertreter von Bischof Gottfried Forck, und dem Bürgerrechtler Werner Fischer. Wir tragen unsere Vorstellungen über Struktur, Aufgabenstellung und Personenstärke des neuen Aufklärungsdienstes vor.

Konsistorialrat Ulrich Schröter befürwortet die Existenz eines Nachrichtendienstes, kritisiert allerdings die von mir genannte Zahl der Mitarbeiter. Er verlangt eine Reduzie-

rung von 2000 auf knapp unter 1000 Personen. Unsere künftige Aufgabe sieht er vor allem in der wissenschaftlich-technischen und wirtschaftlichen Aufklärung.
Werner Fischer interessiert sich weniger dafür, ob es nun einen Dienst geben solle oder nicht, vielmehr will er von uns wissen, ob wir mit britischen Geheimdiensten kooperieren. Er habe sich während seines Aufenthaltes in England von diesen ständig kontrolliert gefühlt. Ohne unser Zutun sei das wohl kaum möglich gewesen. Uns überrascht diese Naivität, und wir versichern, mit britischen Diensten nicht zusammengearbeitet zu haben. Fischer glaubt uns nicht.
Die Reaktion von Fritz Peter trifft uns ziemlich kalt. Immerhin war der Generaloberst mal stellvertretender Chef des Vereinten Oberkommandos der Warschauer Vertragsstaaten und später Stabschef der DDR-Landstreitkräfte. Er sagt nur einen Satz: »Ich habe nur aufzulösen, nichts zu erhalten oder neu aufzubauen.« Uns ist klar, so ein Mann sagt das nicht aus dem Bauch heraus. Als Regierungsbeauftragter gibt er nur die Meinung des Ministerpräsidenten wieder. Für uns ein untrügliches Zeichen, daß Hans Modrow, entgegen seinen Aussagen uns gegenüber, nicht mehr an die Existenz eines Nachrichtendienstes denkt. Trotz allem schlage ich dem Ministerpräsidenten in einem Brief vor, den Dienst direkt ihm zu unterstellen und, wenn nötig, mich zu pensionieren. Ich erhalte nicht einmal eine Antwort.
Offensichtlich gibt es keine Chance mehr für uns, und doch nutzen wir sie. Wir beginnen damit, die Dienststelle und damit natürlich auch die Akten nach Hohenschönhausen in ein Objekt in der Roedernstraße zu verlagern. Gleichzeitig sprechen wir mit Verteidigungsminister Theodor Hoffmann. Wir schlagen ihm vor, unseren Dienst in seine Verwaltung Aufklärung einzugliedern. Der Admiral und sein Aufklärungschef, Generalleutnant Alfred Krause, fühlen sich offensichtlich in einer Zwickmühle. Einerseits

verstehen sie unser Anliegen, andrerseits wollen sie sich natürlich mit ehemaligen MfS-Leuten nicht belasten. Sie scheuen ein klares Nein. Sie schieben das Problem vor sich her und hoffen, daß ihnen Entscheidungen anderer zu Hilfe kommen. Auch die Leitung der NVA lebt noch von Illusionen. Sie glaubt ernsthaft, wie wir auch, an eine weitere Existenz, auch ihres Aufklärungsdienstes. Und sie lassen nicht davon ab, als am 18. März 1990 Rainer Eppelmann Minister für Abrüstung und Verteidigung im Kabinett de Maizière wird.

Mein späterer Hinweis an Alfred Krause, rechtzeitig auch die Akten seines Dienstes zu vernichten, stößt noch auf taube Ohren. Doch dann beginnt die militärische Aufklärung damit. Trotzdem werden auch ihre Kundschafter gefaßt und verurteilt. Nur in wenigen Fällen geschieht das durch Verrat aus den eignen Reihen. Oberst Eberhard Lehmann von der Hauptabteilung II des Ministeriums für Staatssicherheit – Spionageabwehr, eng liiert mit der I. Hauptverwaltung des Komitees für Staatssicherheit der Sowjetunion, enttarnt das IM-Netz der Verwaltung Aufklärung. Vor vielen Jahren war Lehmann vom stellvertretenden MfS-Minister Bruno Beater als stellvertretender Leiter in die Verwaltung Aufklärung der NVA delegiert worden. Später ging er wieder zur Spionageabwehr des MfS zurück, verfügt aber nach der Wende noch über genügend Kenntnisse, um die Kundschafter zu verraten.

Die Schredder laufen heiß

Die schon im Herbst 1989 von mir angewiesene Minimierung des Schriftgutes sollte den Bestand der umfangreichen IM-Personalakten reduzieren. Da viele Mitarbeiter den Sinn nicht erkannten, begann die Aktion zögernd. Erst im November/Dezember läuft dann die Vernichtung auf Hochtouren. Die einzige Verkollerungsanlage in der HVA reicht bei weitem nicht. Wir nutzen auch die wenigen

Büroreißwölfe. Als im Dezember der Zentrale Runde Tisch nachdrücklich fordert, die Verkollerungsanlage stillzulegen, erteilt uns die Regierung eine entsprechende Weisung. Uns bleiben nur noch die Schredder – eine sehr mühevolle Arbeit. Sie schnipseln rund um die Uhr. Laufen sie heiß, stellen sie die Mitarbeiter in Kühlschränke. Dann stopfen sie die das zerschredderte Papier in Säcke. Inzwischen sind die Apparate wieder arbeitsbereit.

Im Dezember verbietet der neue Leiter des Amtes, Generalleutnant Wolfgang Schwanitz, Schriftgut weiter zu vernichten. 38 Jahre bin ich nun Militär. Der Befehl ist also für mich ein wesentlicher Bestandteil meines Lebens. Widersinnige Weisungen stillschweigend zu ignorieren und dafür hin und wieder stillschweigend gelobt zu werden, gehört zur hohen Schule des Soldaten. Aber zum ersten Mal in meinem Leben tun ich und meine Stellvertreter bewußt genau das Gegenteil, was der Vorgesetzte befiehlt. Wir schreddern weiter. Wir fühlen uns moralisch verpflichtet und verantwortlich gegenüber unseren inoffiziellen Mitarbeitern in der DDR und im Operationsgebiet. So laufen die Apparate ohne Unterbrechung, bis der Hauptteil des Aktenbestandes, als zerkleinerte Papierstreifen in Säcken verpackt, für die endgültige Vernichtung vorbereitet ist.

Viele operative Mitarbeiter verbindet mit den Kundschaftern, die sie führen, mehr als nur ein Arbeitsverhältnis. Oftmals entwickelte sich auch Freundschaft. So sind viele bei der Aktenvernichtung hochmotiviert. Solange die Möglichkeit besteht, verbrennen sie zu Hause in Öfen, Kaminen und auf ihren Datschengrundtücken im offenen Feuer Materialien. Natürlich ist in diesem Chaos eine lückenlose Kontrolle nicht möglich. Wie schon früher in unserer Arbeit bauen wir auf absolutes Vertrauen.

Nur wenige nutzen die Gelegenheit, entwenden Material und schlagen daraus Kapital. Für viele Kundschafter im Operationsgebiet wird das verhängnisvolle Folgen haben.

Als noch verhängnisvoller erweist sich die CIA-Aktion »Rosewood«, die nach wie vor im dunkeln liegt. Genaues weiß niemand, doch viele spekulieren und fabulieren, besonders die Medien. Von Juni bis August 1993 erscheint ein Wust von Spekulationen in Zeitungen und Zeitschriften. Der Spiegel vom 7. Juni zitiert unter der Überschrift »Ein Volk von Verdächtigen« Staatsminister Bernd Schmidbauer: »Wir haben einen großen Zipfel der Decke erwischt, weit über 2000 Spuren.« Der Berliner Kurier vom 23. Juni berichtet: »Die Akten kamen auf bisher unbekannten Wegen nach Bonn. Angeblich beschaffte sie Staatsminister Bernd Schmidbauer (CDU) beim ehemaligen KGB in Moskau.« Der Spiegel zitiert am 28. Juli Bernd Schmidbauer erneut: »Alle Schichten der Gesellschaft sind betroffen.« Die Geschichte des Kalten Krieges müsse wegen des gewaltigen Umfangs an Verrat und Verrätern umgeschrieben werden. Bild am Sonntag jubelt am 11. Juni: »Großes Zittern, Moskau verrät 300 DDR-Spione.« Die Berliner Zeitung vom 12. Juli weiß: »In etwa 2 Wochen könnten die ersten 200 bis 300 Festnahmen erfolgen«, darunter »50 aktive sowie ehemalige Politiker aus Bund und Ländern«. Der Focus vom 12. Juli kennt genau den Weg der Akten: »Die von den Russen Anfang Juli an den deutschen Verfassungsschutz übergebenen Unterlagen stammen aus der Abteilung II der HVA, wo Staatsapparat und Parteien der Bundesrepublik bearbeitet wurden.«

Bis in den August 1993 hinein brüstet sich Staatsminister Bernd Schmidbauer, bundesdeutschen Diensten sei es gelungen, Akten der HVA zu beschaffen. Am 9. August berichtet jedoch der Spiegel, die Unterlagen stammen vom US-Geheimdienst CIA. Das Eigenlob-Getöse des 008 im Bundeskanzleramt verstummt.

Wir von der HVA gewöhnen uns an die bittere Wahrheit, daß die CIA mit ihrer Aktion »Rosewood« unsere Akten in die Hand bekam. Offensichtlich sind dies Karteikarten mit Angaben zu Personen und Vorgängen sowie Statistikbögen mit Festlegungen für den Mob-Fall. Die Folge: Eine größere Anzahl Kundschafter wird enttarnt, bei weitem nicht die in den Medien genannten 200 bis 2000. Eines der prominentesten Opfer ist unsere Quelle in der NATO, Rainer Rupp. Bis zum heutigen Tag ist nicht klar, wann, wo und wie die CIA zugreifen konnte und wie viel sie in die Hand bekam. Für mich galten alle Unterlagen als vernichtet.

Spiegel 3/99 und Focus 5/99 behaupten übereinstimmend, Oberstleutnant Rainer Hemmann habe die Unterlagen als mikroverfilmtes Material im Auftrag der HVA-Leitung an den KGB-Verbindungsoffizier Alexander (Sascha) Prinzipalow in Berlin-Karlshorst übergeben. Rainer Hemmann erhielt von der HVA-Leitung nie einen entsprechenden Befehl und konnte ihn deshalb auch nicht ausführen.

Im Spiegel vom 6. Dezember 1999 taucht eine neue Variante auf. Die KGB-Offiziere Prinzipalow und Sjubenko sollen die Unterlagen an die CIA übergeben haben: »Beide sterben einen mysteriösen Tod: Sjubenko (1995) und Prinzipalow (1997) erliegen am Steuer ihres Autos, wie es offiziell heißt, einem Herzinfarkt.« Das ist schon eine James-Bond-Version, aber die ist weder gerührt noch geschüttelt, hier wurden Fakten schlicht gequirlt. Ich kannte Sascha Prinzipalow viele Jahre aus gemeinsamer Arbeit und schätzte ihn dienstlich und privat. Er starb wirklich an einem zweiten Herzinfarkt. Wie ausgerechnet Sjubenko von uns Unterlagen hätte erhalten sollen, ist logisch nicht zu erklären.

Ich schreibe am 8. und am 14. Dezember 1999 an den Verfasser beider Spiegel-Artikel, Ressortleiter Deutschland II, Jochen Bölsche: »Mysteriös ist nicht der Tod der KGB-Offiziere Prinzipalow und Sjubenko, sondern mysteriös ist das, was der Spiegel daraus macht. Wir nannten so etwas Aktive Maßnahme.« Durch eine gezielte Falschmeldung soll vom Tatsächlichen abgelenkt werden. Der Spiegel ist offensichtlich (unbewußt?) Transporteur einer Irreführung geworden. Sich auf Verstorbene zu berufen ist übrigens eine beliebte Methode bei einer Aktiven Maßnahme. Und weiter schreibe ich: »Niemand außer den Akteuren der ›Rosewood-Aktion‹ weiß bis heute genau, wann und durch wen welches Material in welchem Umfang die CIA erlangte«.

Bölsche antwortet mir: »In einem zentralen Punkt haben Sie wohl recht: Mit allerletzter Sicherheit können wir (wie Sie) die ›Rosewood‹-Angelegenheit nicht rekonstruieren, wir können nur versuchen, uns dem wahrscheinlichen Ablauf anzunähern. Dabei hat die von uns referierte Version in der Tat den Vorteil, ›logisch‹ zu klingen.«

Ganz gleich, ob Verrat von Mitarbeitern, ob Verkauf an die Amerikaner direkt oder Übergabe an die sowjetische Seite und Verrat von dort, unsere Kundschafter mußten dafür schwer büßen. Unsere Bemühungen, alle Akten zu vernichten, sollte genau das verhindern.

Ende 1998 meldet die Gauck-Behörde, einem Mitarbeiter sei es gelungen, das Datenprojekt »SIRA« der HVA zu rekonstruieren. »SIRA« erfaßte die eingegangenen Informationen in den Abteilungen VII – Politische Auswertung, V – Auswertung Wissenschaft und Technik, IX – Äußere Abwehr, VI – Regimefragen. Für uns ist das erneut eine Überraschung, sollten doch alle elektronischen Datenträger auf Regierungsanweisung bis März 1990 zerstört werden. Selbst wenn nur Deck- und keine Klarnamen und nur Überschriften der erfaßten Informationen und kein detaillierter Inhalt sichtbar werden, kann es gelingen, eine Quelle zu identifizieren. Die Bundesanwaltschaft macht sich sofort ans Werk, um Landesverratsdelikte zu entdecken. Bis September 2000 eröffnet sie bereits 20 Ermittlungsverfahren und klagt eine Person an.

Woher kommen nun die Datenträger? Offensichtlich handelt es sich um eine Sicherheitskopie, die nicht aus dem Bestand der HVA stammt. Von der für Datenverarbeitung zuständigen Abteilung XIII des MfS muß sie in einen Mob.-Bunker der NVA gekommen sein. Die Gauck-Behörde beschreibt die Herkunft so: »Einige der erhaltenen Datenträger wurden nach 1990 in Rechenzentren außerhalb des MfS – zum Beispiel bei der NVA – aufgefunden. Aber die Arbeit mit den Materialien gestaltete sich schwierig, bis verschiedene Projekte (Handbücher im Aktenbestand der Abt. XIII – Datenverarbeitung) des MfS aufgefunden wurden.«

Die HVA begann erst 1985 mit dem Aufbau eines eigenen Rechenzentrums, die Projektierung von »SIRA« dauerte bis 1988. Erst ab 1988/89 starteten wir mit dem Echtbetrieb. Bis dahin arbeiteten wir auf Anlagen der Abteilung XIII des MfS. Trotz streng angewiesener eigener Verantwortung muß eine Sicherheitskopie in den Bestand der Abteilung XIII des MfS eingegangen sein. Heute ist es nicht mehr verifizierbar, wann, warum und durch wen das angewiesen wurde.

Phantom Kriegskasse

Während der politischen Wende und nach der deutschen Einheit beginnt die Jagd auf die ominösen Stasi-Millionen. Vor allem Journalisten suchen sie und geben ihnen auch einen griffigen Namen: Kriegskasse der HVA. Sie soll zur Überlebensordnung gehören, die die HVA angeblich von 1986 bis 1989 erarbeitet hat.

Andreas Förster von der »Berliner Zeitung« berichtet, daß Offiziere im besonderen Einsatz Millionen ins Ausland schaffen, Stasi-Strohmänner Häuser und Grundstücke kaufen.

Am 17. August erscheint das Blatt mit der Überschrift »Obskure Stasisten-Sanierung«. HVA-Mitarbeiter sollen sich dreieinhalb Millionen Mark einer Scheinfirma angeeignet haben sowie Liegenschaften, Büroausstattungen und

Waren im Wert von mehreren Millionen Mark dem Auflösungskomitee entzogen haben.
Am 21. Februar titelt die »BamS«: »320 Millionen verschwunden«. Und sie fragt: »Wo ist die Kriegskasse?« Andere behaupten, aus der Kriegskasse der »MfS-Spionageabteilung fehlen 50 Millionen Mark.« Ob es sich dabei um DDR-Mark oder West-Mark handelt, spielt keine Rolle.
Die Unsummen nehme ich etwas wehmütig zur Kenntnis. Niemals verfügten wir über 50 Millionen Mark im Stück. Eine solche Summe mußte fast vier Jahre für die operative Arbeit reichen. Uns standen jährlich 13,5 Million DM zur Verfügung, die wir vierteljährlich und dann noch einmal am Ende jedes Jahres gegenüber der Finanzabteilung abrechnen mußten. Hinzu kamen noch 1,5 Millionen Mark aus dem Bereich Kommerzielle Koordinierung von Schalck. Wenn der Sektor Wissenschaft und Technik dringend in der Volkswirtschaft benötigte Waren besorgte, die auf der COCOM-Liste standen, erhielten wir das Geld vom Ministerium für Wissenschaft und Technik, von der Industrie und von wissenschaftlichen Forschungseinrichtungen. Über dieses Geld durften wir natürlich nicht eigenverantwortlich entscheiden.
Besonders die »Berliner Zeitung« trüffelt ständig nach Stasi-Millionen. Am 19. April 1994 berichtet sie unter der Überschrift »Stasi-Schätze, Stasi-Geschäfte ohne Ende« über eine Scheinfirma der HVA. Die sollte 1989/90 ihre Goldreserve(!) aufgelöst und in die Schweiz transferiert haben. Eine Richtigstellung gibt es natürlich nicht, als sich diese Behauptung als völliger Schwachsinn erweist.
Ein Jahr später meldet dieselbe Zeitung am 19. Mai: »Moneten-Müller ging der Polizei ins Netz.« Eine HVA-Firma hätte 2,5 Millionen DM ins Ausland verschoben. Autor Andreas Förster stochert mal wieder im Nebel. Die Fakten interessieren ihn kaum.
Richard Müller, ein bundesdeutscher Geschäftsmann, lieferte High-Tech-Waren unter anderem in die Sowjetunion

und arbeitete eng mit der dortigen Armeeaufklärung (GRU) zusammen. Er unterlief damit die COCOM-Liste und verstieß natürlich gegen bestehende Gesetze. Als er in den USA und in westeuropäischen Ländern mit Haftbefehl gesucht wurde, kam er in die DDR. Die sowjetische Armeeaufklärung bat die DDR-Staatssicherheit um Amtshilfe.

Minister Mielke kümmerte sich selbst darum, daß Müller in Berlin seinen Geschäften nachgehen konnte. Schalck-Golodkowski besorgte die Immobilien, der Sektor Wissenschaft und Technik in der HVA betreute Müller und leitete alle rechtlichen Schritte ein, damit er eine Firma gründen konnte. Minister Mielke befahl uns, nichts in die Firma zu investieren und in keine Geschäftsbeziehungen zu ihr zu treten. Wir sorgten für Richard Müllers Sicherheit und halfen ihm, notwendige Kontakte zu DDR-Institutionen herzustellen. Unter anderem sorgten wir dafür, daß sein Verteidiger, der heutige Bundesinnenminister Otto Schily, immer problemlos in die DDR zu seinem Mandanten kommen konnte. Der seinerzeitige Bundestagsabgeordnete der Grünen hielt das wohl für normal, doch wir öffneten ihm die Tür.

Anfang 1989 kehrte Richard Müller in die Bundesrepublik zurück. Das Privathaus, die Geschäftsimmobilien und das DM-Konto von Richard Müller verwalteten Mitarbeiter des Sektors Wissenschaft und Technik. 1990 erbat Müller den Transfer der 2,5 Millionen auf private Konten in der Bundesrepublik – auch für bundesrepublikanische Verhältnisse ein ganz normaler Geschäftsvorgang. Es handelte sich nicht einmal um ein Anderkonto.

Aus diesem Vorgang entsteht nun eine Anklage vor dem Landgericht Berlin gegen Richard Müller, Oberst a. D. Horst Müller, Major a. D. Bernd Kaden und den ehemaligen OibE Sigmund Röder. Im Januar 1998 endet der Prozeß mit einem Freispruch. Die Richter stellen fest, daß es sich zweifelsfrei um das Privatvermögen von Richard Müller handelt und daß die HVA-Mitarbeiter nicht gegen gel-

tende Gesetze verstoßen haben. Die von der Staatsanwaltschaft geforderte Revision wurde im September 1999 abgelehnt.
Am 7. März 1996 stehe ich dem im November 1995 eingesetzten Untersuchungsausschuß DDR-Vermögen als Zeuge vier Stunden Rede und Antwort. Ausführlich schildere ich den Umgang mit finanziellen Mitteln im MfS. Natürlich beantworte ich auch Fragen, ob Geld ins Ausland geflossen sei. Mit reinem Gewissen antworten alle HVA-Zeugen mit einem klaren Nein. Der Ausschuß kommt während seiner gesamten Arbeit zu keinen anderen Erkenntnissen.

Am 29. November 1996 kommt Oberst a. D. Erich Gaida mit Frau und Enkel von einem Urlaub aus Tunesien zurück. Auf dem Flughafen Berlin-Schönefeld wird er verhaftet und in Untersuchungshaft überführt. Dem ehemaligen Arbeitsgruppenleiter im Sektor Wissenschaft und Technik wirft man vor, unter Pseudonym Stasi-DM-Konten geführt und in den Jahren 1989/90 17 Millionen Mark zum Schaden sozialistischen Eigentums veruntreut zu haben.
Andreas Förster kennt offensichtlich die Hintergründe. Unter der Überschrift »Alle Wege führen nach Wien« fabuliert er von einer Wien-Connection. 350 Millionen, so behauptet er, seien an einen Wiener Geschäftsmann geflossen. Es wird klar: Der Journalist bekommt offensichtlich seine Informationen von der Zentralen Ermittlungsstelle für Regierungs- und Vereinigungskriminalität (ZERV). 1998 verwurstet er diese Kenntnisse sogar in einem Buch. Erich Gaida widmet er ein ganzes Kapitel mit Unterstellungen und Vermutungen.
Die Wahrheit ist überschaubar und klar. Es gab ein DM-Konto bei der Handelsbank. Das gehörte einem Geschäftsmann, der mit der HVA in Verbindung stand. Erich Gaida verwaltete dieses Konto treuhänderisch; nicht illegal, sondern mit Wissen und im Auftrag seiner Vorgesetzten.

Auf Anweisung des Kontoinhabers löste er es 1989/90 auf. Die Fakten interessieren Andreas Förster nicht. Er sammelt weiter Behauptungen und bietet sie als Tatsachen an. In der »Berliner Zeitung« zitiert er indirekt den SPD-Obmann im Untersuchungsausschuß, Julius Beucher, und schreibt, »daß Seilschaften aus der Wendezeit Stasi-Geld in dreistelliger Millionenhöhe ins Ausland geschaffte haben. Die HVA, besonders der Sektor Wissenschaft und Technik, sei daran beteiligt.« Weil Beschuldigte und Zeugen sich nicht dazu bekennen, spekuliert er nun, daß Gaida die 17 Millionen DM nicht in die eigene Tasche gewirtschaftet, sondern möglicherweise »in eine ›Gemeinschaftskasse‹ von Ex-Stasi-Offizieren verschoben hat«.
Am 20. März 1998 klagt die Staatsanwaltschaft II beim Landgericht Berlin Erich Gaida an, 17 Millionen DM dem staatlichen Zugriff entzogen und das Vermögen für sich und andere behalten zu haben. Die Staatsanwaltschaft beantragt sechs Jahre Haft, die Verteidiger fordern Freispruch. Die 12. Große Strafkammer des Landgerichts Berlin folgt den Rechtsanwälten: Freispruch. Der Staatsanwalt legt zwar Revision ein, zieht aber seinen Antrag nach zwei Monaten zurück. Gaida sitzt eineinhalb Jahre in Untersuchungshaft, die Berliner Zeitung und ihr Berichterstatter Förster teilen nicht mal das Urteil mit.

Freundschaft ohne Garantie

Trotz der Pannen und dem Verrat einiger Mitarbeiter gereicht die Vernichtung der Akten allen Beteiligten zur Ehre. Sie fühlen sich auch in einer solch extremen Situation verpflichtet, die Kundschafter im einstigen Operationsgebiet und in der noch bestehenden DDR zu schützen. Akten, mit denen uns später Kapitalverbrechen hätten nachgewiesen werden können, verschwinden bei dieser Aktion deshalb nicht, weil es sie nicht gibt.
Die HVA wie auch das MfS besitzen keine Lobby. Wer ein

Wort zur Entlastung des diensthabenden Prügelknaben sagt, muß damit rechnen, selbst in die Mühle zu geraten. Sicher gibt es auch weiterhin gute Freunde außerhalb unseres Apparates. Sie sind jedoch schon ohne Einfluß und können kaum mehr als gute Worte und Wünsche anbringen. Wir erbitten vor allem Verständnis und Hilfe von der Regierung. Doch wir erreichen wenig. Also suche ich in dieser Zeit die Unterstützung der sowjetischen Seite. Seit Herbst 1989 residiert General Anatoli Nowikow als Leiter der KGB-Vertretung in Karlshorst. Alexander (Sascha) Prinzipalow fungiert seit geraumer Zeit als Verbindungsoffizier zu uns. Mit beiden bin ich gut bekannt.

Anatoli besuche ich öfter in seinem Dienstgebäude und bitte ihn vor allem im Dezember 1989 und im Januar 1990, in Moskau deutlich zu sagen, daß wir dringend Hilfe brauchen. Ein Gespräch eines kompetenten Vertreters der Moskauer Zentrale mit Ministerpräsident Modrow könne, so sage und hoffe ich, einiges bewirken. Anatoli sieht das genauso. Doch trotz mehrerer Zusagen hält sich Moskau raus. Fadenscheinige Begründungen folgen. So spricht Anatoli selbst mit Modrow. Bewirkt hat er nichts.

Daß dies alles nur noch Sandkastenspiele sind, kann ich nicht wissen. Anatoli Nowikow weiß längst, daß sein Vorgesetzter, der Vorsitzende des KGB, Armeegeneral Krjutschkow, die DDR bereits aufgegeben hat. Wir glauben dagegen noch fest an die »unverbrüchliche Freundschaft« zu und die »feste Kampfgemeinschaft« mit unseren »sowjetischen Freunden«. Doch die Würfel sind längst gefallen. In einer Beratung im ZK der KPdSU mit Michail Gorbatschow am 26. Januar 1990 hatte Krjutschkow kühl festgestellt, daß die DDR nicht mehr zu halten sei und die Politik Kurs auf die Einheit Deutschlands nehmen solle. Mich erregt nicht diese kühle Einschätzung der tatsächlichen politischen Lage, sondern die Heuchelei uns gegenüber.

Die hält auch noch an, als ich schon im Ruhestand bin. Meine Frau und ich fliegen 1990 nach Moskau, um unsere Tochter und meinen russischern Schwiegersohn zu besuchen, die dort noch in einem wissenschaftlichen Institut arbeiten. Die Leitung der I. Hauptverwaltung lädt uns zu einer zweiwöchigen Kur in ihr Sanatorium in Semjonowskoje ein. Sowohl im Moskauer Gästehaus als auch im Sanatorium spreche ich mit leitenden Mitarbeitern des sowjetischen Dienstes. Es läuft alles wie üblich streng nach Protokoll, reichlich gutes Essen, viele Trinksprüche, ausführliche Gespräche. Unentwegt wird die Freundschaft beschworen, Hilfe und Unterstützung freigebig angeboten. General Gennadi Titow, der langjährige KGB-Vertreter in Berlin-Karlshorst, der uns auf dem Flughafen verabschiedet, versichert mir, daß die MfS-Angehörigen nicht strafrechtlich verfolgt werden und daß unsere Pensionen sicher sind. Dafür hätten sie gesorgt. Er lügt.

Titow, zuletzt Leiter der II. Hauptverwaltung – Spionageabwehr, und das gesamte KGB verfährt mit uns wie mit ihren Kundschaftern. Sind die einmal verbrannt und verurteilt, existieren sie nicht mehr für die Zentrale. Aus, vorbei, erledigt.

Gennadi Titow ist der Prototyp eines Leiters, der nach oben dienert und nach unten tritt. Während seiner Zeit als KGB-Vertreter in Berlin-Karlshorst himmelt er Mielke geradezu an. Natürlich kennt er dessen Einfluß in der KGB-Zentrale. Im Gegensatz zu seinem Vorgänger Schumilow, einem wunderbaren Menschen, registriert und notiert er penibel die Länge eines jeden Gesprächs mit Mielke. Dauert eine Zusammenkunft ein paar Minuten länger als die andere, bedeutet das für ihn gewachsene Wertschätzung. Schumilow widerspricht Mielke schon einmal, Titow unterwirft sich bedingungslos. Der Erfolg bleibt nicht aus. Während Titow die Karriereleiter nach oben steigt, schiebt die KGB-Zentrale Schumilow nach Leningrad ab. Er erschießt sich Anfang der 90er Jahre.

Ehrenhaft verhalten sich auch die langjährigen Verbindungsoffiziere zur HVA Oleg Gerassimow und Wolodja

Budachin, mit deren Familien meine Frau und ich befreundet sind, Alexander Prinzipalow und Anatoli Nowikow sowie Wadim Kirpitschenko und Leonid Schebarchin. Natürlich sprechen sie auch nicht jederzeit offen mit uns, aber sie belügen uns nicht. Und das ist schon viel im harten Geschäft der Geheimdienste. Leider enden alle freundschaftlichen Bande mit dem Untergang der DDR.

Für uns ist es bitter, von den »sowjetischen Freunden« in Moskau im Stich gelassen zu werden. Natürlich sind KGB-Vertreter in Karlshorst nach wie vor an der kleinsten Information interessiert. Sie wollen genau wissen, was sich in unserem Bereich entwickelt. Sie sorgen sich sehr um den Bestand unserer Akten, die ja vor fremdem Zugriff nicht immer sicher sind. Und sie wären bestimmt gern bereit, alle bei sich zu deponieren. Natürlich denken wir darüber nach, und wir denken auch an die Übergabe operativer Vorgänge. Doch Nowikow und Prinzipalow fragen mich nicht einmal danach. General Juri Drosdow, der um die Jahreswende 1989/90 in Karlshorst weilt, tut das schon. Ich lehne es prinzipiell ab und weise an, keine operativen Vorgänge an andere Geheimdienste, einschließlich der sowjetischen, zu übergeben.

Dafür gibt es mehrere Gründe: Erstens kommt eine Übergabe überhaupt nicht in Frage, wenn der betreffende Kundschafter nicht vorher zustimmt. Nicht jeder, der sich einst der DDR anvertraute, hegt gleiche Gefühle für die Sowjetunion. Zweitens setzen wir unsere Kundschafter nicht einer so instabilen Situation aus, wie sie sich gerade in der Sowjetunion entwickelt. Drittens können wir nicht einschätzen, wie weit gegnerische Kräfte schon in unser IM-Netz eingedrungen sind.

Doch mancher Leiter und Mitarbeiter entwickelt eigene Initiative. Als ich wieder mal in Karlshorst bin, sehe ich Werner Roitzsch, den stellvertretenden Leiter der Abteilung VI – Übersiedlungen, Dokumentation, wie er technische Geräte, darunter einen wertvollen Farbkopierer in das

Haus schleppt. Ich veranlasse, die schon abgelieferten Geräte zurückzuholen und auf die Inventurliste zu setzen. Niemand soll der HVA kriminelle Handlungen oder Unterschleif vorwerfen können. Als Roitzsch versucht, für sowjetische KGB-Mitarbeiter illegal Ausweise zu besorgen, verbiete ich auch dies.

Roitzsch zieht seine Fäden. Eifrig befürwortet er, Material an die sowjetische Seite zu übergeben. Seinen Verrat motiviert er später mit genau dem Gegenteil. Er wollte verhindern, daß die sowjetische Seite HVA-Material erhält.

Am 23. Februar 1990 tagt die Arbeitsgruppe Sicherheit des Zentralen Runden Tisches. Sie beschließt, die HVA ersatzlos aufzulösen. Der HVA-Vertreter, Oberst Bernd Fischer, weist darauf hin, daß man die Sicherheit der Kundschafter garantieren müsse. Ergebnis: Wir dürfen den Dienst eigenständig liquidieren. Das noch vorhandene Material kommt in das Objekt Roedernstraße. Dort, in Hohenschönhausen, war OTS – der Operativ-Technische Sektor des MfS und die Abteilung VIII – Operative Technik der HVA untergebracht.

Den gesamten Ablauf der Aktenvernichtung kontrollieren Vertreter der evangelischen Kirche neben den sowieso schon damit Beauftragten des Zentralen Runden Tisches, dem Regierungsbeauftragten und den Verantwortlichen des Komitees zur Auflösung des MfS/AfNS.

Mit dem Auflösungsbeschluß der Arbeitsgruppe Sicherheit des Zentralen Runden Tisches ist für die meisten der noch diensttuenden Mitarbeiter das Ende ihrer Tätigkeit in Sicht. Nur 250 Mitarbeiter ziehen mit dem noch vorhandenen Material in die Roedernstraße. Alle anderen quittieren, gemäß dem Beschluß der Arbeitsgruppe Sicherheit des Runden Tisches, bis spätestens zum 31. März 1990 den Dienst. Das betrifft auch mich. Oberst Bernd Fischer, einer unserer fähigsten und qualifiziertesten Leiter, übernimmt bis zum endgültigen Ende am 30. Juni die Verantwortung. Ihm zur Seite stehen bewährte Leiter und Mitarbeiter. Alle, bis auf einen Verräter, erfüllen sie getreulich ihre Pflicht.

Mitte März 1990 beendet die Resttruppe den Umzug. Ich darf bis zu meinem offiziellen Ausscheiden am 31. März weder das Objekt in der Ruschestraße noch das in der Roedernstraße betreten. Von zu Hause verfolge ich nun die Ereignisse. Meine Mitarbeiter halten weiter den Kontakt zu den Quellen. Berichte wie die von Klaus Kuron aus dem Bundesamt für Verfassungsschutz erhalte ich nach wie vor. Gemeinsam bewerten wir die Informationen. Ich schlage notwendige Maßnahmen vor.

Natürlich ist das alles nicht befriedigend, doch ich bin stolz darauf, alles für die Sicherheit unserer Kundschafter getan zu haben. Selbstlos verhindern viele Mitarbeiter und Leiter sowie meine Stellvertreter, daß das leckgeschlagene Schiff abrupt im Strudel versinkt. Im Interesse unserer Kundschafter und IM nutzen wir alle Möglichkeiten und Tricks.

Vorwürfe vom späteren Bundesbeauftragten für die Stasi-Unterlagen, Joachim Gauck, und einigen Bürgerrechtlern,

daß wir sie getäuscht und über den Tisch gezogen hätten, sind so unberechtigt nicht.
Aus dem aktuellen Trubel herausgelöst, finde ich nun die Zeit, mit allen Abteilungsleitern und auch mit manchem Stellvertreter abschließend zu sprechen. Wir treffen uns bei mir oder bei ihnen zu Hause, manchmal auch bei gemeinsamen Bekannten. Die meisten kenne ich seit Jahrzehnten, arbeitete mehr oder weniger eng mit ihnen zusammen. Mit einigen ging ich durch dick und dünn, uns verbinden nicht nur persönlich enge Bande, auch unsere Familien sind befreundet. So sind die Gespräche keineswegs die letzten, der Abschied nicht endgültig. Wir fühlen uns weiter verbunden und wollen uns gegenseitig unterstützen. Wir versprechen uns, mit allen Mitteln unsere Kundschafter zu schützen.
Obwohl wir mehr über die vergangene Zeit und gemeinsame Erlebnisse reden, bedrückt uns natürlich die ungewisse Zukunft. Vor allem Mitarbeiter zwischen 45 und 60 Jahren sehen wenig Möglichkeiten. Sie können nicht, wie ich es plane, nach Ablauf der Arbeitslosigkeit in Rente gehen. Selbst in früher erlernten Berufen sehen sie kaum Chancen. Hinzu kommt die Stasi-Hysterie. Es beginnt für viele der Kreislauf Arbeitslosigkeit, Umschulung ohne anschließende Arbeitsplatzgarantie, mit ein wenig Glück bekommen einige zeitweilig eine ABM und gehen anschließend wieder in die Arbeitslosigkeit.
Am 31. März 1990 verlasse ich nun nach 38 Jahren die Hauptverwaltung Aufklärung, den Auslandsnachrichtendienst der DDR, und damit das MfS/AfNS. In der Personalabteilung erledige ich die notwendigen Formalitäten, kurz, aber nicht schmerzfrei.
Mit gerade 61 Jahren gerate ich ins berufliche Aus. Als ich 1986 Leiter der HVA geworden war, hatte ich mir vorgenommen, zu meinem 65. Geburtstag in Pension zu gehen. Jüngere Mitarbeiter wären bereit und qualifiziert gewesen, die Nachfolge anzutreten. Nun ist alles ganz anders. Ich

verabschiede mich voller Wehmut, auch Zorn, voller Ungewißheit. Fragen zur eigenen Lebensleistung, Nachdenken über die eigene Verantwortung, über Schuld oder Nichtschuld begleiten mich.
Der Ankunft im Alltag eines Rentners ist gespenstisch. Der lang eingeübte Lebensrhythmus ist gestört, der Tag verläuft völlig anders. Anerzogene Gewohnheiten sind auf einmal nicht mehr wichtig, Freunde und Genossen fehlen. Was ich sage und entscheide, betrifft hauptsächlich nur noch mich und meine Familie.
Als ich am 1. April 1952 nach Berlin ging und den Dienst im Institut für wirtschaftswissenschaftliche Forschung begann, war ich gerade 23 Jahre alt.
Immer mehr denke ich darüber nach, woher ich gekommen bin, wo meine Wurzeln sind.

Kindheit und Jugendjahre

An einem Sonntag komme ich in Oberebenheit bei Pirna, in der Wohnung meiner Großeltern, auf diese Welt. Es ist der 9. März 1929. Über ganz Europa liegt Eiseskälte. In Deutschland sind 3,2 Millionen Arbeitslose als Hauptunterstützungsempfänger gemeldet. Für nur 800 000 von ihnen reicht das Geld. Meine Mutter, das zweitälteste Kind von fünf, wohnt noch bei ihren Eltern. Nach acht Jahren Volksschule ist sie jetzt Hausgehilfin in einem Fleischerhaushalt in Pirna. Ihr Vater arbeitet als Rangierwärter bei der Eisenbahn in Pirna, ihre Mutter versorgt zu Hause die Großfamilie.
Mein Vater, das älteste von fünf Kindern, wohnt ebenfalls bei seinen Eltern, aber in Cunnersdorf bei Pirna. Auf der Suche nach Arbeit wandert der gelernte Zimmermann durch Deutschland und Österreich. Zu meiner Geburt ist er gerade wieder zu Hause. Als Mann vom Bau geht er im Winter stempeln und hofft auf den Sommer.
Meine Eltern heiraten erst einmal nicht. Für eine eigene

Wohnung und den Lebensunterhalt fehlt ihnen das Geld. Erst 1934 bauen sie auf dem Grundstück der Eltern meines Vaters ein kleines unterkellertes Häuschen. Mein Elternhaus besteht aus einer Wohnküche und einem Zimmer. In einem kleinen Schuppen lagert das Feuerholz, das im Sommer gesammelt wird.

Ostern 1935 komme ich in die Schule. In Ebenheit bei Pirna unterrichten zwei Lehrer in zwei Klassenzimmern die Kinder aus drei Dörfern. Die Kleinen des ersten bis vierten Schuljahres lernen in dem einen Raum, die Großen der fünften bis achten Klasse in dem anderen. Mädchen und Jungen gemeinsam.

In den späten dreißiger Jahren höre ich in den abendlichen Gesprächen der Großeltern, der Eltern und deren Geschwister ständig das Wort Krieg. Gerüchte wabern durch das Land. Die Menschen, die nahe der Grenze zur Tschechoslowakei wohnen, ängstigen sich, zwischen künftige Fronten zu geraten. Sie fürchten sich vor den Fluten der geöffneten Staubecken an der oberen oder unteren Elbe und vor brennendem Öl auf dem Fluß. Die Panik der Erwachsenen erzeugt in meinen kindlichen Phantasien Horrorvisionen.

Diese Ängste der Grenzbevölkerung schwinden, als die Wehrmacht am 1. Oktober 1938 das Sudetenland besetzt und im März 1939 in Prag einmarschiert. Hitler ruft das Reichsprotektorat Böhmen und Mähren aus. Wir Kinder spüren nun die Furcht der Erwachsenen vor der Zukunft, die Ungewißheit, was auf den einzelnen zukommen wird, die Angst der Mutter, daß der Vater Soldat werden muß. Viele warten ab, fügen sich dem Unabwendbaren, fühlen sich ohnmächtig. Alle hoffen, daß es so schlimm schon nicht werden wird.

Mit dem deutschen Überfall auf Polen am 1. September 1939 ändert sich die Situation in unserem Dorf völlig. Die ersten Männer müssen in den Krieg. Die Frauen erhalten nun die Familien. Mein Vater wird im Frühjahr 1941 Soldat. Wir bekommen Feldpostbriefe aus dem besetzten Polen.

Auch mein Leben verändert sich. Mein Lehrer empfiehlt meinen Eltern, mich ab Ostern 1940 in die Staatliche Oberschule für Jungen in Pirna zu schicken. Mutter und Vater erkennen die Chance für mich, später mal aus den ärmlichen Verhältnissen auszubrechen. Mein Selbstbewußtsein reicht aber nicht aus, mich darüber zu freuen. Ich bin durch Erziehung und durch den begrenzten Raum, in dem ich aufwachse, nicht darauf vorbereitet, mich andernorts zu behaupten. Für uns Dörfler wohnen in der Stadt die besser und höher Gestellten. Meine Eltern zögern. Letztlich überzeugt sie mein Lehrer doch.

Ostern 1940 beginnt für mich der Unterricht an der Staatlichen Oberschule für Jungen in Pirna. In den ersten drei Klassen bin ich der einzige Arbeiterjunge und noch dazu vom Dorf. Meine neuen Schulkameraden kommen fast alle aus der städtischen Mittelschicht. Sie wirken auf mich selbstsicher und gewandt. Jeder besitzt ein Fahrrad, und in den Hosentaschen klimpert Taschengeld. Die Jungen aus meiner Klasse haben mir gegenüber keine Berührungsängste und wenig Vorbehalte. Sie verstehen aber meine zurückhaltende Art nicht. Wenn sie die einzige italienische Eisdiele der Stadt besuchen, bleibe ich draußen. Mir fehlt das notwendige Kleingeld.

Der Unterricht bereitet mir Schwierigkeiten. Warum ich Latein lernen muß, begreife ich nie. Dieses Fach wird mein Albtraum. Mein erster Klassenlehrer müht sich sehr, mir zu helfen. Ich bin zwar willig, aber zu ruhig und überaus zurückhaltend. Das steht dann auch in den ersten Zeugnissen. Meine Unlust nimmt zu.

Am 22. Juni 1941 überfällt die Hitlerwehrmacht die Sowjetunion. Meine Mutter sagt: »Das bricht Hitler das Genick.« Die Angst, ihren Mann zu verlieren, läßt sie nicht mehr los, und sie hofft inständig auf das Ende des Mordens.

In der Schule bin ich froh, wenn meine Leistungen gerade reichen, um versetzt zu werden. Meine Mutter versteht das überhaupt nicht. Ihre Tränen tun mir weh. Ich engagiere mich immer stärker beim Sport und im Dienst beim Jungvolk. Als besten Handballspieler der Schule oder als Jungschafts- und Jungzugführer respektieren mich die andern Jungen. Mein Selbstbewußtsein wächst, »hart wie Kruppstahl, flink wie Windhunde, zäh wie Leder« will ich werden.

Ohne daß ich es wahrnehme, wirkt meine Mutter sehr einfühlsam auf mich ein. Ihre ehrliche Art, die Menschen zu achten und zu lieben, anderen zu helfen, fleißig und verantwortungsvoll zu leben, überstrahlt unmerklich mein Gebaren.

Nachdenklich stimmt mich auch mein Vater während seines Urlaubs. Er berichtet von den Massakern der Deutschen beim Warschauer Aufstand, von denen er gehört hat. Im Familien-, Freundes- und Bekanntenkreis mehren sich die Nachrichten von Gefallenen und schwer Verwundeten. In unmittelbarer Nähe unseres Wohnortes, auf dem Sonnenstein in Pirna, sehen wir Busse mit verhängten Fenstern. Das Gerücht wird zur Gewißheit: Sie fahren ins Krematorium einer Anstalt für geistig behinderte Menschen. Dort werden Euthanasieopfer verbrannt.

Als die Geburtsjahrgänge 1927/28 die Schule verlassen müssen und als Soldaten oder Flakhelfer einberufen werden, ahnen wir vom Jahrgang 1929, daß auch wir bald dran sind. Lust zum Lernen haben wir nun überhaupt nicht mehr. Bald treffen die ersten Meldungen ein, die ersten Schulkameraden sind gefallen. Das militärische Zeremoniell auf dem Friedhof in Pirna zeigt uns unser Dilemma: In die Schule wollen wir nicht mehr und vor der Front haben wir Angst.

Am 14. Februar 1945 fallen einige Bomben auf den Friedhof von Pirna. Mutter, die dort arbeitet, bleibt unverletzt. Später wissen wir, daß diese Luftminen eigentlich Dresden treffen sollten.

Die Angehörigen des Jahrgangs 1929 werden im März 1945 von den Lehrern aus der Schule verabschiedet. Wir kommen ins Wehrertüchtigungslager Altenberg im Erzgebirge. Die Fußballer des berühmten Dresdener Sport-Clubs (DSC), die dort als Unteroffiziere Dienst tun und gleichzeitig trainieren, bilden je Lehrgang mehrere hundert Jugendliche aus. Die meisten wollen nur eins, die letzten Kriegstage unversehrt überleben und gesund nach Hause kommen.
Mitte April 1945 stoßen amerikanische Truppen in die Tschechoslowakei vor. Bald stehen sie vor Chemnitz. Während eines Morgenappells sollen sich Freiwillige melden, um Altenberg zu verteidigen. Freiwillige deshalb, weil nicht jeder Jugendliche im Lager eine Waffe hat. Die sich nicht melden, gelten zwar als Feiglinge, sie dürfen aber nach Hause fahren. Das wußte ich bereits, da ich mit einigen Freunden während der Wache eine Kommandeursbesprechung belauscht hatte. Wir gehen also vorbereitet zum Morgenappell und melden uns natürlich nicht freiwillig.
Unmittelbar nach dem Appell packen wir unsere Sachen fahren mit der Bimmelbahn, wie die Schmalspurbahn Altenberg-Dohna heißt, bis zum Endhaltepunkt und mit der Reichsbahn die kurze Strecke nach Pirna. Glücklich umarmt mich meine Mutter. Wir wollen zu Hause gemeinsam auf das Kriegsende warten. Schon am nächsten Tag steht der SA-Ortsgruppenleiter vor der Tür. Er befiehlt, daß ich mich beim Volkssturm in der Adolf-Hitler-Schule zu melden habe. Meine Volkssturmeinheit quartiert sich in eine Schule in Pirna-Rottwerndorf ein. Ein älterer Unteroffizier schickt uns in kleinen Gruppen zum Bau von Schützengräben rund um Pirna. Nebenher lernen wir mit dem Gewehr umgehen. Diesmal bekommt jeder eins und einige Schuß Munition.
Als wir auf anrückende sowjetische Truppen warten, geraten wir in ein Granatwerferfeuer. Meinem besten Freund

fetzt es beide Unterschenkel weg. Er verblutet im Beiwagen eines Motorrades, mit dem er zum Arzt gefahren werden soll. Ich will nur noch weg.
Unser Unteroffizier, mit dem wir, vier Jugendliche, am westlichen Stadtrand von Pirna Panzergräben ausheben, schickt uns einfach nach Hause. Er will auch zu seiner in der Nähe wohnenden Familie. Wir Jungen vereinbaren, daß jeder zum anderen kommen kann, falls einer zu Hause nicht sicher ist. Ich werfe mein Gewehr in das Flüßchen Gottleuba, ziehe in unserer Wohnung die Uniform aus und vergrabe sie im Wald.
Meine Mutter befürchtet, daß mich jemand beobachtet hat und schickt mich zu den Großeltern nach Oberebenheit. Mit einem klapprigen Fahrrad fahre ich dorthin. Kaum angekommen, nisten sich dort versprengte SS-Leute in den Bauernhöfen ein. Nun radele ich nach Cunnersdorf bei Königstein zum Elternhaus eines meiner Kameraden. Dort bleibe ich drei Tage. Als ich von der bedingungslosen Kapitulation höre, fahre ich heim.
Zunächst halten sich keine sowjetischen Einheiten im Ort und in der näheren Umgebung auf. In den ersten Tagen ziehen Kampfverbände durch. Sie marschieren zurück, in Richtung Osten. Kaninchen, Hühner, Gänse, Uhren und Fahrräder nehmen sie mit. Später halten Eliteeinheiten, die Soldaten sind sehr diszipliniert. Offiziere quartieren sich in Wohnungen ein, die Bewohner suchen Unterkommen bei anderen Familien. Nach kurzer Zeit normalisiert sich das Zusammenleben. In Pirna richtet die sowjetische Armee eine Kommandantur ein, die Soldaten ziehen in Kasernen.
Unser Haus ist, wie die anderen Häuser und Wohnungen, unversehrt. Nun beginnt die Jagd auf Lebensmittel. Der Hunger treibt uns an. In Ebenheit, wo meine Großeltern leben, arbeite ich vom Frühsommer bis Herbst beim Bauern für wenige Groschen Stundenlohn, aber es gibt ausreichend Naturalien.

Im Herbst 1945 öffnen wieder die Schulen. Ich nehme widerwillig meine Bücher und werde wieder Schüler. Doch ich fühle mich schon zu erwachsen, zum Pauken fehlt mir die Lust. Inzwischen ist mein Vater wieder zu Hause. Er ist schwer magenkrank. In Polen kam er in sowjetische Gefangenschaft und wurde wegen seiner Krankheit bald entlassen. Wir sitzen oft zusammen und diskutieren über die Zukunft, über das, was notwendig ist. Ich will mich neu orientieren, etwas Neues beginnen. Er stimmt mir zu und sagt: »Es gibt viele Ruinen im Land, Maurer werden gebraucht.« Im Dezember 1945 schließe ich die Schultür endgültig hinter mir. Ich will diesen alten Trott nicht mehr und mein Leben von Grund auf ändern.

Auf dem Bau

Am Tag nach Neujahr des Jahres 1946 ziehe ich einen weißen Maureranzug an, schultere den Rucksack und gehe mit meinem Vater zur Baufirma Ulbricht in Pirna. Es ist mein erster Tag als Maurerlehrling. Mein Vater arbeitete schon vor dem Krieg dort. Nach seiner Rückkehr stellte ihn der Meister sofort wieder ein. Er gehört zu den sogenannten Stammarbeitern, die der Firma schon lange die Treue halten. Ich lerne nun mit Kelle und Kalk, mit Reibebrett und Putzmörtel umgehen. Mein Vater ist im Kreis seiner Kollegen anerkannt. Sie wählen ihn bald zum Betriebsrat.

Mein Ziel ist ziemlich klar. Erst will ich Geselle werden, dann irgendwie die Hochschulreife erlangen und dann studieren. Ich sehe mich schon als Bauingenieur oder Architekt. Das Handwerkliche fällt mir leicht und bereitet mir Freude. Es dauerte nicht lange, da erkennen mich die Gesellen als ihren Kumpel an. Von ihnen lerne ich, wie man lotrecht eine Mauer hochzieht, wie man fachgerecht eine Ecke hinstellt und sauber einen Fenstersturz in Mörtel legt. Die Stimmung des Aufbruchs im Land erfaßt auch mich.

Der Krieg ist überstanden, allerorten höre ich den Schwur von Verwandten und Bekannten, von Kollegen und Freunden: »Lieber ein Leben lang trockenes Brot essen, als wieder in einen Krieg ziehen.« Die KPD kleidet diesen Gedanken in die griffige Losung: »Nie wieder Faschismus, nie wieder Krieg.« Sie trifft den Nerv der Menschen, obwohl für viele am 8. Mai 1945 eine Welt, im doppelten Sinn, zusammengebrochen war. Ohne Orientierung sicherten sie erst einmal ihr tägliches Überleben. Doch nun muß man die neue Welt in Ordnung bringen.
Hellwach, interessiere ich mich zunehmend für die Politik. Ich merke, daß der Vater meiner Mutter seine Wurzeln in der Sozialdemokratie hat und die Familie meines Vaters mehr im Kommunismus. Diese unterschiedlichen Richtungen existieren hier im früheren roten Sachsen in vielen Familien. In den dicht an dicht liegenden Dörfern gibt es hier mehr die Sozis, da mehr die Roten.
In unserem Dorf beeinflussen mich die Kommunisten, die meinen Vater kennen. Als der aus der Kriegsgefangenschaft kommt, verstärkt sich das. Die Dörfler wählen meinen Vater in die erste Gemeindevertretung. Bei vielen Gesprächen bin ich nun dabei. Am 1. März 1946 werde ich Mitglied der KPD. Als sich die KPD und die SPD vereinen, finde ich das ganz in Ordnung. Mein Vater auch.
Am 10. April 1946 trete ich in die vor einem Monat gegründete FDJ ein. Als Jüngster der SED-Ortsgruppe soll ich eine FDJ-Gruppe gründen. Das gelingt mir schnell, denn in unserem kleinen Dorf und im angrenzenden Pirnaer Ortsteil Sonnenstein/Am Mädelgraben ist wenig los. Die jungen Leute wollen wieder etwas gemeinsam unternehmen, tanzen und auch nur so zusammen sitzen. Aber wir haben natürlich auch politische Ambitionen. Am 30. Juni findet im Land Sachsen ein Volksentscheid statt. Die Leute sollen entscheiden, ob die Großbetriebe von Nationalsozialisten und Kriegsverbrechern enteignet werden sollen. Gerade die Menschen in Sachsen zu befragen, qua-

si als Prüfstein für die gesamte Ostzone, macht Sinn. 40 Prozent des Industriepotentials des Ostens konzentriert sich hier. Aber man rechnet auch damit, daß die stärkste SED-Landesorganisation in der sowjetisch besetzten Zone am besten für den Erfolg sorgen kann. In unseren Dörfern ist es einfach, dafür zu werben. Alle haben vom Krieg die Nase voll und reiche Leute wohnen hier nicht. Es gibt keinen Jugendlichen zwischen 14 und 18 Jahre, der uns nicht unterstützt, ob die Eltern nun Arbeiter oder Bauern oder kleine Gewerbetreibende sind. Wir basteln Transparente und malen Plakate. Als 77,62 Prozent der Wähler in Sachsen für die Enteignung stimmen, ist das auch unser Erfolg. Als öffentliche Veranstaltungen wieder erlaubt sind, spielt unsere FDJ-Gruppe Theater, baut die Kulissen selbst und veranstaltet für die Bewohner des Ortes »bunte Abende«. Mit unseren Programmen ziehen wir über Land. Von dem Eintrittsgeld kaufen wir Material, um für Kinder notleidender Familien Spielzeug zu basteln.
Jedes Programm muß der Kulturoffizier der sowjetischen Kommandantur in Pirna freigeben. Der ist Germanist und kennt sich in der deutschen Literatur, Geschichte und Kunst besser aus als ich abgebrochener Abiturient. Die Gespräche sind Lehrstunden für mich.
Um so verblüffter bin ich, wenn er bestimmte Dinge aus dem Programm verbietet. Als wir das Lied: »Die Gedanken sind frei« singen wollen, streicht er das ohne Gnade. Ich höre einen längeren Vortrag über Freiheit und Notwendigkeit. Er endet damit, daß man nicht tun und lassen beziehungsweise denken könne, was man wolle. So richtig ist mir das nicht klar, ich denke lange darüber nach.
Die ersten Übersetzungen von sowjetischen Büchern erscheinen. Das sind dicke broschierte Bände, die von Hand zu Hand gehen. »Neuland unterm Pflug« von Michail Scholochow lese ich und »Meine Universitäten« von Maxim Gorki. Pawel Kortschagin, der Held des Buches »Wie der Stahl gehärtet wurde« von Nikolai Ostrowski, beein-

druckt mich sehr. Ein bißchen will ich schon so sein wie dieser junge Kommunist. Über den Film »Die Mörder sind unter uns« von Wolfgang Staudte diskutieren wir lange. Die Älteren, die, wie mein Vater, lange im Krieg waren, und wir Jüngeren, die ihn nur noch beim Volkssturm oder als Flakhelfer erlebt haben, fühlen uns angesprochen.
Trotz aller Kultur und Politik knurrt uns ständig der Magen. Ständig sind wir auf der Suche nach Eßbarem und Heizbarem. Die Lebensmittelkarten für die jeweilige Woche sind schnell alle. Wir gehen zur Erntezeit auf die Felder und stoppeln Ähren und Kartoffeln. Die Getreidekörner mahlen wir, Mutter kocht davon Suppe, die Kartoffeln teilen wir uns mit den zehn Kaninchen, die irgendwann in der Pfanne enden.
Briketts und Feuerholz bekommen wir kaum. Am Wochenende sammeln wir in den Wäldern Beeren und Pilze oder roden Wurzelstöcke. Wir buddeln schweißtriefend die Baumstümpfe samt Wurzeln aus der Erde und transportieren die sperrigen Dinger mit dem Handwagen nach Hause. Dort zerkleinern wir sie mit Keilen, Vorschlaghammer und Axt. Manchmal bringt Vater einen Rucksack voller Holzabfälle vom Bau mit, einmal gehen wir einfach in den nahegelegenen Wald und fällen heimlich einen stattlichen Baum.
Wird der Hunger zu groß, hole ich in der Nacht Getreideähren, Kartoffeln und Rüben von den Feldern, die noch nicht abgeerntet sind. Meine Eltern ängstigen sich. Vater denkt an die Schande, würde jemand den Sohn eines Gemeindevertreters beim Klauen ertappen. Die grundehrliche Mutter wendet sich mit Schaudern, doch sie will am nächsten Tag wieder etwas Eßbares für ihre Männer auf den Tisch stellen. Sie duldet still.
Eines Tages wird meine Ehrlichkeit aufs neue herausgefordert. Am Schulzaun in Pirna steht ein schickes Leichtmotorrad Marke »Jawa«. Ein in der Schule einquartierter sowjetischer Soldat sieht meine begehrlichen Blicke

und schenkt es mir. Für ihn ist es »kapuuuut«. Doch das Gefährt ist nagelneu und intakt. Im Vorderrad fehlen lediglich einige Speichen. Ich nehme das Rad zu Hause auseinander und verstecke die Einzelteile auf dem Boden und im Schuppen.

Später kann man den Besitz solch »erworbener« Gegenstände legalisieren, indem man sie anmeldet und bezahlt. Da ich noch nicht mündig bin, erledigt das mein Vater für mich. 250 Mark kostet die Maschine. Er fährt mit ihr zur Arbeit, ich gurke mit dem Ding ohne Führerschein auf Feld- und Waldwegen herum.

Nach zwei Dritteln der Lehrzeit, im Herbst 1947, beherrsche ich das Handwerk und schaffe die Norm eines Gesellen. Ich bin eigentlich fertig mit meiner Ausbildung. Was soll ich noch hier? Da höre ich, daß eine Vorstudienanstalt an der TH Dresden eröffnet wird. Es besteht die Möglichkeit, das Abitur zu erlangen. Ich möchte dort unbedingt hin, doch mein Vater ist sehr krank. Er leidet an Magenkrebs. Nach einer Operation besteht keine Hoffnung mehr auf Genesung. Was soll ich tun? Mein Vater redet mir zu, ich solle mich bewerben. Er ist mächtig stolz, als es klappt. Der fehlende Berufsabschluß beunruhigt mich überhaupt nicht.

Mein Vater kämpft tapfer ums Überleben. Meine Mutter und ich pflegen ihn lange Zeit zu Hause und wir verzweifeln schier an unsrer Hilflosigkeit. Das täglich gespritzte Morphin besiegt den Schmerz nur kurz. Ich bin seit Beginn der Schule im Oktober nur noch abends zu Hause, meine Mutter ist am Ende ihrer Kraft. Am 7. November 1947 stirbt mein Vater.

In Grunde genommen waren wir nur 14 Jahre zusammen. Aber da war er mein väterlicher Freund, der mir auf die Beine half und mich besonders in den Jahren 1946/47 politisch lenkte. Ich bin nun richtig erwachsen und werde mich intensiv um mein Abitur kümmern und mich politisch engagieren.

Sorgen bereitet mir meine Mutter. Sie, die im bisherigen Leben zuviel arbeitete und zuviel entbehrte, hat nun auch noch ihren Mann verloren. Sie setzt ihre ganze Kraft und ihre grenzenlose Liebe zu mir ein, um mir den weiteren Weg so leicht wie möglich zu machen.

Vom Hörer zum Studenten

Nun sitze ich wieder auf der Schulbank. Und das Lernen macht mir plötzlich Spaß. Ich habe ein Ziel und damit auch ein Motiv. In den Vorstudienanstalten – Vorgänger der späteren Arbeiter- und Bauernfakultäten an den Universitäten und Hochschulen – lernen vor allem Arbeiter- und Bauernkinder. Obwohl sie schon dem normalen Schulalter entwachsen sind, können sie hier die Hochschulreife erwerben.
Vor die Wahl gestellt, in einem Jahr oder in zwei Jahren das Abitur abzulegen, entscheide ich mich für einen Zweijahreslehrgang. Hier gehöre ich nicht zu einer Klasse, sondern absolviere einen Kurs. Wir sind auch keine Schüler, sondern Hörer. Jeder Kurs wählt einen Interessenvertreter. Die Wahl fällt auf mich. Ich setze mich für die Rechte meiner Mithörer gegenüber den Lehrern und der Anstaltsleitung ein. So spreche ich oft mit unserer Kursleiterin, Frau Dr. Weinert. Ehe sie an die Vorstudienanstalt kam, unterrichtete die Mittfünfzigerin jahrelang erfolgreich an einer Mädchenoberschule in Dresden. Sie ist Mitglied der Liberaldemokratischen Partei Deutschlands.
Wir müssen uns erst aneinander gewöhnen. Ich bin in der SED, sie ist Mitglied der LDPD. Ich bin es als Leiter einer FDJ-Ortsgruppe gewöhnt, ohne lange zu zögern meine Meinung zu sagen, sie, die erfahrene Pädagogin, findet es gewöhnungsbedürftig, daß Schüler so selbstbewußt auf das schulische Geschehen Einfluß nehmen wollen. Ich bin in Mathematik nicht gerade die Zierde des Kurses, sie, streng, ehrgeizig und gewissenhaft, kennt kein Pardon in ihrem Fach.

Im Unterricht zügelt sie uns Heißsporne sehr schnell, wenn sie Lücken im Fachwissen entdeckt. Doch sie hilft uns, diese zu schließen, und erkennt unsere Forderungen an, wenn sie berechtigt sind. Das unnachgiebige Fordern und die uneigennützige Hilfe ist eine Mischung, die mir zunehmend gefällt.

Und ich höre nur Gutes über meine Kursleiterin von einem Mädchen, mit dem ich täglich von Pirna nach Dresden fahre. Die zierliche Brigitte mit den blonden Haaren kenne ich aus der FDJ-Gruppe in Cunnersdorf. Frau Dr. Weinert war ihre Mathematiklehrerin an der Mädchenoberschule in Dresden. Und Brigitte lobt sie in den höchsten Tönen. Kein Wunder, denke ich mir, wenn man Mathe mag. Aber, mal abgesehen von der mir nicht geheueren Integral- und Differentialrechnung, gefällt mir Brigitte immer besser. Sie ist, fast auf den Tag genau, so alt wie ich, kommt aber aus einem ganz anderen Elternhaus. Sie ist die einzige Tochter einer gutbürgerlichen Familie aus Dresden. Ihr Vater war Beamter im sächsischen Finanzministerium und während des Krieges Zahlmeister in der Wehrmacht. Am 13. Februar 1945 wurde in der Bombennacht auch die Wohnung ihrer Eltern in Dresden-Neustadt zerstört. Sie zog mit ihrer Mutter zu den Großeltern nach Pirna. Ihr Vater kam 1945 aus der Kriegsgefangenschaft und mußte sich einer Entnazifizierung unterziehen. Jetzt ist er Arbeiter in einer Ofenfabrik. Brigitte verließ die Oberschule und läßt sich zum Industriekaufmann ausbilden.

Kurz nachdem ich ihre Familie kennengelernt habe, stirbt ihr Vater im Februar 1949 an Lungenentzündung. Ihre Mutter nimmt mich herzlich auf.

Brigitte und ich sind immer noch Mitglieder der FDJ-Gruppe in Cunnersdorf, und wir verbringen mit ihr viel Freizeit. Doch wir beginnen auch ganz persönliche Pläne zu schmieden. Wir sind beide als Einzelkinder aufgewachsen und wünschen uns eine große Familie. Ziemlich unbeschwert sehen wir unsere Zukunft. Wir sind jung und die

Aufbruchstimmung im Land entspricht genau unseren Gefühlen und auch unseren politischen Ansichten.
Ich stehe kurz vor dem Abitur. In der Vorstudienanstalt herrscht eine Atmosphäre, die es an normalen Schulen nicht gibt. Hörer und Lehrer ziehen an einem Strang und in eine Richtung. Die einen wollen ihr Wissen so gut wie möglich vermitteln, die anderen so gut wie möglich lernen. Diese Übereinstimmung motiviert zusätzlich. Die Leistungen der Schüler entsprechen dem anspruchsvollen Niveau des Abiturs.
Ich entscheide mich nun für ein Studienfach. Das Land braucht Lehrer. Nach 1945 wurden nazibelastete Pädagogen aus dem Schuldienst entfernt, schnell ausgebildete Neulehrer kamen in die Schulen. Nun wirbt die SED nicht nur unter ihren Genossen, daß sich viele Abiturienten für ein Pädagogikstudium entschließen. Als Sprecher unseres Kurses und als FDJ-Sekretär in meiner Heimatgemeinde habe ich Spaß am Umgang mit jungen Leuten gefunden. Und ich kenne mich auf dem Bau aus. Also bewerbe ich mich an der TH Dresden, Fakultät für Pädagogik und Kulturwissenschaften, Abteilung Gewerbelehrer.
Bevor das Studium im September 1949 beginnt, verlobe ich mich mit Brigitte. Wir wollen die kommende Zeit gemeinsam packen. Ich fühle mich rundum wohl. Ich liebe meine zukünftige Frau und mir gefällt mein künftiger Beruf immer mehr.
Ich studiere mit vollem Einsatz. In den Semesterferien unterrichte ich an der Berufsschule in Pirna, hauptsächlich Maurer- und Zimmermannslehrlinge. Als ich junger Hüpfer künftige Schneiderinnen belehren soll, gerate ich zwar etwas außer Fasson, finde mich aber als Hahn im Korb ganz toll. Zu einer ganz andern Herausforderung wird meine Arbeit mit schwererziehbaren Jugendlichen im Jugendwerkhof auf der Festung Königstein, einer geschlossenen Anstalt. Hier lerne ich Schwemmgut des Krieges kennen, junge Leute mit einer Vergangenheit, die ihre Zukunft stän-

dig überschatten wird. Sie brauchen einen Sinn und eine Aufgabe, um ihr Leben in den Griff zu bekommen.
Wachsendes Wissen in der Theorie und zunehmende Erfahrungen in der Praxis stärken mein Selbstbewußtsein. Ich habe den richtigen Beruf gewählt: Lehrer für Lehrlinge.
Am 9. Juni 1950 zerschellen vor unserm Haus in der Cunnersdorfer Straße 22 alte Teller und Tassen. Verwandte und Bekannte und unsere Freunde aus der FDJ-Gruppe werfen sie vor die Tür. Bei Großmanns ist Polterabend. An diesem Abend steigt ein kleines Straßenfest. Am nächsten Tag heiraten Brigitte und ich im Standesamt von Pirna. Wir ziehen in die Wohnung ihrer Mutter. Brigitte arbeitet mittlerweile im Büro einer Pirnaer Fabrik, und ich studiere in Dresden weiter. Wir leben von ihrem Lohn, meinem Stipendium und was die beiden Mütter von ihren kargen Gehältern hin und wieder in die Kasse der jungen Familie legen.
Am zweiten Weihnachtsfeiertag 1950 wird zu Hause unsere Tochter Ingrid geboren. Ich möchte gern dabei sein, doch die resolute Hebamme, Frau Franke, die Brigitte auf die Entbindung vorbereitet hat, schickt mich aus dem Zimmer. Frauensache. Ich sitze im Wohnzimmer und warte. Dann höre ich den ersten Schrei meiner Tochter und darf ins Zimmer. Nun sind wir eine richtige Familie. Brigitte trägt die größte Last.
Ich fahre weiter jeden Tag nach Dresden. Neben dem Studium bin ich ja noch ehrenamtlicher FDJ-Funktionär – im Dorf und in der Hochschule. Ich verhandele mit Professoren und Dozenten und komme mit vielen Studenten anderer Fachrichtungen ins Gespräch. Das tägliche Pensum ist kaum zu schaffen.
Ab Herbst 1951 sollen in der gesamten DDR hauptamtliche 1. und 2. Sekretäre den Einfluß der FDJ an den Universitäten und Hochschulen verstärken. Die Parteileitung und die FDJ-Leitung der TH Dresden bitten mich, für ein

Jahr das Studium zu unterbrechen und 1. Sekretär der Hochschulgruppenleitung zu werden. Schnell entschlossen, sage ich zu. Das Jahr würde ich rasch nachholen und eben ein Jahr später das Studium abschließen. Angestellt wäre ich beim Zentralrat der FDJ in Berlin. Natürlich reizt mich auch das Gehalt von 600 Mark und die Aussicht, in Dresden eine Wohnung zu bekommen. Brigitte könnte wieder in ihrem Beruf arbeiten. Als wir dann wirklich in eine kleine Wohnung in Dresden ziehen, fällt uns beiden die Trennung von den Verwandten, den Freunden und vor allem von unseren Müttern schwer.

Nun bin ich hauptamtlicher Funktionär. Schnell merke ich, daß es nun schwierig wird.

Sicher, mit dem Rektor, Prof. Dr. Kozok, kläre ich so manches Problem im Interesse der Studenten. Noch besser ist das Verhältnis zum Prorektor für Gesellschaftswissenschaften und studentische Angelegenheiten, Prof. Dr. Hermann Ley. Er ist ein universell gebildeter Mann. Von Beruf Zahnarzt, widerstand er als Mitglied der verbotenen KPD aktiv dem faschistischen Terror und wurde mehrfach verhaftet. Nach seiner Habilitation 1948 berufen ihn die Universität Leipzig und die Technische Hochschule Dresden zum ordentlichen Professor für theoretische Pädagogik und dialektischen Materialismus. Obwohl um einiges älter als wir, wirkt er ausgesprochen jung und unkonventionell.

Wir hauptamtlichen und ehrenamtlichen Mitglieder der FDJ-Hochschulgruppenleitung fühlen uns etwas weit weg von den Fakultäten. Die ehrenamtlichen Funktionäre dort sind mit ihrem Studium beschäftigt und können mit unserer Anleitung wenig anfangen. Der FDJ-Zentralrat, dem wir unterstehen, schwebt über dem realen Leben an den Universitäten und Hochschulen. Die Landesleitung in Dresden fühlt sich nicht zuständig.

Im März/April 1952 will ich mich, bisher nur kommissarischer 1. Sekretär, auf einer Delegiertenversammlung zur Wahl stellen. Dazu kommt es jedoch nicht mehr.

Wieder überstürzen sich die Ereignisse. Ein Mitarbeiter des ZK der SED spricht mit mir, dem Rektor, der Parteileitung und meiner Frau. Ich soll ab 1. April 1952 eine Schule des ZK der SED in Berlin besuchen, um danach in verantwortlichen Funktionen des Staates oder der Partei eingesetzt zu werden.
Diesmal fällt mir die Entscheidung nicht ganz so leicht. Schließlich will ich die mir noch fehlenden zwei Semester absolvieren und das Diplom erwerben. Professor Ley schlägt mir vor, die Diplomprüfung vorzeitig abzulegen. Das lehne ich ab. Ohne Vorbereitung fürchte ich mich vor einer Blamage. Doch die neue Herausforderung reizt mich schon.
Noch schwerer ist es für Brigitte, dem Ansinnen zuzustimmen. Sie würde mit unserer Tochter vorerst allein in Dresden bleiben, außerdem hat sich bereits das zweite Kind angekündigt. Schließlich willigt meine Frau ein.

Wir wissen beide nicht, daß dieser Entschluß unser gesamtes weiteres Leben prägen wird, daß wir mit dieser Entscheidung fast alle Beziehungen zu unseren bisherigen Freunden kappen – das Wort Konspiration kennen wir noch nicht. Wir ahnen schon gar nicht, daß dieser Aufbruch nach 38 Jahren in einer Niederlage enden wird, der wir entsetzt gegenüberstehen werden.

So ausgeglichen, wie ich befürchtete, gestaltet sich mein Ruhestand doch nicht. Viele Fäden verbinden mich noch mit meiner früheren Arbeit, mit meinen früheren Mitarbeitern, die in der Roedernstraße den Nachrichtendienst auflösen. Mitte April 1990 erfahre ich, daß sich Oberst Werner Roitzsch, ehemaliger stellvertretender Leiter der Abteilung VI – Übersiedlungen, Dokumentation und Mitarbeiter des Auflösungsstabes, dem Verfassungsschutz gestellt hat. Wir sind entsetzt. Die ihn kennen, trauen dem »konfusen Philosophen« Ungeschick und durch Hektik verursachte Fehler und Fehleinschätzungen zu, aber doch keinen Verrat. Unter seinen Kollegen galt er als 150prozentiger.

Doch bald erscheinen die ersten Pressemeldungen. Vier unserer Kundschafter, die Roitzsch persönlich kennt, sind festgenommen worden:

Dr. Hagen Blau, Vortragender Legationsrat im Auswärtigen Amt – er wird schon im November 1990 zu sechs Jahren Haft verurteilt.

Klaus von Raussendorf, Vortragender Legationsrat im Auswärtigen Amt – im Juni 1991 wird er zu sechs Jahren Haft verurteilt.

Ludwig Pauli, Oberamtsrat im Auswärtigen Amt – im März 1992 bekommt er vier Jahre Haft.

Alexander Dahms, Polizeidirektor in der Bundesgrenzschutzdirektion – erhält im Februar 1991 sechs Jahre und sechs Monate Haft.

Der Leiter des Auflösungsstabes suspendiert Roitzsch sofort vom Dienst. Der Verräter weist gegenüber seinen Vorgesetzten alle Anschuldigungen empört zurück und be-

teuert energisch seine Unschuld. Doch wir wissen, daß das Bundesamt für Verfassungsschutz seinen neuen Informanten unter dem Decknamen »Baustein« führt.
Am 4. Mai 1990 erhalte ich einen Brief von Roitzsch. Er schreibt: »Ich werde nicht nachlassen, um meine Rehabilitierung zu kämpfen. Wie sich die Fakten Ihnen auch darstellen mögen, ich bekräftige nochmals, daß ich mit diesen Festnahmen nichts zu tun habe.« Ich lese noch etwas von einer »mafiaähnlichen Kampagne« gegen ihn und von »schwerem Schaden, der mir und meiner Familie zugefügt wird«. Er bittet mich, ihn bei der Klärung dieser Angelegenheit zu unterstützen. Ich lege das Blatt erst einmal ziemlich perplex beiseite. Was will der von mir? Ich bin im Ruhestand. Doch dann werde ich lebendig. Vielleicht ist doch noch etwas zu retten.
Noch am gleichen Tag spreche ich mit Roitzsch. Ich bitte Oberst Helmut Reinhold, Leiter der HVA-Abteilung VI – Übersiedlung, Dokumentation dazu.
Roitzsch leugnet erst einmal, dann gibt er schließlich zu, mit dem Verfassungsschutz zu kungeln und die vier Kundschafter verraten zu haben. Schluchzend bereut er und verspricht, den Schaden in Grenzen zu halten, das heißt, er will weiteres operatives Wissen nicht preisgeben. Aber auch das wird Roitzsch nicht einhalten und plaudern, was das Zeug hält. Am Ende unseres Gesprächs schreibt er sein Geständnis auf:
»Anfang April kam der Kontakt mit dem BfV zustande. Es fanden insgesamt drei Treffs statt. Von mir wurden die Namen der Kundschafter ›Brede‹, ›Merten‹, ›Adler‹ und ›Dämon‹ preisgegeben, allerdings mit der Maßgabe, sie nicht zu verhaften.
Zielstellung des BfV war, so wurde es auch im Gespräch mit mir dargestellt, die Übergabe an den sowjetischen Nachrichtendienst zu verhindern bzw. diese Übergabe unter Kontrolle zu nehmen.
In den Gesprächen interessierte die Situation in der Roe-

dernstraße, welche tatsächliche personelle Besetzung vorhanden ist, welche Arbeitsfähigkeit existiert.
Großes Interesse bestand auch zur Frage des Verbleibs von Akten. (Sorge, daß Politiker kompromittiert werden könnten.)
Zu den einzelnen Gesprächen werde ich Gesprächsprotokolle anfertigen, um die Gesamtsituation zu rekonstruieren.
Der nächste Treff ist für den 22.5.90, 14 Uhr in Westberlin festgelegt (Reserve 23.5.90, 9 Uhr).
Unterschrift Tel. Köln 7390173
Brockmeyer«
Roitzsch fertigt keine Protokolle an, und er verweigert jedes weitere Gespräch.
Herr Brockmeyer vom Bundesamt für Verfassungsschutz wird ihm das wohl verboten haben.
Kurze Zeit später bittet mich Innenminister Peter-Michael Diestel zu einem Gespräch mit dem Regierungsbeauftragten, Fritz Peter, und dem Leiter des Auflösungsstabs, Bernd Fischer. Ich informiere Diestel über Roitzschs Verrat und fordere, ihn zu bestrafen, um weiteren Schaden zu verhindern. Dr. Diestel verurteilt Roitzschs Verhalten, hält dessen Entlassung aus dem Dienst für rechtens, aber auch für ausreichend. Ihn festzunehmen lehnt er ab, forsch fügt er hinzu, er würde schon dafür sorgen, daß Roitzsch keine sichere Zukunft erwarten könne – eine Floskel.
Dann kommt er zu den eigentlichen Themen dieser Zusammenkunft: der Stand der Auflösung der HVA und die gerade in der Öffentlichkeit begonnene Diskussion um die Amnestie. Die Bundesregierung fordere als Voraussetzung für eine Straffreiheit, daß wir unsere Quellen nennen, besonders die in staatlichen Institutionen. Diestel schlägt uns vor, guten Willen zu zeigen und drei bis fünf der wichtigsten Quellen zu enttarnen. Wenn die Bundesrepublik gleiches tue, könne man doch einen Schlußstrich ziehen. Oh Gott, denke ich, ist der naiv.

Wir geben drei Punkte zu bedenken:
Erstens: Wer soll entscheiden, welche Quellen am wichtigsten sind? Der Bundesverfassungsschutz bewertet das wahrscheinlich völlig anders als wir. Aber der kann sich ja nur entscheiden, wenn er alle kennt. Wir müßten also alle Quellen offenlegen.
Zweitens: Wenn wir dem Bundesverfassungsschutz den kleinen Finger reichen, packt der die ganze Hand, sonst wäre er wirklich kein Geheimdienst.
Und drittens: Wir geben keinen Klarnamen preis, wenn vorher nicht Straffreiheit für den betreffenden Kundschafter zugesichert wird. Alles andere ist Verrat, und der kommt für uns nicht in Frage.
Das Gespräch geht aus wie das Hornberger Schießen. Alle weiteren Verhandlungen, die bis Mitte Juni stattfinden, führt Bernd Fischer vor allem mit Dr. Werthebach, Referatsleiter im Bundesinnenministerium und Berater des DDR-Innenministers.
Immer wieder und ausschließlich fordert Werthebach operatives Wissen, besonders die Namen unserer Kundschafter in staatlichen Institutionen der Bundesrepublik. Diestel und Werthebach gehen davon aus, daß die hauptamtlichen Mitarbeiter des Nachrichtendienstes nicht strafrechtlich verfolgt werden. Dr. Werthebach versichert das bis zum Schluß und beruft sich dabei auf den Bundesinnenminister, Dr. Schäuble.
Wir lehnen nach wie vor eine Preisgabe unserer Quellen ohne deren Wissen und Zustimmung ab. Die Bundesregierung solle, so schlagen wir vor, Bedingungen schaffen, daß sich die Kundschafter freiwillig melden können. Ende Juli bricht Dr. Werthebach den Kontakt zu uns und die Gespräche mit uns ab. Später begründet er es mit der »sturen Haltung der HVA«.
Nach dem Ende der Gespräche erarbeiten wir auf Anregung Dr. Diestels ein Positionspapier, und der übergibt es, zusammen mit einer eidesstattlichen Erklärung von Mar-

kus Wolf, Werner Großmann und Bernd Fischer, an Dr. Werthebach.
Das Positionspapier hat folgenden Wortlaut:
»Überlegungen und Vorschläge zur nachrichtendienstlichen Problematik im deutschen Einigungsprozeß.
1. In der Tätigkeit des Nachrichtendienstes der DDR, der Hauptverwaltung Aufklärung des ehem. MfS/AfNS, wurde ausgegangen von Artikel 51 der UN-Charta und Artikeln 7, 23 und 33 der Verfassung der DDR.
Unstrittig ist dabei: Die DDR handelte als selbständiger Staat und Völkerrechtssubjekt.
Ausgehend von der entstandenen Lage, die in die Vereinigung beider deutscher Staaten, gemäß Artikel 23 Grundgesetz, führen wird, sollte eine gemeinsame Aufarbeitung dieser Seite deutsch-deutscher Problematik so erfolgen, daß keine neue Belastung des Vereinigungsprozesses durch die ehemaligen Aktivitäten der Staatssicherheit erfolgt.
In diesem Sinne sollte eine spektakuläre Offenlegung der Erkenntnisse beider Seiten über die nachrichtendienstliche Tätigkeit der jeweils anderen Seite unterbleiben. Insbesondere sollte es zu keinen Offenlegungen von ehemaligen für die Aufklärung der DDR tätigen Personen kommen.
Die ehemaligen Mitarbeiter der Aufklärung der DDR haben bisher diszipliniert an der Auflösung der ehemaligen HVA mitgearbeitet. Ein Offenlegen der Quellen würde von der überwiegenden Mehrheit nicht akzeptiert und absolut verurteilt.
Eine derartige Maßnahme würde nicht nur in der DDR, sondern auch international auf Unverständnis mit nicht kalkulierbarem Risiko führen.
Die notwendige Lösung muß den Interessen der betroffenen Menschen wie den Sicherheitsinteressen der Bundesrepublik Deutschland gerecht werden.
Eine Offenlegung von Personen zieht zwangsläufig eine Verfolgung nach sich. Eine moralische Verurteilung, verbun-

den mit materiellen Konsequenzen, ist einer strafrechtlichen Verurteilung gleichzusetzen.
Dabei ist zu berücksichtigen:
– Die Kenntnisse der DDR-Seite über nachrichtendienstliche Aktivitäten, die sich auf Archivmaterialien und auf umfangreiches und detailliertes Wissen von ehemaligen Mitarbeitern aller Ebenen der Aufklärung und z.T. der Abwehr gründen, können nicht mehr zu staatlichen Reaktionen gegen die BRD-Interessen führen.
– Diese Erkenntnisse betreffen auch die Interessen einer Reihe europäischer Staaten, vor allem jedoch Fragen der inneren Sicherheit der BRD.
Die friedlichste Lösung dieser sehr komplizierten Problematik wäre ein ›General-Pardon‹ (Gesetz über eine Generalamnestie) für alle IM und Mitarbeiter bezüglich ihrer Tätigkeit gegen die Interessen der BRD.
2. Die nachrichtendienstliche Tätigkeit der Hauptverwaltung Aufklärung ist seit dem 24. Februar 1990 vollständig eingestellt.
In den meisten Positionen, u.a. in der BRD, erfolgte dies schon wesentlich früher (teilweise Ende 1989).
Einzelaktionen zur Abwicklung und Absicherung der Beendigung der nachrichtendienstlichen Tätigkeit sowie zur Regelung humanitärer Fragen erfolgten in Ausnahmen noch bis Ende Juni 1990. Dabei wurden keine Aufträge erteilt.
Die dazu noch erforderlichen stark reduzierten Agenturfunksendungen wurden per 31.5.1990 beendet.
Die Einstellung der Arbeit erfolgte entsprechend den politischen Grundlinien und Festlegungen der Regierung der DDR und zum Schutze der Quellen und beteiligter Personen sowie unter Berücksichtigung der außenpolitischen Interessen der DDR und ihrer Verbündeten.
Die Zusammenarbeit mit Sicherheitsorganen anderer Staaten wurde eingestellt. Es wurden und werden weder Strukturen noch Agenturen übergeben. Beratergruppen bzw.

Verbindungsoffiziere, die in 6 Staaten (Südjemen, Mocambique, Angola, Tansania, Äthiopien, Nikaragua) ein gesetzt waren, beendeten im Februar 1990 ihr Tätigkeit. Alle Angehörigen sind bis Ende März 1990 in die DDR zurückgekehrt und per 31.3.1990 entlassen worden. Die Arbeit mit allen Residenturen und Agenturen wurde per 24. Februar 1990 beendet. Zum größeren Teil erfolgte das bereits im Dezember 1989. Es wurde ihnen untersagt, Vorgänge, Technik und materielle Werte an andere Geheimdienste oder Landessicherheitsorgane zu übergeben. Offenbarung/Offenlegung operativen Wissens gegenüber Geheimdiensten oder Landessicherheitsorganen wurde gleichfalls verboten.

Alle Mitarbeiter, incl. OibE, wurden aus dem Dienstverhältnis per 31.3.1990 entlassen. Alle inoffiziellen Mitarbeiter sind entpflichtet.

Im Zusammenhang mit der Auflösung der Bezirksverwaltungen/Bezirksämter des AfNS stellten auch die Abteilungen XV ihre nachrichtendienstliche Arbeit ein. Das erfolgte zeitlich – mit geringen territorialen Unterschieden – bis März 1990. Der Mitarbeiterbestand der ehemaligen Abteilungen XV ist gleichfalls vollständig aufgelöst.

Ein Archivbestand der HVA von 45 laufenden Metern Akten sowie Karteien wurde am 22.6.1990 eingelagert. Bei dem vorhandenen Material handelt es sich überwiegend um für die Sicherheit der DDR, ihrer Verbündeten aber auch der BRD und anderer Staaten relevantes Material.

In Anbetracht der Bedeutung des Materials ist eine gesondert gesicherte Archivierung erfolgt.

Der Auflösungsprozeß richtete sich in seinem Wesen auf den Abschluß von 540 (per Ende März 1990) nicht mehr tätigen Vorgänge im Operationsgebiet, zum großen Teil außerhalb der BRD, einschließlich der dazugehörigen Verbindungspositionen. Insbesondere handelt es sich dabei neben den Quellen um Kuriere, Instrukteure, Residenten, Gehilfen und technische Kräfte, die zur Gewährleistung der Vorgangssicherheit erforderlich waren. Die Vorgangsauflösung wurde – bis auf Haftvorgänge – bis Ende Juni 1990 abgeschlossen.

Die personelle und materielle Auflösung der Hauptverwaltung Aufklärung ist zum 30. Juni 1990 abgeschlossen worden.

Seitens der ehemaligen Leiter der Aufklärung der DDR und der für die Auflösung Verantwortlichen wird die volle Loyalität gegenüber der gegenwärtigen Regierung der DDR und der künftigen Regierung Deutschlands erklärt, die beinhaltet:

– das Bekenntnis zur freiheitlichen, demokratischen und sozialen Grundordnung im Sinne des Grundgesetzes der BRD (gemäß Staatsvertrag und Einigungsvertrag),

– die ausdrückliche Anerkennung der künftigen Machtverhältnisse und das Bekenntnis zur Unterlassung jeglicher nachrichtendienstlicher Aktivitäten gegen die Interessen Deutschlands,

– die verstärkte, den Umständen entsprechende Einflußnahme auf die ehemaligen Mitarbeiter zur Wahrung der Geheimhaltung, insbesondere zur Verhinderung von Indiskretionen über nachrichtendienstliche Zusammenhänge, vor allem spektakulärer Öffentlichkeit auch in anderen Ländern,

– die Einhaltung der Verpflichtung der ehemaligen Mitarbeiter, jede nachrichtendienstliche Tätigkeit einzustellen, und Androhung strafrechtlicher Konsequenzen bei Verstoß,

– Einstellung jeglicher Tätigkeit gegen die Interessen der BRD,

– keine Übergabe von IM an andere Geheimdienste, sowohl durch die früheren Leiter als auch durch die mit der Auflösung beauftragten Verantwortlichen,

– die erfolgte Vernichtung aller Unterlagen, die einem Wiederaufbau von Agenturen oder Strukturen dienen könnten.

4. Seitens der früheren Leiter der HVA, Markus Wolf und

Werner Großmann, und des mit der Auflösung der HVA betrauten amtierenden Leiters, Bernd Fischer, besteht die uneingeschränkte Bereitschaft zur Abgabe einer eidesstattlichen Erklärung, daß es zum Zeitpunkt der vollständigen Einstellung der nachrichtendienstlichen Tätigkeit unter den ehemaligen Kundschaftern der HVA in der BRD keine Minister, Staatssekretäre, Ministerialdirigenten, Ministerialdirektoren bzw. Beamte oder Offiziere vergleichbarer Funktionen oder Dienstgrade gegeben hat. (Es gibt keinen zweiten Guillaume.)
5. Entsprechend den Sicherheitsinteressen der Bundesrepublik könnte eine Aufforderung zur Selbststellung durch die dafür zuständigen Organe der BRD an Bürger der BRD, die nachrichtendienstlich für das MfS tätig waren, erfolgen, was mit gleichzeitiger Zusicherung einer differenzierten Bewertung und der Straffreiheit verbunden wäre.
Eine solche Erklärung könnte durch Vertreter der DDR (Regierung, ehemalige Verantwortliche der Aufklärung) dahingehend unterstützt werden, daß unter Hinweis auf die zugesicherte Straffreiheit erklärt wird, daß eine Selbststellung erfolgen kann, wenn das die freie Entscheidung jedes einzelnen Betroffenen ist.
Die Selbststellung könnte bei ausgewählten Rechtsanwälten der BRD und der DDR erfolgen (sog. Appellamnestie).
Unter der Voraussetzung, daß ein Beratungsgremium bzw. eine zeitweilige Arbeitsgruppe (Vertreter der Justiz bzw. Staatsanwaltschaft und Experten) beider Seiten wirksam würde, könnten individuelle Prüfungen erfolgen auf der Grundlage von
– Erkenntnissen der BRD-Abwehrorgane zu Einzelpersonen,
– von der DDR-Seite eingebrachten Vorschlägen,
– Selbststellung/Selbstanzeigen von ehemaligen inoffiziellen Mitarbeitern.
Dadurch könnte erreicht werden, daß Einzelpositionen von sicherheitspolitischer Brisanz (z. B. von Geheimnis-

trägern) in Abstimmung entsprechend den Sicherheitsinteressen der BRD beseitigt werden.«

Eine Regierungskommission unter Leitung des MdI-Staatssekretärs Eberhard Stief, Mitglied der Nationaldemokratischen Partei Deutschlands (NDPD), erarbeitet für den Einigungsvertrag unter anderem Grundsätze für die Behandlung des personenbezogenen Schriftgutes des ehemaligen Ministeriums für Staatssicherheit/Amtes für Nationale Sicherheit:

»1. Die Verantwortlichkeit für die zentrale Lagerung des Schriftgutes des ehemaligen MfS/AfNS in einem Sonderdepot, seine sichere Verwahrung und Nutzung obliegt der Regierung der Deutschen Demokratischen Republik und nach der Vereinigung der Bundesregierung des vereinten Deutschlands. Die im Gesetz der Volkskammer bezüglich der Aufgaben und Verantwortung des Sonderbeauftragten nebst Beirat enthaltenen Regelungen gelten fort.

2. Nach der Vereinigung obliegt die parlamentarische Kontrolle einem Ausschuß, der aus Mitgliedern des Bundestags sowie der Länderparlamente Mecklenburg/Vorpommern, Brandenburg, Berlin, Sachsen-Anhalt, Sachsen und Thüringen zu bilden ist.

3. Die im Zusammenhang mit der inzwischen eingestellten nachrichtendienstlichen Tätigkeit des ehemaligen MfS/AfNS gegen die Bundesrepublik Deutschland stehenden Fragen sind vor dem Beitritt der Deutschen Demokratischen Republik zur Bundesrepublik Deutschland einvernehmlich zu lösen.«

Da der Punkt 3 einige Fragen offen läßt, schlagen wir Dr. Werthebach Ergänzungen vor:

»– Aussetzung bzw. Einstellung der Strafverfolgung für zurückliegende nachrichtendienstliche Tätigkeit gegen die BRD bei Sicherung der vollen Loyalität der ehemaligen Mitarbeiter und IM gegenüber dem Grundgesetz.

– Zusicherung/Verpflichtung zur Verhinderung von Indiskretionen und des Mißbrauchs nachrichtendienstlich erworbener Erkenntnisse zum Nachteil der Bundesrepublik Deutschland.«

Weder unser Zusatz noch die drei Grundsätze stehen dann im Einigungsvertrag, der am 31. August 1990 von den Verhandlungsführern Schäuble und Krause unterschrieben wird. Sicher fehlt das Engagement von de Maiziere und Dr. Diestel, was diese aber zurückweisen. Sie schieben dem DDR-Verhandlungsführer Günter Krause den Schwarzen Peter zu. Die bundesrepublikanische Seite sieht in dieser Phase ohnehin keinen Grund mehr, spezielle Interessen der DDR zu berücksichtigen. Dr. Werthebach soll jedenfalls die Nichtaufnahme der drei Punkte, so erfahren wir, als eine persönliche Niederlage bezeichnet haben.

Ende August sagt man uns unter der Hand, daß sich Markus Wolf, Hans-Joachim Tiedge, das Ehepaar Willner und noch einige andere rechtzeitig vor dem 3. Oktober ins Ausland absetzen sollen, um einer Festnahme zu entgehen. Außer ihnen brauche kein Angehöriger des Nachrichtendienstes der DDR, die sich im Land aufhalten, mit Strafverfolgung zu rechnen.

Wir sprechen mit einigen ehemaligen Kundschaftern und auch mit Tiedge. Einige entscheiden sich zu emigrieren, andere bleiben in der DDR und erwarten ihr Schicksal. Die sowjetischen Vertreter stimmen sofort zu, Tiedge vom Armeeflughafen Sperenberg nach Moskau zu fliegen.

Die Hysterie

Mit dem Jahr 1990 beginnt in den Medien der beiden deutschen Staaten eine Berichterstattung voller Hysterie. Vollends überschlagen sich die Meldungen nach dem Beschluß der Volkskammer am 5. Februar 1990 über Meinungs-, Informations- und Medienfreiheit. Bundesdeutsche Zeitungen und Zeitschriften überschwemmen den DDR-Markt.

Eine Horrormeldung jagt die andere. Mord, Totschlag, Terror, Entführung, Erpressung und andere Kapitalverbrechen werden der Stasi zugeordnet. Das Ministerium für Staatssicherheit, einschließlich der Hauptverwaltung Aufklärung, wird zum Reich des Bösen stilisiert und mit einem Bannfluch belegt. Die HVA habe, so wird behauptet, zielgerichtet versucht, die BRD zu destabilisieren und letztlich zu liquidieren. Jede Enttarnung eines Kundschafters gilt dafür als Beweis. Die Zahl der sogenannten Spione wird hochgerechnet. Das Ergebnis ist wahnwitzig. Journalisten vermuten Maulwürfe im Bundeskanzleramt und in allen politischen, militärischen und wirtschaftlichen Zentren.
Zielgerichtet mehren sich die Anschuldigungen, die Aufklärung habe sich im In- und Ausland an Kapitalverbrechen beteiligt. Als im Juni 1990 Innenminister Diestel stolz verkündet, ehemalige RAF-Aktivisten seien in der DDR verhaftet worden, gibt es kein Halten mehr. Die HVA habe nicht nur vom Aufenthalt dieser Leute in der DDR gewußt, sondern sei an deren terroristischen Aktivitäten beteiligt gewesen und habe sie von der DDR aus mit inszeniert. Im September 1990 meldet beispielsweise die »Berliner Morgenpost: »Stasi aktiv an Morden in Äthiopien beteiligt«. Im Februar berichtet »Der Spiegel« über Waffengeschäfte der HVA. Im August titelt die »BamS«: »Honeckers Ständige Vertretung war Spionage- und Schmuggelzentrale.« Im September schreibt »Quick« unter der Überschrift »Das erschütterndste Dokument des Stasi-Terrors« über den angeblichen Mißbrauch der Psychiatrie.
Diese atemlose Berichterstattung erzeugt eine hysterische Stimmung in der Bevölkerung. Dementis nehmen die Redaktionen in Kauf, die Leser aber kaum zur Kenntnis. Differenziert, wie sonst üblich, geht es in der Presselandschaft nicht mehr zu. Über »taz« bis »FAZ« und »Die Welt«, von »Stern« und »Spiegel« bis »Quick« und »Bunte«, von den

öffentlich-rechtlichen Anstalten bis zu den kommerziellen Sendern druckt und sendet jeder alles und ungeprüft. Die reißerisch formulierte Schlagzeile ersetzt oftmals die solide Recherche.
Nach dem Amtsantritt der Regierung de Maiziere gibt es schüchterne Ansätze, dem Druck standzuhalten, aber das dauert nicht lange. De Maiziere erwähnt zwar in einem Interview mit der »Welt« am 23. April 1990, daß eine Amnestie notwendig wäre, meint damit aber mehr die Beteiligten an den Wahlfälschungen. Nach den HVA-Mitarbeitern befragt, antwortet er: »Mit denen, die aus brennendem Herzen gearbeitet haben«, würde es schwierig werden, und zu Markus Wolf: »Man wird sich mit ihm beschäftigen müssen.«
Als Innenminister Peter-Michael Diestel im Mai 1990 das Staatliche Komitee zur Auflösung des MfS/AfNS einsetzt, äußert er die Absicht, Markus Wolf einzubeziehen. Da geht ein solcher Aufschrei durch die Blätter, daß Diestel den Kopf schnell wieder einzieht. Er fordert aber trotzdem alle auf, die ehemaligen Stasi-Mitarbeiter nicht aus der Gesellschaft auszugrenzen, und fordert für sie im Tagesspiegel vom 17. Mai 1990 »ein mitmenschliches Weiterleben in der Gesellschaft«.
Mit den Zeitungen und Zeitschriften kommen Anfang 1990 auch Heerscharen von Journalisten aus der Bundesrepublik in die noch existierende DDR. Jeder von ihnen will seine Stasi-Story und stürzt sich mit Vehemenz auf ehemalige Mitarbeiter des MfS.

Der Nachrichtenhändler

Im Juni 1990 klingelt ein mir unbekannter Mann an der Gartenpforte unseres Hauses in Hohenschönhausen. Er stellt sich als Peter-Ferdinand Koch aus Hamburg vor. Er sei freier Journalist, Verleger, Buchautor und Geheimdienstexperte. Sicher im Auftreten, redegewandt, gibt sich

der sonst arrogant und überheblich auftretende Mann verständnisvoll und mitfühlend.
Ohne lange zu fackeln bietet er mir an, mein nachrichtendienstliches Wissen zu vermarkten. Er könne Kontakte zum israelischen Geheimdienst Mossad vermitteln und schlage in diesem Fall eine Übersiedlung mit Ehefrau nach Wien vor. Er verfüge aber auch über Beziehungen zu amerikanischen Diensten und sei bereit, auch da den Weg zu bahnen. Ich lehne diese Angebote so konsequent ab, daß er nie wieder darauf zu sprechen kommt. Sofort wechselt er seine Taktik und entwickelt ein gemeinsames Buchprojekt. Er will mir beim Schreiben helfen, legt schon fertige Umschlagentwürfe auf den Tisch und denkt laut über mögliche finanzielle Gewinne nach. Mit 150.000 DM will er mich überzeugen, mein operatives Wissen auszuplaudern, darum geht es ihm wohl in erster Linie.
Der Mann wird mir zunehmend suspekter, mein Instinkt sagt mir, daß ich einem Menschen gegenübersitze, der zu mehreren Geheimdiensten Kontakt hat oder sucht. Die Beziehung zu mir scheint ihm dabei offensichtlich hilfreich. Axel Jeschke vom Spiegel bestätigt später meinen Verdacht und stuft Koch in die Kategorie Nachrichtenhändler ein. Koch entlarvt sich schnell selbst. Als er merkt, daß bei mir nichts zu holen ist, weder Namen von Personen noch konkretes Wissen über ehemalige operative Vorgänge der HVA, versucht er es mit einer anderen Tour. »Ganz zufällig« bekommt er Kontakt zu Mitarbeitern des Bundesamtes für Verfassungsschutz, »ganz unerwartet« tauchen bei ihm Mitarbeiter des Bundesnachrichtendienstes auf. Alle wissen angeblich von unseren Kontakten und interessieren sich für seine Recherchen oder wollen direkt mit mir reden.
Koch engagiert sich in diesem Spiel zunehmend, obwohl er selbst immer wieder betont, mit den »Schlapphüten« nichts im Sinn zu haben. Er bedrängt mich zunehmend, ihn mit anderen Mitarbeitern der HVA bekanntzumachen. Ich lehne das ab. Besonders interessiert er sich für Karl-

Christoph Großmann, der mit mir weder verwandt noch verschwägert ist. Als Koch andeutet, daß er mit ihm im Gespräch ist, befürchte ich schlimme Folgen. Den labilen Großmann hatte ich wegen finanzieller und anderer Unregelmäßigkeiten von seiner Funktion als stellvertretenden Leiter der Abteilung IX – Äußere Abwehr entbunden und ihn als Sonderoffizier eingesetzt. Als er sich anmaßte, den Abteilungen XV in den Bezirksverwaltungen Weisungen zu erteilen, wurde er entlassen und berentet.
Koch gelingt es sehr schnell, von Großmann Einzelheiten über Quellen zu erfahren. Als ehemaliger stellvertretender Leiter der Äußeren Abwehr in der HVA kennt er einige unserer wichtigsten Quellen in den gegnerischen Diensten persönlich, und von anderen weiß er von ihrer Existenz. Großmann läuft zum BfV über und wird fortan unter dem Decknamen »Kardinal« geführt. Koch, der dies alles mit vermittelt und einleitet, erregt sich mir gegenüber lediglich über Karl-Christoph Großmanns Forderung nach einem Kopfgeld von 500.000 DM. Er nennt es unverschämt. Das Ganovenduo, daß sich gesucht und gefunden hat, reduziert sich nun selbst auf das, was es wirklich interessiert. Geld. Durch Karl-Christoph Großmanns Verrat werden folgende Kundschafter der HVA verhaftet und später verurteilt.
Alfred Spuhler im November 1991 zu zehn Jahren und Ludwig Spuhler zu fünf Jahren und sechs Monaten Haft. Dr. Gabriele Gast im Dezember 1991 zu sechs Jahren und neun Monaten Haft. Klaus Kuron im Februar 1992 zu zwölf Jahren Haft.

Für die Kundschafter bringt dieser Verrat nicht nur Leid und Unheil über ihre Familien, sondern auch die Enttäuschung, aus den eigenen Reihen verraten worden zu sein. Wenn mir gewisse Angebote gemacht werden, denke ich an die Grundsätze, denen ich mich in meiner Arbeit in der HVA ein Leben lang verpflichtet gefühlt habe:

1. Unsere Tätigkeit diente der Erhaltung und Sicherung des Friedens, der Sicherheit der DDR und der anderen sozialistischen Länder, einschließlich ihrer territorialen Integrität und Unverletzlichkeit der Grenzen, der Entwicklung des sozialistischen Staates, seiner Wirtschaft und der anderen gesellschaftlichen Bereiche.
Unsere Tätigkeit hatte niemals das Ziel, andere Staaten zu destabilisieren, zu liquidieren, die Menschenrechte zu verletzen oder Kapitalverbrechen zu begehen.
Dazu verpflichteten sich alle Personen, die mit der HVA eine inoffizielle Zusammenarbeit eingingen, unabhängig davon, ob das Bekenntnis schriftlich oder mündlich erfolgte.
Mit Beendigung der Zusammenarbeit sind alle Verpflichtungen erloschen und es erfolgen auch keine neuen. Wir übergaben keine Quellen an andere Geheimdienste und beendeten alle Maßnahmen, die früher zur Aufklärung der Politik der NATO-Staaten gegenüber den damaligen sozialistischen Ländern durchgeführt worden waren. Es besteht also keine Gefahr mehr für die BRD und andere Staaten.
2. Die Mehrzahl der IM verpflichteten sich zur Zusammenarbeit mit uns aus politischen, zum Teil aus ideologischen Motiven. Sicher erhielten sie auch finanzielle Zuwendungen. Aber ausschließlich wegen des Geldes haben nicht viele gearbeitet, keiner nur unter Druck, einige aber unter fremder Flagge, das heißt, sie wußten nicht, daß sie für die Aufklärung der DDR tätig waren.
3. Die Zusammenarbeit mit vielen ging über einen langen Zeitraum, zum Teil über Jahrzehnte. Da entwickelten sich viele enge, persönliche Beziehungen und sogar Freundschaften.
4. Mit der Zusammenarbeit gingen nicht nur die IM Verpflichtungen ein. Wir fühlten uns für ihre Sicherheit und die ihrer Familien verantwortlich. Unser Zusammengehen beruhte auf gegenseitigem Verständnis, gegenseitiger Ach-

tung und Wertschätzung, gegenseitigem Respekt und Vertrauen sowie der Erwartung, niemanden bewußt in Schwierigkeiten zu bringen.
5. Schließlich waren wir Offiziere, denen Verrat fremd sein mußte, nicht nur weil er bestraft wurde. Das Gewissen, die Moral, die Ehre eines Offiziers, aber auch eines bewußt politisch tätigen Menschen geboten dies. Jeder trug entsprechend seiner Funktion oder Position Verantwortung für sich und seine Mitarbeiter. Dazu gehörten unbedingt auch die IM in der DDR und im Operationsgebiet. Zum Lumpen wurde der, der die Verantwortung anderen zuschob oder sich auf Kosten anderer und zu seinem eigenem Vorteil seiner Verantwortung entzog.

Die meisten Mitarbeiter halten sich auch nach ihrer Entlassung an diese Grundsätze und trotzen dem Bemühen der Geheimdienste anderer Länder. Sie widerstehen den verlockenden Angeboten der Straffreiheit und unterwerfen sich nicht dem § 153e (tätige Reue) der Strafprozeßordnung der Bundesrepublik. Für viele ist das nicht einfach, denn nach der Vereinigung am 3. Oktober 1990 beginnt eine konzertierte Aktion des Bundesverfassungsschutzes, des Bundeskriminalamtes und der Bundesanwaltschaft.
Nur wenige geben sich selbst auf. Einige jedoch bieten sich an oder erliegen entsprechendem Druck und verlockenden Angeboten. Sie offenbaren sich gegnerischen Geheimdiensten und geben ihr Wissen preis. Daß sich darunter ehemalige leitende Mitarbeiter befinden, ist für mich eine furchtbare Enttäuschung.
Neben den schon genannten Busch, Roitzsch und Karl-Christoph Großmann verraten noch andere ihre ehemaligen Kundschafter:
Frank Weigelt, Mitarbeiter im Sektor Wissenschaft und Technik, erhielt vom Bundesamt für Verfassungsschutz den Decknamen »Bistro«. Auf Befehl seiner neuen Dienst-

herren versucht er den von ihm geführten Kundschafter Dieter W. Feuerstein dem sowjetischen Geheimdienst KGB zu übergeben. Erst als Feuerstein dieses Ansinnen ablehnt, wird er verhaftet und zu acht Jahren Haft verurteilt.
Andreas Otto, Mitarbeiter der Abteilung IX – Äußere Abwehr verrät unter anderen Herbert Kloss, der im Januar 1993 zu drei Jahren und sechs Monaten verurteilt wird.
Dieter Schlaphof, ehemaliger stellvertretender Leiter der Abteilung XV in Dresden, im Bundesamt für Verfassungsschutz unter dem Decknamen »Doris« geführt, dient seinen westdeutschen IM dem KGB an. Als wir davon Kenntnis erhalten, informieren wir natürlich Moskau. Nichts geht mehr.
Rainer Holz, ehemaliger Mitarbeiter der Bezirksverwaltung Potsdam, bekommt vom Bundesverfassungsschutz den Decknamen »Malediven«.
Volker Lätsch, ehemaliger Referatsleiter der Abteilung XI – Bearbeitung von US-Behörden steht ebenfalls auf der Besoldungsliste des BfV.

Andere hoffen auf Straffreiheit oder Strafmilderung. Sie plaudern ihr Wissen aus, belasten Kundschafter und tragen zu deren Verhaftung und Verurteilung bei.
Zu ihnen gehören:
Peter Haustein, ehemaliger Referatsleiter in der Abteilung II – Bearbeitung politischer Parteien in der BRD.
Ingolf Freyer, ehemaliger stellvertretender Leiter der Abteilung II.
Gunter Nehls, ehemaliger stellvertretender Leiter der Abteilung IX – Äußere Abwehr.
Peter Richter, ehemaliger Referatsleiter in der Abteilung VII – Auswertung.
Günter Bohnsack, ehemaliger Mitarbeiter in der Abteilung X – Aktive Maßnahmen.
Jürgen Greschke, ehemaliger Mitarbeiter in der Abteilung X.

Manfred Lohs, ehemaliger Referatsleiter in der Abteilung IV – Bearbeitung des Bundesministeriums für Verteidigung.
Der Psychologe Dr. Gerd Lips, ehemaliger Mitarbeiter der Abteilung VI – Übersiedlung, Dokumentation, ein enger Freund von Werner Roitzsch.
Karlheinz Michalek, ehemaliger Mitarbeiter der Abteilung XI – USA.

Ich akzeptiere ihre Motive nicht. Immerhin sind es alles ehemalige leitende Mitarbeiter, die von ihren Untergebenen und IM die Leistungen forderten, für die sie jetzt verurteilt werden. Den Kopf auf Kosten anderer aus der Schlinge zu ziehen halte ich für schäbig. Die Verantwortung für den anderen endet nicht mit dem Dienst.
Obwohl wir in einigen Fällen vom Verrat informiert sind, können wir die betreffenden Kundschafter nicht mehr warnen. Die Zeit reicht nicht aus, die operativen Möglichkeiten gibt es nicht mehr, die Verbindungsleute sind nicht mehr handlungsfähig. In keinem Fall unterlassen wir aber eine mögliche Warnung. Wir opfern niemanden.

Das Interview

Peter-Ferdinand Koch fühlt vor, ob ich zu einem Gespräch mit dem »Spiegel« bereit bin. Ich lehne erst einmal ab. Einerseits befürchte ich, daß die Journalisten etwas wissen wollen, was ich ihnen nicht sagen will, andererseits präsentiere ich mich zum ersten Mal in meinem Leben der Öffentlichkeit. Für mich als alten Geheimdienstmann ungewohnt.
Je länger ich über das Angebot nachdenke, desto mehr Argumente finde ich, mich doch zu äußern. Ich kann meine ehemaligen Mitarbeiter und Kundschafter darüber informieren, daß die HVA-Leitung keinen verraten wird, daß alle Akten vernichtet wurden und dadurch keine Enttar-

nung droht. Jeder soll wissen, daß Übernahmeangebote an andere Dienste nicht von uns kommen und wir uns allen Kundschaftern solidarisch verbunden fühlen. Schließlich stimme ich dem Interview zu.
Zum ersten Abklopfen treffe ich mich im Beisein von Koch mit dem Spiegel-Redakteur Axel Jeschke im Restaurant »Peking« in der Leipziger Straße. Jeschke sichert mir zu, daß nur ein Text erscheint, der von mir autorisiert ist. Damit kann ich leben.
Mit gehörig Lampenfieber sitze ich ein paar Tage später im Berliner Grand Hotel in der Friedrichstraße den zwei Journalisten gegenüber. Hinter mir liegen immerhin die Wirren des Herbstes 1989 und des ersten Halbjahres 1990. Die Stasi-Hysterie im Lande, vor allem geschürt durch die Medien, einschließlich des Spiegel, ist an mir nicht spurlos vorbeigegangen. Die Situation ist heikel, ich bin mir meiner Souveränität nicht ganz so sicher wie sonst. Die Redakteure Uli Foerster und Axel Jeschke erledigen ihre tägliche Arbeit, für mich ist das Interview eine Premiere.
Die drei Stunden überstehe ich leidlich. Den Spiegel-Leuten antworte ich nicht immer umfassend und tiefschürfend. Aber das erwarten sie wohl auch nicht, denn sie machen es mir nicht besonders schwer. Es reicht ihnen offensichtlich, die erste öffentliche Äußerung des letzten Spionagechefs der DDR in ihrem Blatt zu haben.
Das, was dann am 3. September 1990 in dem Hamburger Nachrichtenmagazin steht, entspricht genau meiner Absicht. Koch behauptet später in seinem Buch »Die feindlichen Brüder«, mir sei es lediglich um ein fünfstelliges Honorar gegangen. Ganz davon abgesehen, daß der windige Vermittler mit Sicherheit nicht weniger einsteckt, brauche ich die 10.000 DM später dringend für Anwaltshonorare. Mit meinem ersten Interview bin ich zufrieden.

Koch trifft wieder einmal »rein zufällig« Mitarbeiter des BND. Sie hätten ihn gebeten, ein Gespräch mit mir in Westberlin zu vermitteln. Die Namen sagen mir nichts. Ich lehne also nicht nur Westberlin als Ort des Treffens ab, sondern auch die Partner. Noch bin ich Bürger der DDR. Wenn ich nach Westberlin fahre, können die mich ohne weiteres verhaften. Außerdem bin ich der ehemalige Chef der HVA und treffe mich nicht mit einem subalternen BND-Mitarbeiter. Ich lasse also Koch ausrichten, entweder es kommt ein leitender Vertreter des Bundesnachrichtendienstes nach Ostberlin oder es gibt kein Treffen. Die Begegnung sei ohnehin sinnlos, wenn man erwarte, daß ich Namen und Sachverhalte mitteile.

Nun ist die andere Seite wieder dran. Hans-Georg Wieck, der Präsident, wird wohl nicht die Hauptstadt der DDR betreten. Den Vizepräsidenten Paul Münstermann, 1967 von der Bundespost zum Bundesnachrichtendienst gewechselt, schicken sie wohl auch nicht. Puff-Paule, wie sie ihn beim BND nennen, gilt bei Freund und Feind als hinreichend inkompetent für jedes geheimdienstliche Geschäft. Als sich Volker Foertsch ankündigt, bin ich eigentlich zufrieden. Er ist Leiter der Abteilung Operative Beschaffung und gilt als der dritte Mann im BND. Der ist ein anderes Kaliber und gehört in Pullach zum festen Inventar. Am 30. August wollen wir im Tierpark spazieren gehen. Ich kenne die Gegend sehr gut. In den fünfziger Jahren habe ich in Altfriedrichsfelde gewohnt und bin mit meinen Kindern und meiner Frau oft im Tierpark spazierengegangen. Mit Foertsch werde ich die gewohnte Runde von damals drehen. Da sind wir ungefähr anderthalb Stunden unterwegs. Das muß reichen. Wie gewohnt, bereite ich mich auf den Termin vor. Ich spreche mit Harry Schütt, dem ehemaligen Leiter der HVA-Abteilung IX – Äußere Abwehr. Der kennt den Bundesnachrichtendienst und Foertschs

Biographie aus dem Effeff. Nur er und meine Frau wissen, was ich an diesem Spätsommertag vorhabe.
In Fleisch und Blut übergegangene Regeln der konspirativen Arbeit halte ich auch an diesem Tag ein. Eine halbe Stunde vor dem vereinbarten Termin parke ich meinen roten Lada Samara vor einem Plattenbauhochhaus gegenüber dem Tierpark, auf der anderen Seite der vierspurigen Ausfallstraße. Ich gehe durch den Fußgängertunnel zum Haupteingang neben dem Bärenzwinger und kaufe zwei Eintrittskarten. Observiert werde ich offensichtlich nicht.
Punkt zwölf Uhr preschen zwei schwarze Limousinen heran, fahren forsch auf den Gehweg und halten vor dem Eingang. Die fühlen sich hier zu Hause. Ich stehe unter einem großen Baum, Foertsch kommt auf mich zu. Wie immer, wenn ich jemand treffe, stelle ich mir die Frage: Kannst du mit dem? Wir sind von ähnlicher Statur und begegnen uns auf gleicher Augenhöhe, als wir uns die Hand geben.
Foertsch ist sechs Jahre jünger als ich. Beide waren wir 23 Jahre alt, als wir Geheimdienstler wurden. Er begann bei Reinhard Gehlen, dem ehemaligen Brigadegeneral der Heeresabteilung Fremde Heere Ost, die in der überfallenen Sowjetunion stationiert war. Ich meldete mich bei Markus Wolf, dem jungen Kommunisten, der nach dem Sieg über Hitlerdeutschland aus dem Moskauer Exil gekommen war. Foertsch ist im Bundesnachrichtendienst der Bundesrepublik Deutschland verantwortlich für die Nachrichtenbeschaffung im Osten, ich bin Rentner und vertrete die nicht mehr existierende Hauptverwaltung Aufklärung des abgewickelten Ministeriums für Staatssicherheit der gerade noch existierenden Deutschen Demokratischen Republik – die Tickets für den Tierpark bezahle ich schon mit Westgeld.
Wir gehen zur Pforte des Tierparks. Ich reiche die zwei Eintrittskarten durch das Fenster, die Frau hinter dem Schalter reißt sie ein und gibt sie zurück. Zwei ältere Herren gehen nun im Tierpark spazieren. Der Himmel ist grau,

die Stimmung im Park trist, wir begegnen nur wenigen Menschen. Beide fühlen wir uns nicht so ganz wohl. Foertsch fragt mich, ob ich abgesichert werde. Ich antworte ihm, daß die HVA aufgelöst und ich allein zu diesem Treffen gekommen sei. Das kann er von sich nicht behaupten. Mehrere Personen seien zu seinem Schutz in der Nähe. Für mich akzeptabel, wenn auch die Sicherheitslage für ihn hier in der DDR entschieden komfortabler ist, als sie für mich in Westberlin wäre.
Foertsch fällt nicht mit der Tür ins Haus. Das wundert mich nicht, denn wir wollen uns während dieses ersten Treffens erst einmal kennenlernen. Konkreteres wollen wir bei weiteren Zusammenkünften klären. Ich erzähle ihm, daß ich als junger Mitarbeiter des Außenpolitischen Nachrichtendienstes während des Baus des Tierparks hier nachts Wache geschoben habe. Das amüsiert ihn.
Ich: »Vielleicht hätten wir uns schon früher treffen sollen.«
Er: »Das hätte die Politik wohl nicht erlaubt.«
Von sich aus erwähnt er die gerade diskutierte Amnestie für ehemalige HVA-Mitarbeiter und erkundigt sich, ob auch ich als Führungsoffizier gearbeitet hätte. Als ich das bejahe, sagt er: »Nicht gut, die Verantwortlichen in der Bundesrepublik neigen mehr und mehr dazu, auch die Führungsoffiziere strafrechtlich zu verfolgen.« Er halte das für Unsinn. »Ich befürworte die Amnestie«, beteuert er, »aber wer soll sie durchsetzen.« Gut zu wissen, denke ich, daß wenigstens Foertsch nicht an den Unsinn von guten und bösen Spionen glaubt.
Mittlerweile stehen wir an der Braunbärenschlucht. Ich vermisse ein Metallschild, auf dem stand, daß die Mitarbeiter des MfS diese Anlage dem Tierpark geschenkt haben. Es ist verschwunden. Schnell konzentriere ich mich wieder auf meinen Begleiter. Ich versichere ihm: Die nachrichtendienstliche Arbeit der HVA ist beendet, die Kontakte zu Kundschaftern abgebrochen, eine Übergabe von Quellen an andere Geheimdienste findet nicht statt, und ope-

ratives Wissen gebe ich nicht preis. Foertsch nimmt das schweigend zur Kenntnis.
In zwei unabhängig voneinander gesprochenen Sätzen glaube ich einen Zusammenhang zu erkennen. Foertsch sagt: »Die Zeit ist gekommen, um über Zusammenarbeit zu sprechen.« Später stellt er fest, daß der BND eine zunehmende Aktivität der CIA in der Bundesrepublik bemerke. Letzteres würde seinen Dienst künftig mehr beschäftigen als die Aktivitäten des ehemaligen KGB. Was den Umgang mit den Amerikanern betrifft, erzähle ich ihm einiges über die Initiativen und Werbeversuche des CIA-Residenten in der DDR.
Bei dem Stichwort Werbeversuch plaudern wir ein bißchen von alten Zeiten. Gegenseitig versuchten wir hauptamtliche Mitarbeiter umzudrehen. Was die bekanntgewordenen Fälle betrifft, versichern wir uns: viel versucht, wenig geglückt. Ich untertreibe ein bißchen, denn Foertsch kennt unsere Kundschafter im BND noch nicht. Alfred Spuhler und Dr. Gabriele Gast sind zwar abgeschaltet, aber noch nicht enttarnt. Aus verständlichen Gründen will er nun wissen, wer im MfS die Werbeaktivitäten des BND gegen HVA-Mitarbeiter bearbeitet hat. Offensichtlich möchte er nicht, daß die lange Liste der Pleiten und Pannen in falsche Hände kommt. Ich sage ihm, das hätte unsere Arbeitsgruppe Sicherheit selbst erledigt und nur in ganz seltenen Fällen die Abwehr. Aber, so füge ich hinzu, die Dossiers, die wir von zu werbenden BND-Mitarbeitern angelegt hatten, seien auch nicht von schlechten Eltern. Es beruhigt ihn sehr, daß diese Akten wie auch alle anderen der HVA durch den Reißwolf gegangen sind.
Unser Rundgang durch den Park ist präzise nach 90 Minuten zu Ende. Foertsch lädt mich zu einem weiteren Gespräch Ende September nach München ein, und er gibt mir eine Telefonnummer. Ich halte mich zurück mit einer Zusage, verspreche aber, mich zu melden. Natürlich will ich noch einmal mit ihm sprechen. Vielleicht kann ich wenig-

stens die Leitung des Bundesnachrichtendienstes überzeugen, eine Amnestie zu unterstützen. Illusionen habe ich nicht, denn Volker Foertsch hatte ja angedeutet, daß der BND wenig gegen die Politik ausrichten könne.
Als wir uns verabschieden, klickt auf einmal der Auslöser eines Fotoapparates. Woher kommt plötzlich der Fotograf? Foertsch hat ihn offensichtlich nicht bestellt, denn der zuckt zusammen und versucht, sich wegzudrehen. Ein Pressemann ist es auch nicht, denn in der Folgzeit erscheint in keiner Zeitung ein Bild. Wer sammelt hier Beweise?
Es kommt zu keinem weiteren Treffen. Der Generalbundesanwalt ist schneller. Am 17. September 1990 erläßt er einen Haftbefehl gegen mich.
In verschiedenen Zeitungen lese ich anschließend viel Unsinn über das Treffen. »Tango« schreibt, ich hätte von Foertsch 200.000 DM erhalten. Mein Dementi druckt »Tango« dann allerdings auch. Und Koch, der dieses Treffen ja mit eingefädelt hat, von mir aber nichts über den Inhalt erfährt, fabuliert in seinem Buch »Die feindlichen Brüder« über das Treffen am 30. August 1990. Richtig ist nur das Datum und der Ort des Treffens. Ich kam mit der U-Bahn, die BND-Leute mit einigen Autos, ich wurde von 40 HVA-Observanten abgesichert, von einem ehemaligen HVA-Major laufend fotografiert, und ich hätte das Erbe der HVA, was immer das ist, angeboten, wenn der BND einen Teil der leitenden Offiziere übernehmen würde.

Die Agenten kommen

Das Gespräch zwischen mir und Volker Foertsch wirft lange Schatten. Im Sommer 1997 stehen plötzlich zwei BND-Mitarbeiter vor meiner Wohnungstür in der Grevesmühlener Straße 18. Frau Wagner und Herr Dietz wollen sich mit mir unterhalten. Wir gehen in mein kleines Arbeitszimmer, eigentlich das Kinderzimmer in der Drei-Zimmer-Wohnung. Ich soll ihnen helfen, einen Maulwurf zu enttarnen, den sie in der unmittelbaren Führungsspitze des BND vermuten. »Wir verfügen über ziemlich beweiskräftige Informationen aus Moskau.« Die betreffende Person habe früher für die HVA gearbeitet und sei dann von den Russen übernommen, allerdings längere Zeit schlafend geführt worden.

Oha, denke ich, den müßtest du ja kennen. Doch es sitzt weder eine noch nicht enttarnte Quelle in Pullach, noch haben wir einen Kundschafter an Moskau übergeben. Ich vermute, daß der BND einer aktiven Maßnahme der russischen Aufklärung aufgesessen ist. Ich entsinne mich, daß Anfang der neunziger Jahre General Juri Drosdow, der damalige Leiter der illegalen Linie in der sowjetischen Aufklärung, so etwas in die Öffentlichkeit gestreut hatte. Wer wärmt also die alten Kamellen wieder auf und warum?

Ich ahne bereits, wen der Bundesnachrichtendienst im Visier hat und frage meine Gäste nach ihrer zuständigen Abteilung. Dachte ich es mir doch, sie kommen aus der Abteilung 5. Und der Leiter der Sicherheitsabteilung ist Volker Foertsch. Die sind ihrem eigenen Chef auf der Spur! Das geht ja munter weiter im BND, auch ohne die HVA. Ich äußere meine Gedanken natürlich nicht, aber mein Interesse ist geweckt.

Als die beiden mich und meine Frau zum Essen einladen, sagen wir sofort zu. Frau Wagner und Herr Dietz vom BND wollen mehr wissen. Wir treffen uns am 22. August 1997 im Restaurant »Reinhard's« im Berliner Nikolaiviertel. Bevor das Essen serviert wird, frage ich sie direkt, was sie von mir wissen wollen. Die heutige russische Aufklärung stünde für sie an vorderster Stelle der zu bearbeitenden Dienste. Dann kommt die Frage: Sind Sie bereit, uns zu helfen.

Ganz davon abgesehen, daß ich nichts weiß, werde ich grundsätzlich: »Dem BND zu helfen heißt der BRD zu dienen. Welche Motive sollte ich haben, nachdem wir früheren Mitarbeiter der HVA und unsere Kundschafter strafrechtlich verfolgt, gesellschaftlich geächtet und sozial ausgegrenzt wurden, diesem Staat zu dienen? Bis jetzt hat er von uns immer nur etwas genommen, niemals etwas gegeben!«

Die beiden sind ziemlich beeindruckt. Weil ich aber das Gespräch noch nicht beenden will, werde ich verbindlicher: »Das Verhalten der damals Verantwortlichen der sowjetischen Aufklärung hat mich sehr enttäuscht. Von denen erfahre ich nichts mehr. Glauben sie wirklich, daß mir frühere Partner in Moskau erzählen, wo und wie sie in der BRD aktiv sind.« Nun gut, meine Frau und ich genießen das Essen, und wir stimmen zu, uns mit den BND-Leuten im September noch einmal zu treffen, wenn wir einige Tage im bayerischen Bad Birnbach verbringen.

Zum verabredeten Termin sitzt der Referatsleiter der beiden mit am Tisch. In Haltung, Sprache und Gestik ein typischer Militär, denke ich. Und schon bestätigt er es. Er diente früher bei der Bundeswehr. Auch er beklagt, daß ehemalige HVA-Mitarbeiter keine Chance beim BND bekommen. Schneidig setzt er hinzu: »Wir sind nach 1945 mit den Braunen fertig geworden, da werden wir es doch nach 1990 mit den Roten schaffen.« Ich bekomme leichtes Sodbrennen. Trotzdem beginne ich keine Grundsatzdiskussion mit diesem Fatzke.

Ansonsten: gleiches Thema, ähnliche Fragen. Was soll das? Dann fragt der schnöselige Referatsleiter, ob ich noch einmal mit Herrn Foertsch sprechen möchte. Das elektrisiert mich, ich sage zu. Verdächtigen die nun ihren Chef wirklich, und wollen sie Beweise erarbeiten, wenn ich mit ihm rede? Das Ganze belustigte mich erheblich. So naiv kann keiner sein.

Weder Frau Dietz und Herr Wagner noch der Referatsleiter melden sich bei mir, um einen Termin für das angebotene Gespräch zu vereinbaren oder abzusagen. Höchst unprofessionell. Monate später lese ich in den Zeitungen die ersten Meldungen über einen Maulwurf im BND. Juri Drosdow soll in seinen Memoiren »Notwendige Arbeit« mitgeteilt haben, daß schon im Jahre 1972 »D-104 Skorpion« aus dem BND angeworben worden sei. Die Aufregung ist groß. BND-Präsident Hansjörg Geiger suspendiert den Ersten Direktor im Bundesnachrichtendienst Foertsch, der als Chef der Abteilung Sicherheit/Abwehr Doppelagenten jagen sollte. Die Bundesanwaltschaft eröffnet ein Ermittlungsverfahren und läßt den Panzerschrank des Verdächtigen mit brisantem Material räumen. Nach neun Monaten ist die Luft raus, Foertsch kehrt in seine Diensträume zurück. Der Verdacht habe sich entkräftet, teilt die Leitung des Bundesnachrichtendienstes allen Mitarbeitern in einem Rundschreiben mit. Die Diskussionen halten an, Präsident Geiger schickt seinen dienstältesten Beamten doch in den Ruhestand. Das Bundeskanzleramt ernennt schließlich den 63jährigen zum Leiter der internen BND-Schule.

Mit dieser Aktion blamiert sich der BND bis auf die Knochen. Die zwei BND-Mitarbeiter, Frau Wagner und Herr Dietz, die mich im November 1998 wieder in Berlin besuchen, sind da ganz meiner Meinung. Sie entschuldigen sich für das arrogante Verhalten ihres inzwischen versetzten Referatsleiters und bitten um weitere Gespräche.

Doch dann kommt alles ganz anders. Von einem alten Freund erfahre ich, daß ihn ein Herr Langer vom BND gebeten habe, mich für ein Gespräch zu gewinnen. Das Thema: Volker Foertsch. Ich höre wohl nicht richtig. Der Mann ist zwar nicht mehr im Dienst, aber längst öffentlich rehabilitiert. Wer dreht denn da weiter an der Schraube, deren Gewinde längst ausgeleiert ist, und warum? Ich lasse meinen Freund dem Herrn Langer mitteilen, wenn er etwas von mir wolle, solle er sich direkt bei mir melden. Nichts passiert. Ende Januar 1999 ruft mich Herr Dietz wieder an. Mir reicht es nun endgültig. Ich lehne jeden weiteren Kontakt ab und begründe das auch:

Neben der unprofessionellen Arbeit des Herrn Langer gibt es für mich einen entscheidenden politischen Grund. Gerade hatte der Geheimdienstkoordinator im Bundeskanzleramt, Ernst Uhrlau, erklärt, eine Gleichbehandlung der Spione Ost und West käme auf keinen Fall in Frage. »Solange unsere Kundschafter also nicht rehabilitiert werden«, sage ich, »verbietet sich eine Zusammenarbeit mit bundesdeutschen Diensten.«

Ein bißchen denke ich dabei schon an Frau Wagner und Herrn Dietz, die meiner Frau und mir nicht unsympathisch sind. Sie traten höflich, korrekt, sachlich, professionell und betont zurückhaltend auf und verhielten sich absolut zuverlässig. Termine und Verabredungen hielten sie penibel ein. Ihre faire Haltung gegenüber den ehemaligen Mitarbeitern der Hauptverwaltung Aufklärung schien ehrlich wie auch ihr Bedauern, daß die bundesrepublikanische Politik nach 1990 nur konfrontativ gegenüber der ehemaligen HVA agiert. Darin sahen sie auch den Grund, warum die meisten HVA-Angehörigen, die sie ansprachen, jeden Kontakt ablehnten. Das registrierte ich natürlich mit Genugtuung. Damit es nicht verlorengeht: Dietz und Wagner firmierten unter »Vertriebs- und Beratungsbüro« München, Telefon 089/159 132 15.

Ende Februar 1999 meldet sich der BND-Beamte Langer wieder telefonisch bei meinem Freund. Er bestellt Grüße von seinem Präsidenten August Hanning an mich und bittet um ein Gespräch. Was will der? Im Mai treffen wir uns in der Wohnung meines Freundes. Herr Langer hat einen Herrn Bockholz mitgebracht. Beide arbeiten in der Sicherheitsabteilung des BND. Das Wort führt Bockholz, offensichtlich der Ranghöhere. Er deutet an, nicht ohne Ansehen und Einfluß zu sein, nicht nur im BND. Beide Agenten freuen sich über den Gesprächstermin, denn bisher sei ich ja weder gesprächs- noch auskunftsbereit gewesen. Immerhin seien seit der Wende zehn Jahre vergangen, viel habe sich verändert, auch im BND unter dem neuen Präsidenten August Hanning. Die ehemaligen Mitarbeiter der Aufklärung seien doch nun in die BRD integriert und hätten gleiche Rechte und Pflichten wie alle Bundesbürger. Der BND habe es von Anfang für falsch gehalten, wie die Politik mit den HVA-Leuten umgegangen ist. Damit habe man Chancen vertan. Nun denke man auch in der Politik anders.

Das sehe ich nicht so. Ich nehme die Anspielung auf die staatsbürgerlichen Pflichten auf: »Ich sehe mich zwar in der Pflicht, als BRD-Bürger diesem Staat nicht zu schaden, nicht aber, ihm zu helfen. Ich stehe also dem BND nicht zur Verfügung.«

Nun lassen beide BND-Beamten ihren Frust ab. Sie hätten es nie verstanden, daß ihnen der Kontakt zu HVA-Mitarbeitern verboten worden sei. Es sei falsch, die Aufklärer strafrechtlich zu verfolgen. Auch die Probleme mit den Kundschaftern hätte man besser lösen können, wäre der BND von Anfang an einbezogen worden. Die operative Bilanz der HVA sei doch unbestritten gut, und die Mitarbeiter hätten ausgesprochen professionell gearbeitet – ein Fehler, diese Potenzen nicht zu nutzen.

Nun frage ich: »Mit welchem Ziel wollen Sie denn nun diese Potenzen ausschöpfen?« Sofort nennen sie die russische Aufklärung. Sie wollen ausschließlich Gefahren für den BND abwenden. Geheimdienstliche Angriffe auf andere Institutionen in Politik, Industrie, Wirtschaft und beim Militär interessieren sie nicht. Etwas irritiert frage ich sie: »Glauben Sie wirklich, daß heute noch ein ehemaliger DDR-Aufklärer Interna der russischen Aufklärung erfahren würde? Einst enge Bande existieren schon lange nicht mehr. Außerdem ist kaum noch jemand von den alten Bekannten im Dienst.« Schnell lenken die BND-Leute ein. Allein die Kenntnis der russischen Mentalität sei von Vorteil. Die fehle den BND-Mitarbeiten völlig.

Die fast beschwörend vorgetragene Bitte, ein neues Gespräch zu verabreden, deutet an: Sie haben ihr eigentliches

Ziel noch nicht genannt. Was soll diese Tippeltappeltour? Ob ich denn wenigstens bereit sei, einzelne Fragen zu beantworten. Nun verliere ich die Lust und sage knapp und deutlich nein. Zum Abschluß bitten sie um einen weiteren Termin im Herbst. Prompt melden sie sich wieder bei meinem Freund. Doch nicht nur aus gesundheitlichen Gründen sage ich endgültig ab.

Ich bleibe hier

In den letzten Wochen vor dem Beitritt der DDR zur BRD wächst der Druck auf uns, die Quellen offenzulegen. Eine gesetzlich Regelung, die ehemaligen Spione in Ost und West gleich zu behandeln, erwartet niemand mehr.

Die zuständigen Mitglieder der letzten DDR-Regierung, Ministerpräsident de Maiziere, sein Stellvertreter und Innenminister Dr. Diestel und der Verhandlungsführer, Staatssekretär Dr. Günther Krause, interessieren sich kaum noch für unsere Angelegenheiten. Ob das ein abgekartetes Spiel ist, können nur sie sagen.

Die Medien sind sich fast einig, Kundschafter wie auch hauptamtliche HVA-Mitarbeiter müssen strafrechtlich verfolgt werden. Obwohl fast nur Markus Wolf genannt wird, glaube ich nicht blauäugig, daß mich die Gerichte in Ruhe lassen. Ohne Illusionen frage ich mich: Soll ich hier bleiben und mich der Verantwortung stellen, oder setze ich mich ins Ausland ab?

Ich arbeitete 38 Jahre im Nachrichtendienst, einer Hauptverwaltung des Ministeriums für Staatssicherheit der DDR, einer legalen Institution eines selbständigen, souveränen, von der Völkergemeinschaft anerkannten Staates. In dieser Zeit erfüllte ich ausschließlich nachrichtendienstliche Aufgaben. Verbrechen gegen die Menschlichkeit oder andere schwere strafbare Handlungen beging ich nicht. An meinen Händen und denen meiner Mitarbeiter und Kundschafter klebt kein Blut.

Meine Tätigkeit entsprach der Verfassung und den Gesetzen der DDR und auch den geltenden internationalen Verpflichtungen im Rahmen des Warschauer Vertrags. Als Offizier war ich auf die Verfassung und die Gesetze meines Staates vereidigt. Ich handelte als bewußt politisch tätiger Mensch, um während des Kalten Krieges den Frieden zu sichern.

In den letzten dreieinhalb Jahren des Ministeriums für Staatssicherheit leitete ich den Nachrichtendienst und trug die Verantwortung für Tausende offizieller und inoffizieller Mitarbeiter. Soll ich diese Menschen, die wie ich getreu ihren Idealen und Verpflichtungen handelten, jetzt im Stich lassen? Zwar verfüge ich nach der Auflösung des Dienstes weder über Befugnisse noch über organisatorische Möglichkeiten, aber ich will durch meine Haltung ein Beispiel geben, versuchen, Schaden abzuwenden, zu motivieren und zu aktivieren. Ich will meinen Einfluß geltend machen, daß niemand, unbedacht oder gewollt, den inneren Frieden gefährdet.

Ich bin also fest entschlossen, hierzubleiben, zu meinem Leben zu stehen und mich meiner Verantwortung zu stellen. Ich besorge keine falschen Pässe für mich und meine Frau, ich verfüge über keine Konten im Ausland. Obwohl es Möglichkeiten gibt, bemühe ich mich nirgendwo um Asyl. Ganz davon abgesehen, daß mich die ärgsten Gegner in die Arme schlössen, würde ich nur mit ihnen kooperieren. Daß ich dies nicht tue, paßt überhaupt nicht in das Klischee mancher Leute, für die der Verrat einfach zum Instrumentarium eines Spionagechefs gehört.

Ich spreche in diesen Tagen oft mit meiner Frau darüber. Brigitte steht, wie in all den 40 Jahren unserer Ehe, mit ganzem Herzen an meiner Seite. Sie hat viele schwere Entscheidungen mit getroffen, und sie tut es jetzt auch. Wir rufen die Familien unserer Kinder zusammen. Tragen wir doch auch ihnen und ihren Familien gegenüber Verantwortung.

Ingrid, Harald und Frank bestärken uns und wollen uns uneingeschränkt unterstützen. Selten im Leben erlebt man so ein Glück. Kann man mehr von seinen Kindern bekommen? Die Tränen während dieses Gesprächs sind ein Gemisch aus Angst, Sorge, Schmerz, Glück, Freude und der Gewißheit, daß wir uns in jeder Situation aufeinander verlassen können.
Nun brauche ich nur noch einen Anwalt, der mir in den zu erwartenden rechtlichen Auseinandersetzungen zur Seite steht. Rechtsanwalt Dr. Wolff übernimmt meine Vertretung. Ich kenne ihn nur aus einer früheren flüchtigen Begegnung, schätze aber seine Kompetenz und Integrität. Bei ihm bin ich in guten Händen.

Die Böllerschüsse in der Nacht vom 2. zum 3. Oktober 1990 hören Brigitte und ich nicht. Weitab vom Schuß schlafen wir in unserem Haus in Hohenschönhausen der deutschen Einheit entgegen. Doch noch am selben Tag holt uns ein ganz anderer Kracher in die Realität des vereinten Deutschland zurück. Den Tag des Anschlusses der DDR an die BRD erleben wir als feindliche Übernahme. Dabei beginnt der Morgen des 3. Oktobers mit herrlichem Sonnenschein. Wir meiden das Berliner Zentrum und fahren zu unseren Kindern ins Grüne. Im Familienrat gibt es viel zu besprechen.

Verhaftung im Wohnzimmer

Am frühen Nachmittag kehren wir zurück. Von der Konrad-Wolf-Straße fahren wir durch die Orankestraße in die stille Oberseestraße. Hier, am idyllischen Oberen See, wohnen mehrere Generale des einstigen Ministeriums für Staatssicherheit in zweigeschossigen Reihenhäusern aus Betonfertigteilen zur Miete. Unweit unseres Hauses parkt ein PKW mit einem Frankfurt/Main-Kennzeichen. Das fällt hier auf. Ich vermute, ein Journalist ist mal wieder auf Informationssuche. Heiße Interna aus dem MfS sind in den Redaktionen gefragt.

Vor unserem Haus Nummer 6–8 halte ich. Brigitte öffnet wie immer das Tor, und ich fahre das Auto in die Garage. Als ich das Tor schließe, sehe ich hinter der Milchglasscheibe des Kellerfensters einen Schatten. Sofort denke ich: Einbrecher oder Staatsschutz? Noch ehe ich mir die Frage beantworten kann, kommt Brigitte angelaufen. »Ich bekom-

me die Wohnungstür nicht auf, der Schlüssel paßt nicht.« Jemand scheint also das Schloss ausgewechselt zu haben. Ich kann mir nun meine Frage beantworten. Diebe knacken zwar Schlösser, sie bauen aber keine neuen ein. Brigitte geht zur Pforte und klingelt, ich eile durch den Garten, um über die Terrasse in die Wohnung zu gelangen.
Im Haus wird es lebendig, die Tür öffnet sich, vor uns stehen mehrere Männer, meist ohne Jackett und mit hochgekrempelten Hemdsärmeln. Sie wirken überrascht, erschrocken; ungläubig schauen sie uns an. Das dauert allerdings nur kurze Zeit, schnell haben sie sich wieder in der Gewalt.
Einer der sechs Herren stellt sich als Kriminalhauptkommissar Klauß vom BKA vor. Er fragt: »Sind Sie Herr und Frau Großmann?« Wir bestätigen ihm das. Die Herren scheinen überrascht und zugleich erleichtert zu sein. Offensichtlich hatten sie angenommen, wir seien auf der Flucht, als sie 11.30 Uhr die Tür öffneten und in unser Haus eindrangen. Nun stehen wir einfach vor ihnen – unglaublich.
Ihre aufkommende Freude über das unverhoffte Jagdglück wird jäh unterbrochen. An der Pforte klingelt jemand. Ein Beamter geht hinaus und kommt bald wieder. Er zeigt mir zwei Presseausweise von in der DDR akkreditierten Journalisten, die mich sprechen wollen.
»Sind das wirklich Journalisten, oder etwa Mitarbeiter von Ihnen?« Mich überrascht die Frage und sie amüsiert mich auch. Offensichtlich hat der BKA-Beamte doch noch nicht so richtig realisiert, daß Berlin-Hohenschönhausen seit Null Uhr in der Bundesrepublik Deutschland liegt und daß es das Ministerium für Staatssicherheit nicht mehr gibt. Glaubt er wirklich, zwei zu allem entschlossene MfS-Rambos würden mich hier mit Gewalt raushauen? Die sechs Kriminalbeamten des BKA fühlen sich augenscheinlich im Haus des ehemaligen Spionagechefs der DDR wie im Feindgebiet. Einsatz hinter der Front. Erleichtert nehmen sie zur

Kenntnis, daß da draußen wirklich Redakteure vom Spiegel stehen. Wie immer haben die eine gute Nase.
Nach dieser Aufregung wird es fast diplomatisch. Kriminalhauptkommissar Klauß begrüßt mich sehr förmlich, aber auch sehr höflich mit Handschlag. Dann beginnt er, mir den Haftbefehl zu verkünden. Dazu kommt es erst einmal nicht. Der BKA-Beamte Bürger steht plötzlich in der Tür, er hält in seinen Armen eine große Plasteschale, um ihn herum wabert Bratenduft. Er war im Westteil der Stadt, um das Mittagessen für seine hungrigen Kollegen aus der Kantine des Polizeipräsidiums zu holen.
Klauß ignoriert die Fourage, verkündet nun doch den Haftbefehl und teilt mir mit, daß sie mich jetzt ins Polizeipräsidium nach Tempelhof bringen. Die Kohlrouladen werden kalt. Uns interessiert das weniger, wir haben schon gegessen und sind nach diesem Empfang restlos satt.
Mit meiner Festnahme hatten Brigitte und ich schon gerechnet. Wir sagten uns: Natürlich gibt es politische Interessen, selbstverständlich ist der Einigungsvertrag kein Friedensvertrag im Kalten Krieg gegen den alten Feind, freilich wird die Bürokratie die Muskeln spielen lassen. Trotzdem kommt für uns die Verhaftung zu diesem Zeitpunkt, an diesem neuen deutschen Feiertag überraschend.
Nun möchte ich wissen, warum die BKA-Leute geglaubt haben, daß wir das Weite gesucht hätten? Herr Klauß weist auf zwei leere Plastehüllen, die auf meinem Schreibtisch liegen. Er vermutet, daß wir darin unsere Reisepässe aufbewahrt hatten. Und da die Tüten leer sind, mußten wir getürmt sein. Nun werde ich ein wenig unwillig. Für wie dilettantisch halten die mich eigentlich. Das kratzt nun doch an meiner Berufsehre, schließlich habe ich das nachrichtendienstliche Handwerk von der Pike auf gelernt.
Die Herren verstehen auch nicht, warum wir nicht doch noch das Weite gesucht haben, als wir sie in unserem Haus entdeckt hatten. Möglich wäre es gewesen, denn die waren vollauf mit der Durchsuchung der Wohnung beschäf-

tigt. Was draußen passierte, nahmen sie nicht zur Kenntnis. Wer hat die bloß ausgebildet?
Ehe ich meine Siebensachen zusammenpacke, lese ich in aller Ruhe den Haftbefehl. Mir fallen Unstimmigkeiten auf, die es offensichtlich zwischen dem Generalbundesanwalt, dem Bundesgerichtshof und dem Ermittlungsrichter bei der Ausstellung gegeben haben muß. Ich sehe die Chance, hier später einzuhaken, gegen meine gesetzwidrige Festnahme zu protestieren, um Haftverschonung zu erreichen. Und so verspreche ich Brigitte, bald wieder zu Hause zu sein. Sie will sich bemühen, so schnell wie möglich meinen Anwalt Dr. Friedrich Wolff zu benachrichtigen, der zur Zeit telefonisch nicht erreichbar ist. Ich verabschiede mich von meiner Frau.
Klauß und Bürger gehen mit mir zum Auto. Es ist ein Mietwagen. Vielleicht kann man so wirklich Geld sparen. Wir fahren los. Da ich offensichtlich der einzige Ortskundige im Wagen bin, lotse ich die Herren auf kürzestem Weg durch die Stadt. Sie folgen blindlings.
Im Präsidium führen sie mich in die besonders gesicherte Etage des Staatsschutzes. Inzwischen ist es schon 15 Uhr. Klauß und Bürger haben immer noch nichts gegessen. Kurzerhand bitten sie mich, mit ihnen in ein nahegelegenes Restaurant zu gehen. Warum soll ich das ablehnen? Also ziehen wir los.
Auf dem Flur kommt ein großer, schlanker Mann auf mich zu. Er stellt sich als Oberstaatsanwalt Schulz vor. Er gibt sich sehr freundlich, wirkt aber ziemlich großspurig, er kann kaum den Triumph über meine Festnahme verbergen. Der Mann gefällt mir nicht, mit mir wird er seine reine Freude haben.
Als wir, Klauß, Bürger und ich, in einem nahegelegenen kleinen Chinarestaurant Platz genommen haben, erscheint auch der Oberstaatsanwalt. Noch während des Essens redet er auf mich ein. Aufgeregt fordert er mich auf, die noch unbekannten Quellen der HVA in der Bundesrepublik zu

nennen. Er appelliert an meine staatsbürgerliche Pflicht und preist die Vorteile des § 153e der Strafprozeßordnung.
Ich erinnere ihn daran, daß ich erst seit 15 Stunden ungewollt Bundesbürger bin und auf Vergebung durch tätige Reue verzichte. Im übrigen halte ich ein Restaurant für einen ungeeigneten Ort, grundsätzliche Fragen zu besprechen. Ich will überhaupt nicht mit dem Mann reden und schweige. Er monologisiert und reflektiert nun die »Unrechtstaten« meines Dienstes. Der Mann ist nicht nur einfältig, er hat auch keine Ahnung. Als ich mich auf seine Polemik nicht einlasse, ist das Eis zwischen uns nicht gebrochen, wie das jeder geschickte Gesprächspartner anstrebt, wenn er etwas erreichen will, es hat nun Grönlandqualität. Die zwei BKA-Beamten beobachten still die Szene.
Nach Rückkehr ins Präsidium läßt sich der Oberstaatsanwalt nicht mehr sehen, offenbar hat er begriffen, daß er mit kühnem Schwung jede Möglichkeit zur Verständigung vom Tisch gewischt hat.
Nun beginnen die Formalitäten. Die Beamten nehmen meine Personalien auf und schreiben ein Protokoll über die Festnahme. Herr Klauß und Herr Bürger bemühen sich, telefonisch meinen Anwalt zu erreichen. Schließlich ruft Brigitte an. Sie hat gewirbelt und sagt: »Dr. Friedrich Wolff wird morgen neun Uhr im Präsidium sein.«
Inzwischen ist es Abend. Für die Nacht komme ich in Polizeigewahrsam. Dort behandelt man mich wie einen Kriminellen. Auf dem Gang toben verhaftete Dealer und Betrunkene. Meine Laune sinkt auf den Tiefpunkt, als ich, aller beweglichen Gegenstände ledig, in der Zelle stehe. Soll das eine Schocktherapie sein oder ist es lediglich Unvermögen, mir eine andere Unterbringung zu besorgen? Wenn sie mich damit weichklopfen wollen, erreichen sie genau das Gegenteil.
Am Morgen des 4. Oktober erscheint gegen neun Uhr mein Anwalt Dr. Friedrich Wolff. Wir beraten das weitere Vor-

gehen. Ich lehne jedes Eingehen auf den § 153e der Strafprozeßordnung ab und sage ihm, daß ich das auch so vor dem Ermittlungsrichter am Bundesgerichtshof halten werde.

Nach nochmaligem Lesen des Haftbefehls sind wir beide der Ansicht, daß eine Haftverschonung zu erreichen ist. Ich halte aber auch eine längere Haft für möglich und bitte in diesem Fall, meine Frau zu unterstützen. Wir verabschieden uns. Gegen 11 Uhr soll ich mit dem Hubschrauber ab Tempelhof nach Karlsruhe fliegen und um 15 Uhr im Bundesgerichtshof dem Ermittlungsrichter vorgeführt werden. Wolff kann mich nicht begleiten, er hat in Berlin zu tun. Ich muß ohne Anwalt das weitere überstehen.

Langsam bekomme ich Hunger. Das Knastfrühstück in der Zelle habe ich mir geschenkt. Mit zwei BKA-Beamten gehe ich ins Kasino, bezahle mein Brötchen selber, lese in der Zeitung und würge mit dem Kaffee die triumphierende Meldung über meine Festnahme runter.

Kurz vor der Abfahrt zum Flughafen erfahre ich, daß Oberst a. D. Bernd Fischer, ehemaliger Leiter der HVA-Abteilung I – Staatsapparat BRD und Chef der HVA-Auflösungsgruppe, mit mir im Hubschrauber fliegen wird. Über unsere Angelegenheiten, so wird mir bedeutet, dürfen wir uns nicht unterhalten. Obwohl es mich verbittert, daß auch Bernd festgenommen wurde, freue ich mich, einen Freund an meiner Seite zu haben.

Der BGS-Hubschrauber startet. Drin sitzen »zwei Straftäter«, vier BKA-Beamte, zwei Piloten. Selbst wenn mein Anwalt Zeit gehabt hätte, für ihn ist kein Platz vorgesehen. Es ist eng, unbequem und laut, trotzdem genieße ich die herrliche Aussicht. Ich fliege das erste Mal mit einer solchen Klappermühle und betrachte das mir bekannte ehemalige Territorium der DDR, daß nun in den Landkarten als Bundesrepublik Deutschland geführt werden wird, aus der Vogelperspektive. Pünktlich 15 Uhr landen wir auf dem Gelände des Bundesgerichtshofs. Die vielen Journalisten

und Fotoreporter überraschen und irritieren mich. Jahrzehnte vermied ich tunlichst eine solche Öffentlichkeit, nun muß ich mich erst daran gewöhnen.
In diesem Moment entschließe ich mich endgültig: kein Wort!
Sofort führen mich zwei BKA-Beamte in das Dienstzimmer des Ermittlungsrichters Klaus Detter. Ich kenne ihn nicht persönlich, hörte aber seinen Namen von Kundschaftern, die man verhaftet hatte. Als er sie vernahm, erwies er sich als korrekt und fair.
Zu meiner Überraschung eröffnet er mir, daß im Nebenzimmer Rechtsanwalt Dr. Gunter Widmaier wartet. Ich könne mit ihm sprechen und mich dann entscheiden, ob ich ihm ein Mandat als Verteidiger erteile. Woher kommt der Anwalt plötzlich? Wer hat ihn gerufen?
Als ich mit Dr. Widmaier rede, springt sofort der berühmte Funke über. Wir einigen uns schnell auf eine Verteidigungsstrategie. Ich unterschreibe die Vollmacht. Dr. Wolff hat offensichtlich einen Kollegen informiert, um mich nicht ohne Rechtsbeistand in dieses Abenteuer stolpern zu lassen.
In seinem Buch »Verlorene Prozesse 1954-1998« schildert Friedrich Wolff die Zusammenhänge: »Ich konnte aus Berlin nicht weg und war ziemlich ratlos und deswegen dankbar, als mir Professor Vogel, der aus dem Radio von der Inhaftierung erfahren hatte, telefonisch empfahl, Rechtsanwalt Dr. Widmaier mit der Vertretung des Mandanten zu beauftragen. Dies tat ich.«
Dr. Widmaier ist vor der Anhörung beim Ermittlungsrichter fest davon überzeugt, daß ich mit ihm den Bundesgerichtshof verlassen kann. Anders die Beamten vom BKA. Ihre Fahrzeuge zur Weiterfahrt nach Meckenheim ins Gefängnis stehen bereit.
Meine Nerven sind auf das äußerste gespannt. Die Festnahme, die schlaflose Nacht in der mistigen Zelle, der Flug mit dem Hubschrauber, die unbekannte Atmosphäre hier

lassen mich nicht kalt. Doch ich konzentriere mich auf das Kommende.
Der Ermittlungsrichter verliest und erläutert den Haftbefehl des 3. Strafsenats des Bundesgerichtshofs vom 17. September 1990, der Untersuchungshaft anordnet. Man wirft mir geheimdienstliche Agententätigkeit in einem besonders schweren Fall gegen die Bundesrepublik Deutschland vor, ein Vergehen nach § 99 des Strafgesetzbuches. Als Haftgrund wird Fluchtgefahr angegeben. Der Bundesgerichtshof befürchtet, daß »er sich noch vor dem Beitritt der DDR zur Bundesrepublik am 3. Oktober 1990 ins Ausland absetzt, um die weitere strafgesetzliche Entwicklung (z. B. Erlaß eines Amnestiegesetzes) und um die strafprozessuale Handhabung in vergleichbaren Fällen abzuwarten.«
Interessant dabei ist, daß der Ermittlungsrichter des Bundesgerichtshofes Klaus Detter den Antrag des Generalbundesanwalts abgelehnt hat. Er sieht keine Fluchtgefahr. Erst auf die Beschwerde des Generalbundesanwalts erfolgte der entsprechende Beschluß des 3. Strafsenats des Bundesgerichtshofs.
Detter fordert mich auf, ich solle mich zur Sache äußern. Ich erkläre, nichts über die nachrichtendienstlichen Aktivitäten aussagen zu wollen, weder zu Personen noch zu Sachverhalten. »Ich bleibe dabei«, sage ich, »daß ich eine Tätigkeit ausgeübt habe, die in dem damals souveränen Staat DDR eine legitime Tätigkeit gewesen ist. Meine Arbeit entsprach den Gesetzen der DDR, die ein souveräner Staat war. Sie entsprach überdies den Verpflichtungen der DDR im Rahmen des Warschauer Paktes. Ich lege Wert darauf festzuhalten, daß meine Tätigkeit nach dem Recht der DDR legal war und daß sie deshalb – auch wenn sie den Gesetzen der Bundesrepublik Deutschland entgegensteht – nach der Wiedervereinigung nicht strafbar sein kann; dies deshalb, weil sie nicht gegen übergesetzliches Recht verstieß.«
Etwas später füge ich hinzu: »Ich möchte zunächst sagen,

daß ich mich voll dem Verfahren stelle. Ich war Leiter der Hauptverwaltung Aufklärung und fühle mich als ›Kapitän‹, der als Letzter von Bord geht.
Gerade wegen der Verantwortung gegenüber den früheren Mitarbeitern dieses Amtes, auf die viele persönliche und wirtschaftliche Probleme zukommen werden, möchte ich mich diesem Verfahren stellen.«
Ermittlungsrichter Detter nimmt das erst einmal ohne sichtbare Reaktion zur Kenntnis. Korrekt, sachlich und gut vorbereitet setzt er sich ernsthaft und professionell mit meinen Argumenten auseinander.
Mein Auftreten und meine Haltung, stellt er fest, bestätigen den Eindruck, den er seit der Lektüre des »Spiegel«-Gesprächs von mir habe. Er sei überzeugt, daß ich mich meiner Verantwortung stelle und nicht flüchten werde. Deshalb habe er abgelehnt, einen Haftbefehl zu erlassen. Er sei auch nicht überrascht, daß ich nichts über Mitarbeiter und Sachverhalte meines Dienstes sagen will. Wenn er meine Person einschätze, berücksichtige er, daß ich vierzig Jahre in der DDR gelebt habe. Er sei zu seinem Glück in der BRD aufgewachsen. »Weiß ich«, so fügt er hinzu, »was aus mir geworden wäre, wenn ich im anderen Teil Deutschlands gewesen wäre.«
Auch der Vertreter der Bundesanwaltschaft, Bundesanwalt Hecking, wirkt unaufgeregt und zielstrebig. Ohne missionarische Attitüde unterscheidet sich sein Auftreten wohltuend von dem Gehabe des Oberstaatsanwalts Schulz in Berlin.
Die BKA-Beamten hüllen sich in Schweigen. Lediglich Kriminalhauptkommissar Klauß meldet sich einmal zu Wort. Als die Herren erörtern, ob ich eine Kaution zahlen könne, gibt er zu bedenken, was ihn schon in Berlin verblüfft hatte: »Herr Großmann besitzt ja nicht mal ein Haus!«
Der Ermittlungsrichter hält den Haftbefehl aufrecht – der anwesende Bundesanwalt sieht die Fluchtgefahr nach wie vor –, setzt den Vollzug aber unter Auflagen aus.

Ich muß mich einmal in der Woche bei der zuständigen Polizeidienststelle melden, einen Wechsel des Wohnorts oder der Wohnung vorher mitteilen, und ich darf die Bundesrepublik Deutschland nur verlassen, wenn die zuständige Strafverfolgungsbehörde einer Reise zustimmt. Meine Personalpapiere, die ich ja schon in Berlin abgegeben hatte, werden nun endgültig eingezogen.
Damit erfüllen sich die Erwartungen meines Anwalts.
Ich kann den Bundesgerichtshof als bedingt freier Mann verlassen. Ehe ich mich verabschiede, bittet mich Bundesanwalt Hecking um ein informelles Gespräch. Wir trinken Kaffee im Kasino des Bundesgerichtshofs. Er macht mich nochmals auf die Möglichkeit aufmerksam, den § 153e der Strafprozeßordnung in Anspruch nehmen zu können. Allerdings verzichtet er auf jede Drohgebärde und den dümmlichen Appell, ich solle meine nunmehrigen staatsbürgerlichen Pflichten erfüllen, wie es Oberstaatsanwalt Schulz in Berlin praktizierte.
Meine Antwort, daß weder Strafverfolgung, Strafandrohung noch Kann-Bestimmungen wie der § 153e meine Haltung ändern, nimmt Hecking ruhig zur Kenntnis. Er hat wohl nichts anderes erwartet. Doch ich bin weder ein verstockter Sünder noch ein Betonkopf, der die Realitäten nicht zur Kenntnis nehmen will. Deshalb biete ich ihm meine Hilfe an, wenn die Bundesanwaltschaft bereit ist, Straffreiheit für meine Mitarbeiter und Kundschafter zu garantieren. Ich verstehe aber auch Heckings Befürchtung, daß durch den Schutz unserer Quellen das KGB in der Lage wäre, mit unseren Kundschaftern gegen die Bundesrepublik zu arbeiten. Deshalb biete ich ihm an, die sowjetische Seite zu einer verbindlichen Verzichtserklärung zu bewegen. Noch bin ich davon überzeugt, daß mein alter Bekannter, Armeegeneral Wladimir Krjutschkow, langjähriger Chef der I. Hauptverwaltung – Aufklärung, zuletzt Vorsitzender des Komitees für Staatssicherheit (KGB) der UdSSR, eine solche Zusage gibt.

Mir ist jedoch nicht klar, ob die bundesrepublikanische Seite so etwas überhaupt will. Eignet sich doch das KGB-Syndrom wunderbar dafür, HVA-Mitarbeiter und Kundschafter weiter zu verfolgen. Vielleicht bin ich doch noch zu blauäugig.

Als ich entlassen werde, stellt Dr. Widmaier die berechtigte Frage, wie ich denn nun nach Hause komme und wer das bezahlen solle. Schließlich habe man mich mit dem Hubschrauber von Berlin hierher transportiert, und nun schicke man mich einfach auf die Straße. Wir freuen uns diebisch, wie sich die Beamten gegenseitig die Verantwortung zuschieben. Der BKA-Vertreter bekommt den Schwarzen Peter. Für so etwas gäbe es keinen Fonds und ich würde schon Wege finden, nach Hause zu kommen, redet der sich raus. Für mich und für meinen Anwalt ist das nicht das eigentliche Problem, uns amüsiert, wie sie sich des Problems entledigen.
Nach einem kurzen Statement vor der Fernsehkamera der ARD verlassen wir das Gelände des Bundesgerichtshofes. In der nahegelegenen Kanzlei von Dr. Widmaier rufe ich meine Frau an. Brigitte freut sich, mich zumindest auf einem freien Fuß zu wissen. Ich erfahre, daß die BKA-Beamten noch bis zum Nachmittag des 4. Oktobers erfolglos nach Konterbande in unserem Haus gesucht haben. Das Büro Dr. Widmaiers bemüht sich inzwischen, meine Rückreise nach Berlin zu organisieren.
Frau Müller, Rechtsanwältin in der Kanzlei, fährt mich zum Frankfurter Flughafen. Bei der Pan Am hat sie bereits einen Flug gebucht. Weil ich keinen Ausweis mehr besitze, bestätigt sie dem Beamten meine Identität und lotst mich durch die Personen- und Gepäckkontrolle der Pan Am, die just zu dieser Zeit ihre Sicherheitsbestimmungen verschärft hat. Auf dem Flughafen Tegel erwarten mich nach meiner Odyssee Brigitte und die Kinder.

Mein Anwalt übergibt am 25. Oktober 1990 dem Generalbundesanwalt Alexander von Stahl ein vielseitiges Schriftstück. Dr. Widmaier weist darin nach, daß meine Strafverfolgung aus verfassungs- und völkerrechtlichen Erwägungen unzulässig ist und beantragt, den Haftbefehl aufzuheben.

Widmaier und Stahl treffen sich zu einem Gespräch. Der Generalbundesanwalt gilt zwar allgemein als Befürworter einer Amnestie, im konkreten Fall verfolgt er andere Absichten. Mir unterstellt er, daß ich Strukturen der HVA weiter aufrecht erhalte, um mit Druck und Drohung ehemalige Untergebene davon abzuhalten, Quellen und Interna zu offenbaren. Stereotyp behauptet er, wir hätten Quellen an andere Dienste, sprich KGB, übergeben.

Und dann setzt von Stahl zum Rundumschlag an. Er könne jetzt schon sagen, daß er, allein wegen meiner langjährigen leitenden Mitarbeit in der HVA, zuletzt als deren Chef, bei einem Prozeß eine Freiheitsstrafe von fünf bis sechs Jahren beantragen müsse. Noch haben die notwendigen Anfangsermittlungen nicht einmal begonnen, da steht für ihn das Strafmaß schon fest. Nur konsequent, daß er es ablehnt, den Haftbefehl aufzuheben.

Im Beschluß des Ermittlungsrichters des Bundesgerichtshofs vom 30. Januar 1991 lese ich nichts anderes. Weder verfassungs- noch völkerrechtliche Gesichtspunkte stünden der Strafverfolgung wegen geheimdienstlicher Agententätigkeit nach § 99 StGB entgegen.

Doch beim näheren Hinsehen entdecke ich interessante und bemerkenswerte Aussagen des Ermittlungsrichters, die im Grunde genommen durch die Entscheidung des Bundesverfassungsgerichts von 1995 gestützt werden. Je mehr ich lese, desto spannender wird es. Unter anderem steht da: »Es erscheint zwar fraglich, ob die Anwendung des StGB für die Zeit vor dem 3. Oktober 1990 hinsichtlich des dem Be-

schuldigten vorgeworfenen strafbaren Verhaltens auf § 3 StGB in Verbindung mit § 9 StGB gestützt werden kann.«
Ein anderer Satz elektrisiert mich geradezu: »Eine sachgerechte Lösung erscheint deshalb nur durch ein Straffreiheitsgesetz möglich.«
Auch einer anderen Passage stimme ich aus vollem Herzen zu: »Die weitere Strafverfolgung früherer hauptamtlicher Mitarbeiter der Geheimdienste der DDR gibt auch aus anderen Gründen zu Bedenken Anlaß. Selbst wenn sich durch den Beitritt der DDR an der völkerrechtlichen Existenz des Staates BRD nichts geändert hat, darf die veränderte Zusammensetzung des Bundesstaates BRD nicht außer acht bleiben.
Die BRD ist durch den Beitritt der DDR auf 16 Bundesländer erweitert worden. Für fünf dieser Länder haben die betroffenen Angehörigen der Geheimdienste eine erlaubte, vom damaligen Staat DDR sogar verlangte Tätigkeit ausgeübt. Daran hat die Wiedervereinigung nichts geändert. Strafrechtliches Verhalten des Beschuldigten hat sich also nur gegen einen Teil (11 Länder) der jetzigen BRD gerichtet.«
Obwohl mein Haftbefehl weiterbesteht, ermutigen mich diese Gedanken. Ich hoffe wieder auf eine gerechte Entscheidung. Offensichtlich gibt es keine geschlossene Front von Bundesanwaltschaft und Ermittlungsrichter. Jeder spielt hier seinen demokratischen Part.

Kein Kompromiß

Seit Januar 1991 bin ich mit Dr. Joachim Wagner, stellvertretender Chefredakteur des NDR und Leiter des renommierten politischen Magazins »Panorama« im Gespräch. Er besucht mich mehrere Male in Berlin und bietet Hilfe bei der Lösung »unseres Problems« an. Seine Motive oder auch mögliche Hintermänner bleiben für mich vorerst im Dunkeln. Wagner deutet enge Kontakte zur Bundesan-

waltschaft an und spricht von deren Kompromißbereitschaft. Er vermittelt ein Gespräch in Karlsruhe.
Ich nutze jede Gelegenheit, um meine ehemaligen Mitarbeiter und damit natürlich auch mich zu schützen. Wagner stellt eine moderate Behandlung unserer Informanten in Aussicht, weiterhin solle es keine Haftbefehle, geringe Strafen, und Straffreiheit für hauptamtliche Mitarbeiter geben, wenn sie sich offenbaren. Alles müsse man im Gespräch ausloten. Dann kann ich auch meine Ansichten verdeutlichen
Am 2. Mai 1991 stehe ich mit Rechtsanwalt Dr. Widmaier vor dem riesigen Haus der Bundesanwaltschaft in der Karlsruher Herrenstraße. Ich will jede Chance nutzen.
Der Leiter der Abteilung Spionage, Dr. Müller, empfängt uns in seinem Dienstzimmer und stellt uns Bundesanwalt Lampe und Oberstaatsanwalt Kohlhase vor.
Dr. Müller beginnt das Gespräch mit einem Schnerzchen. Er kenne mich seit Jahren von einem Bild. Es zeige mich 1978 mit Markus Wolf in Stockholm. »Er war als Dr. Cremer da, und Sie nannten sich Dr. Lenkeit.« Oh Gott, denke ich, die haben das immer noch nicht mitgekriegt. Nach seinem Übertritt 1979 glaubte Stiller, mich auf diesem Foto zu erkennen, und gab dies beim Bundesnachrichtendienst zu Protokoll.
Dr. Müller wirkt ein bißchen enttäuscht, als ich ihm sage, daß ich zu diesem Zeitpunkt weder als Dr. Lenkeit noch als Werner Großmann in Stockholm war, schon gar nicht mit Herrn Wolf zusammen. Nicht auszudenken, der Chef der Aufklärung und sein Stellvertreter gemeinsam im Operationsgebiet. So viele konspirative Regeln kann man gar nicht auf einmal verletzen.
Ganz schön schlampige Arbeit der bundesrepublikanischen Strafverfolgungsbehörden. Selbst nach dem Untergang der DDR, als der Westbehörde alle Archive zur Verfügung stehen, klären sie nicht auf, sondern glauben an ihre alten Legenden.

Die Lockerungsübung mißlingt also gründlich. Doch das spielt offensichtlich keine Rolle, die drei Herren bevorzugen die harte Tour. Dr. Müller beginnt. Nie habe er mit Herrn Dr. Wagner über eventuelle Kompromisse gesprochen. Es gebe auch keinen Grund zu verhandeln, da mit einer politischen Lösung nicht zu rechnen sei. Im übrigen folge die Bundesanwaltschaft dem Legalitätsgrundsatz und deshalb könne es keine generellen Festlegungen geben. Jeder Fall sei einzeln zu entscheiden.

In letzter Zeit habe man nach der Enttarnung einiger DDR-Spione die Haft nur deshalb nicht vollstreckt, weil stets Wohnsitz und gesellschaftliches Umfeld in der BRD gewesen sei und eine Fluchtgefahr deshalb nicht bestand. »Davon«, so sagt Müller, »können Sie aber keine generelle Regelung ableiten. Bei Verdacht auf Landesverrat gibt es grundsätzlich keine Haftverschonung.« Globale Zusagen für Mitarbeiter der HVA gäbe es auch dann nicht, wenn sie alles offenlegen würden. Über die Höhe der Strafe entscheiden unabhängige Gerichte. »Eine Berücksichtigung des § 153e kann die Bundesanwaltschaft nur empfehlen, Garantien gibt sie nicht.«

Meine Hoffnung, vernünftig miteinander zu reden, erweist sich als blanke Illusion. Die Bundesanwaltschaft will nach der Übernahme der DDR durch die BRD, nach der Auflösung der HVA jeden einzelnen von uns nicht nur auf die Knie, sondern auch noch auf den Bauchnabel zwingen. In den Staub mit allen Feinden Preußens. Unsere ehemaligen Kundschafter und Mitarbeiter sollen sich offenbaren und ihr Schicksal vertrauensvoll in die Hände der Bundesanwaltschaft legen, die wird es dann schon richten. Und mich fordern sie zum Mittun auf. Die Galle läuft mir über.

Wer so verhandelt, der will nicht miteinander ein Problem lösen, er will nur gewinnen. Mir bleibt nichts anderes übrig, als dieses ganze unannehmbare Zeug einfach abzulehnen.

Nun gleitet Dr. Müller vollends in die Polemik. Er halte es

für unzulässig, die HVA und den BND zu vergleichen. Die operativen und politischen Zielstellungen seien entgegengesetzt und wohl nicht zu vergleichen.
Nun grinse ich doch. Ich kenne das Spiel, die Welt in Gute und Böse einzuteilen, den geheimdienstlichen Untergrund in gute und böse Spione einzuordnen, sich immer auf der besseren Seite der Welt zu wähnen. Wir nannten das Klassenbewußtsein. Ich glaube, viele im Osten haben seit der Wende mehr über sich und die Zeitläufe nachgedacht als manche im Westen. Die machen einfach nur weiter.
Das behalte ich natürlich für mich. Ich sage den Herren, und darauf bestehe ich: »Die Hauptverwaltung Aufklärung, unter der Leitung von Markus Wolf und auch unter meiner, trug in der Zeit des Kalten Krieges dazu bei, den Frieden zu erhalten. Und wir beförderten durch unsere Arbeit, mag das auch erst einmal paradox klingen, die sich entwickelnden Beziehungen zwischen der DDR und der BRD.«
Dr. Müller schaut mich so verständnislos an, als ob ich Russisch mit ihm rede. Er wirft mir vor, daß wir Personen schützen, die aus niederen Motiven, meist materiellen, für uns gearbeitet haben. Natürlich, wenn es notwendig war, bezahlten wir für gute Informationen auch viel Geld. Welcher Geheimdienst tut das nicht? Die Angebote des BND an Mitarbeiter von uns waren nicht von Pappe. Doch es ist ein Irrtum, daß alles nur mit Geld zu bekommen ist. Viele der besten und effektivsten HVA-Quellen arbeiteten vor allem aus politischen Motiven mit uns zusammen. Nur so ist es zu erklären, daß über die Jahre enge Freundschaften zwischen Führungsoffizieren und Kundschaftern entstanden. Und gerade deshalb fühle ich mich als letzter Leiter der HVA nicht nur für meine ehemaligen offiziellen Mitarbeiter, sondern auch für die inoffiziellen verantwortlich. Ganz davon abgesehen, daß die HVA-Angehörigen in einem militärischen Organ eines souveränen Staates dienten, der Verfassung, dem Eid

und Befehlen verpflichtet waren und sich damit nicht strafbar gemacht haben.
»Als ehemaliger Kommandeur«, sage ich zu Dr. Müller abschließend, »werde ich mich nicht auf Kosten oder zum Schaden meiner einstigen Untergebenen freikaufen.«
Wir verabschieden uns kühl und knapp.
Nach dem Gespräch bespreche ich mit Dr. Widmaier unser weiteres Vorgehen. Ich notiere mir Stichworte: Amnestie ist zur Zeit nicht zu erwarten, deshalb so verhalten wie bisher; kein Angebot zur tätigen Reue (§ 153e) oder irgendeine andere Zwischenlösung annehmen; bis zum Bundesverfassungsgericht gehen. »Hier stehe ich, ich kann nicht anders.« Dr. Widmaier zitiert augenzwinkernd Martin Luther.

Die Anklage

Der Generalbundesanwalt arbeitet mit Hochdruck. Am 10. Juni 1991 erhebt er Anklage gegen mich, meinen Stellvertreter Ralf-Peter Devaux, den Abteilungsleiter und Leiter der Auflösungsgruppe der HVA, Bernd Fischer, den stellvertretenden Abteilungsleiter Bernhard Schorm und den Referatsleiter Siegfried Kern – wegen geheimdienstlicher Agententätigkeit (§ 99 Abs.1 Nr. 1 StGB). Bei Devaux und Schorm im besonders schweren Fall, Landesverrat bei mir und Schorm (§ 94 StGB) und Bestechung (§ 334 StGB).
Der Generalbundesanwalt beantragt, die Haftverschonung für Großmann aufzuheben und den Haftbefehl zu vollziehen, Devaux und Schorm zu verhaften und das Hauptverfahren zu eröffnen. Die Anklageschrift umfaßt 195 Seiten und 65 Seiten Anmerkungen mit Ergebnissen der Ermittlungen.
Der Generalbundesanwalt will á tempo einen Pilotprozeß durchziehen, in welchem die »Verbrechen« der jeweiligen Leitungsebene sichtbar werden. Deshalb steht aus der HVA-Leitungshierarchie je ein Vertreter vor den Schran-

ken des Gerichts – vom Referatsleiter bis zum Chef der Aufklärung. Der gesamte Dienst soll juristisch delegitimiert werden. Klappt das, ist der Weg frei, jeden operativen Leiter zu bestrafen. Bernd Fischer haben sie deshalb ausgesucht, weil er die Abteilung I leitete. Sie bearbeitete die Regierung der BRD. Außerdem: Durch den Verrat von Roitzsch im Frühjahr 1990 liegen zu dieser Abteilung mehr Erkenntnisse vor als zu anderen.

Die in aller Eile zusammengeschusterte Anklage ist voller Fehldeutungen, Falscheinschätzungen und überdies äußerst lückenhaft. Bei allem Ernst der Lage kommt Freude auf beim Lesen. Wir wußten in den achtziger Jahren mehr über Interna des Bundesnachrichtendienstes und der Bundesregierung als die Anklage im Jahre 1991 über uns. Dabei existiert die HVA schon seit anderthalb Jahren nicht mehr.

Vielleicht ahnen das die Beamten der Bundesanwaltschaft. Was sie zum größten Teil mit Hilfe von Verrätern zusammentrugen, soll nun zur Anklage reichen, für Delikte bis hin zum Landesverrat. Welch eine Groteske!

Am 10. Juli 1991 reagiert mein Anwalt Dr. Widmaier auf das Elaborat und stellt den Antrag an das Kammergericht Berlin, »gemäß Artikel 100 Abs. 1 Satz 1 das Verfahren auszusetzen und die Entscheidung des Bundesverfassungsgerichts über die Verfassungsmäßigkeit der Vorschrift des Art. 315 Abs. 4 EGStGB, in der Fassung der Anlage I zum Einigungsvertrag vom 31. 8. 1990 (BGBL II S. 889), in ihrer Anwendbarkeit auf die Straftatbestände des Landesverrats und der Gefährdung der äußeren Sicherheit (§ 93 bis 100a StGB) einzuholen.«

Er stellt fest: »Die Vorschrift des Art. 315 Abs. 4 EStGB verstößt – bezogen auf die Straftatbestände des Landesverrats und der Gefährdung der äußeren Sicherheit (§§ 93 bis 100a StGB) – gegen das Rückwirkungsverbot des Art. 103 Abs. 2 GG und ist verfassungswidrig.«

Er verweist erneut auf seinen Antrag vom 24. Oktober

1990, den Haftbefehl aufzuheben. Die Strafverfolgung der Angeklagten verstoße gegen den Gleichheitsgrundsatz des Artikels 3 Absatz 1 des Grundgesetzes und gegen das völkerrechtliche Bestrafungsverbot, das aus dem Artikel 31 der Haager Landkriegsordnung abzuleiten ist.
Nicht zuletzt bezieht er sich auf den Beschluß des Ermittlungsrichters des Bundesgerichtshofs vom 31. Januar 1991. Darin wird ebenfalls ein Straffreiheitsgesetzes für unerläßlich erklärt.
Dem Argument, der Artikel 31 der Haager Landkriegsordnung sei eine Sonderregelung des Kriegsvölkerrechts und für den Friedensfall nicht anwendbar, begegnet Widmaier mit dem sogenannten Erst-Recht-Schluß und schreibt:
»Wäre – eine schlimme Vorstellung – die Wiedervereinigung Deutschlands mit militärischen Mitteln herbeigeführt worden, so stünde die Straflosigkeit der im Auslandsnachrichtendienst der DDR tätigen DDR-Bürger kraft geschriebenen Völkerrechts ohne weiteres fest. Es ist undenkbar, nach der Wiedervereinigung in Frieden, in Freiheit und gleichberechtigter Brüderlichkeit zu anderen Ergebnissen zu kommen.«

Der Beschluß

Am 22. Juli 1991 beschließt der 1. Strafsenat des Kammergerichts Berlin einstimmig: »Das Verfahren wird ausgesetzt. Das Bundesverfassungsgericht wird angerufen zur Entscheidung über folgende Rechtsfragen:
1. Verstößt Art. 315 Abs. 4 StGB in der Fassung des Einigungsvertrags insoweit gegen Art. 3 Abs. 1 GG, als er die Strafverfolgung wegen geheimdienstlicher Agententätigkeit im Verlauf damit verübten Landesverrats und der mit der geheimdienstlichen Tätigkeit im Zusammenhang stehenden Bestechung gegen solche Personen beibehält, die ihre Handlungen vom Boden der ehemaligen DDR aus began-

gen haben und die zum Zeitpunkt des Wirksamwerdens der Einheit Deutschlands am 3. Oktober 1990 ihre Lebensgrundlage in der ehemaligen DDR hatten?
2. Kann die für den Kriegsfall geltende allgemeine Regel des Völkerrechts des Art. 31 der Haager Landkriegsordnung, wonach der zu seinem Heer zurückgekehrte Spion für früher begangene Spionage nicht verantwortlich gemacht werden darf, auf den unter 1. genannten Personenkreis angewendet werden?«
Den Antrag des Generalbundesanwalts, mit der Anklage den Haftverschonungsbeschluß »betr. Großmann« aufzuheben, den Haftbefehl in Vollzug zu setzen und gegen Devaux und Schorm Haftbefehl zu erlassen, schmettert der 1. Strafsenat mit folgender Begründung ab:
»Der Senat hält die Strafverfolgung der Angeschuldigten wegen der ihnen mit der Anklage zur Last gelegten Taten mit dem Verfassungsgrundsatz der Gleichheit vor dem Gesetz (Art. 3 Abs. 1 GG) für unvereinbar und beabsichtigt, die Haftanträge abzulehnen, den Haftbefehl und Haftverschonungsbeschluß betreffend Großmann aufzuheben und die Eröffnung des Hauptverfahrens abzulehnen.«
Interessant und für unser Selbstwertgefühl wichtig:
»Keiner der Angeschuldigten ist bereit gewesen, sein Wissen über Mitarbeiter, Quellen oder sonstige in die nachrichtendienstliche Tätigkeit der Hauptverwaltung Aufklärung eingebundenen Personen zu offenbaren.«
Und schließlich formuliert das Kammergericht seine konträre Auffassung zur Argumentation der Bundesanwaltschaft:
»Nicht die Strafbarkeit der Taten, sondern die durch den Beitritt der DDR tatsächlich erst ermöglichte Strafverfolgung der Angeschuldigten steht nach Auffassung des Senats nicht im Einklang mit Art. 3 Abs. 1 GG …
Der Wegfall des StGB/DDR und das Inkrafttreten des StGB der Bundesrepublik Deutschland in dem Beitrittsgebiet hat dazu geführt, daß die gegen die Bundesrepublik Deutsch-

land ausgeübten nachrichtendienstlichen Tätigkeiten strafbar bleiben; die Angehörigen und Agenten der Aufklärungsorgane der Bundesrepublik Deutschland sind dagegen straflos. Schon dieses Ergebnis stellt eine Ungleichbehandlung im Sinne des Art. 3 Abs. 1 GG dar ...
Die Bewertung, ob eine Spionagetätigkeit ›offensiv‹ oder ›defensiv‹ ausgeübt worden ist, läßt sich rechtlich nicht fassen. Maßgebend ist allein der Inhalt der nachrichtendienstlichen Tätigkeit. Unter Beachtung dieses Maßstabs haben die Angeschuldigten nach dem Ergebnis der Ermittlungen keine Tätigkeiten entfaltet, die sich von denen anderer Geheimdienste unterscheiden ...
Die strafrechtliche Verfolgung der Angeschuldigten wegen Landesverrats und geheimdienstlicher Agententätigkeit beruht somit nicht auf einer mit der Ausgestaltung der Einheit Deutschlands verbundenen Entscheidung des Gesetzgebers, sondern ist das Ergebnis des Umstands, daß der in Rede stehende Bereich von einer Regelung gerade ausgenommen worden ist ...
So läßt sich der in der Bevölkerung verhaßte Inlandsapparat nicht mit dem Nachrichtendienst der Hauptverwaltung Aufklärung vergleichen, der eine autonome Stellung hatte und eine Tätigkeit entfaltet hat, wie sie von fast allen Staaten betrieben wird. Daß die Angeschuldigten als Angehörige des MfS in Bereiche eingebunden waren, in denen es zu Menschenrechtsverletzungen oder zu ähnlich schwerwiegenden strafbaren Handlungen gekommen ist, oder daß sie durch die Weiterleitung von Erkenntnissen an den Inlandapparat des MfS dessen Unterdrückungsmaßnahmen strafrechtlich zu verantworten hätten, haben die Ermittlungen nicht ergeben.«
Zur Relevanz der Haager Landkriegsordnung für den Prozeß stellt das Kammergericht fest:
»Es trifft zu, daß die Vorschrift ihrem Wortlaut nach nur den Kriegsfall betrifft. Nach Auffassung des Senats ist ihr jedoch ein übergeordneter Gedanke zu entnehmen, der auch

für den friedlichen und vertraglichen Beitritt des einen Staates zu einem andern Staat Geltung beansprucht.
Der Senat beabsichtigt daher, die Vorschrift des Art. 31 der Haager Landkriegsordnung auf den hier zu beurteilenden Sachverhalt entsprechend anzuwenden und die Angeschuldigten von der Verfolgung wegen ihrer nachrichtendienstlichen Tätigkeit freizustellen.«

Der Beschluß des 1. Strafsenats des Kammergerichts Berlin löst unterschiedliche Reaktionen aus. Zustimmung und Freude natürlich bei uns, den Angeschuldigten, und unseren Verteidigern. Er bestärkt uns in unseren Auffassungen und Haltungen. Realisten in der Politik und der Justiz, so scheint es, atmen erleichtert auf.
Die Spitze der Bundesanwaltschaft verfällt kurzzeitig in Starre und fassungsloses Unverständnis, rafft sich aber bald zum Gegenangriff auf.
Am Oberlandesgericht München läuft gerade der Prozeß gegen Generalmajor a. D. Harry Schütt, ehemaliger Leiter der HVA-Abteilung IX – Äußere Abwehr, den Offizier im besonderen Einsatz Günter Böttger, die Brüder Spuhler als Informelle Mitarbeiter. Schütt und die Spuhlers sitzen in Untersuchungshaft. Der ehemalige HVA-General reicht eine Beschwerde gegen seine Haft ein und verweist darauf, daß Mitarbeiter bundesdeutscher Dienste strafrechtlich nicht verfolgt werden.
Einen Tag nach der Entscheidung des Kammergerichts Berlin lehnt der 3. Strafsenat des Bundesgerichtshofs in Karlsruhe die Gleichbehandlung der Spione in Ost und West ab: »Dies sei eine Folge der rechtlichen Ausgestaltung der deutschen Vereinigung und bedeute nur scheinbar eine Ungleichbehandlung. Die Tätigkeit der beiden Nachrichtendienste ließe sich nur bei ausschließlich formaler Betrachtung gleichsetzen.«
Die Nachrichtendienste der Bundesrepublik, auch wenn sie operativ Auslandsaufklärung betreiben, schützten le-

diglich ihr Land. Die Tätigkeit der DDR-Nachrichtendienste habe dagegen die äußere Sicherheit der Bundesrepublik gefährdet.
Harry Schütt wird zwar am 17. September 1991 gegen eine Kaution von 25.000 Mark aus der Haft entlassen, am 15. November 1991 jedoch zu einer Freiheitsstrafe von zwei Jahren auf Bewährung verurteilt, wegen Beihilfe zum Landesverrat.
Günter Böttger erhält 14 Monate Haft auf Bewährung, Alfred Spuhler wegen Landesverrats zehn Jahre Haft und 60.000 Mark Geldstrafe. Sein Bruder Ludwig fünfeinhalb Jahre Haft und 40.000 Mark.
Für den Bundesgerichtshof ist klar, es gibt gute und böse Spione.

Natürlich sorgt der BND für die äußere Sicherheit und den Schutz der Bundesrepublik. Genauso schützten wir die DDR, das war unser Auftrag. Und wir erfüllten ihn eben besser als die Gegenseite den ihren. Und obwohl sie nun auf der ganzen Linie gewonnen haben, verzeihen sie uns das nie.
Wieso gefährdeten nur wir die andere Seite?
Im Grundgesetz der alten Bundesrepublik Deutschland stand die Einheit Deutschlands als Verfassungsauftrag. Im Klartext bedeutete das doch nichts anderes, als die DDR zu liquidieren. Niemals wurde die HVA beauftragt, die Bundesrepublik zu destabilisieren oder gar zu liquidieren, immer nur, die DDR zu stärken.
Klaus Kinkel, damals Bundesjustizminister, schließt sich kritiklos der Argumentation des Bundesgerichtshofes an. In einem Interview, das die »Junge Welt« am 18. September 1991 veröffentlicht, begibt er sich aufs Hochseil der Argumentation: »Der Bundesgerichtshof hat sich zweimal in diesem Jahr mit diesem Fragenkreis beschäftigt. Er hat dem Sinn nach folgendes erklärt: Die Arbeit westlicher Nachrichtendienste und die Arbeit der Hauptabteilung

Aufklärung des MfS sei nur oberflächlich und formal betrachtet gleich gewesen.
Die Arbeit der westlichen Nachrichtendienste habe eine rein schützende, abwehrende Funktion, während die der Hauptabteilung Aufklärung des Ministeriums für Staatssicherheit aggressiven, die äußere Sicherheit der Bundesrepublik bedrohenden Charakter hatte.
Der Bundesgerichtshof ist der Auffassung, daß dies wohl von ›fortzeugender Wirkung‹ sei. Frühere Mitarbeiter der Hauptabteilung Aufklärung würden heute beim KGB – nachweisbar durch Zeugenaussagen beim Generalbundesanwalt – arbeiten und damit weiterhin die äußere Sicherheit der Bundesrepublik gefährden.«
Und dann rüttelt der Bundesjustizminister kräftig an der im Grundgesetz festgeschriebenen Unabhängigkeit des deutschen Richters: »Ich hoffe, daß sich das Bundesverfassungsgericht der Rechtsauffassung des Bundesgerichtshofs anschließen wird.«
Dr. Klaus Kinkel verkündet damit in seiner Eigenschaft als Justizminister die offizielle Politik für die weitere strafrechtliche Verfolgung der hauptamtlichen und inoffiziellen Mitarbeiter der DDR-Nachrichtendienste. Rein menschlich ist das zu verstehen. Von 1979 bis 1982 Präsident des Bundesnachrichtendienstes, überstand er den direkten Vergleich mit der HVA nur stehend k.o.
Der Generalbundesanwalt, Alexander von Stahl, unterstützt und verfeinert Kinkels absurde Theorie und gibt ihm sogar Argumentationshilfe. Am 13. Dezember 1991 schickt er dem Bundesjustizminister die Studie »Zur Vergleichbarkeit der Hauptverwaltung Aufklärung (HVA) im Ministerium für Staatssicherheit (MfS) der DDR und dem Bundesnachrichtendienst in tatsächlicher Hinsicht«.
Auf 20 Seiten begründet Stahl den Unterschied zum BND mit der Integration der HVA ins Ministerium für Staatssicherheit. Sie sei den Vorgaben der SED und den Befehlen des Ministers für Staatssicherheit unterworfen gewesen.

Sie habe die Ressourcen operativer Diensteinheiten der Abwehr genutzt und habe über besonders subversiv tätige Abteilungen verfügt. Die HVA sei Teil eines Organs mit »leninistischem Hintergrund des Tschekismus« gewesen. Natürlich ist der Bundesnachrichtendienst ebenso in ein System eingebunden. Um seinen Auftrag auch nur annähernd zu erfüllen, nutzte er Möglichkeiten, die das Arbeitsgebiet anderer Dienste betrafen und die im Innern des Landes konspirative Aktivitäten voraussetzten, zwecks Nutzung nach außen. Im BND gab es neben solchen Referaten wie 14 A (Grenzmeldenetz), 14 B (Post- und Fernmeldekontrolle), 14 C (Befragungswesen) viele getarnte Außenstellen und in andere Bundesbehörden eingeschleuste Mitarbeiter.

Allein drei Referate im BND beschäftigten sich mit politischer, militärischer, wissenschaftlich-technischer und Wirtschaftsaufklärung in der DDR? Gab es nicht auch den Bereich Gegenspionage? War der BND nicht auch mit getarnten Dienststellen in Westberlin vertreten, einem Gebiet, in dem zur damaligen Zeit aus völkerrechtlicher Sicht keine BRD-Dienststellen tätig sein durften?

Gab es nicht eine Vielzahl von Auslandsresidenturen, die unter anderem ständig versuchten, DDR-Reisekader oder Mitarbeiter in DDR-Auslandsvertretungen mit teils erpresserischen Methoden zu werben? In den achtziger Jahren wurden uns jährlich zirka 20 solcher Versuche bekannt. Die Dunkelziffer dürfte etwa genau so groß sein.

Hat der BND nicht auch eine starke, gut funktionierende elektronische Funkaufklärung betrieben? Gerade unter der Präsidentschaft Kinkels wurde dieser Bereich sowohl technisch als auch personell stark ausgebaut. Installierte nicht gerade Kinkel die Gruppe Stammberger im BND, die sich mit besonderen Aktionen in den Staaten des Warschauer Paktes befaßte? Es ist absurd. Wäre das alles unwahr, bleibt die Frage: Warum gab und gibt es denn überhaupt den Bundesnachrichtendienst?

Meine Verteidiger, Rechtsanwalt Dr. Widmaier und Rechtsanwalt Dr. Wolff, lassen sich auf diese primitive juristische Beweiserhebung nicht ein. Am 17. Dezember 1991 übergeben sie dem 2. Senat des Bundesverfassungsgerichts einen Schriftsatz. Darin begründen sie das Rückwirkungsverbot mit dem Artikel 11 Nr. 2 der Allgemeinen Erklärung der Menschenrechte vom 10.12.1948: »Niemand kann wegen einer Handlung oder Unterlassung verurteilt werden, die im Zeitpunkt, wo sie erfolgte, auf Grund des nationalen oder internationalen Rechts nicht strafbar war«,
mit dem Artikel 7 Abs. 1 der Europäischen Menschenrechtskonvention vom 4.11.1950: »Niemand kann wegen einer Handlung oder Unterlassung verurteilt werden, die zur Zeit ihrer Begehung nach inländischem oder internationalem Recht nicht strafbar war«,
mit dem Artikel 15 Abs. 1 des Internationalen Paktes über bürgerliche und politische Rechte vom 19.12.1966: »Niemand darf wegen einer Handlung oder Unterlassung verurteilt werden, die zur Zeit ihrer Begehung nach inländischem oder internationalem Recht nicht strafbar war.«

Widmaier und Wolff nutzen die Argumentation des Ermittlungsrichters des Bundesgerichtshofs, Detter. Sie verweisen darauf, daß sich nach der Wiedervereinigung das »Teilvolk« der elf alten Bundesländer von dem der fünf neuen Länder unterscheidet. Sie schreiben: »Die Wiedervereinigung vermag die Spaltung Deutschlands in zwei selbständige Staaten mit getrennten Staatsvölkern und selbständigen (weithin gegenläufigen) Rechtsordnungen nicht rückwirkend ungeschehen zu machen.«
Meine Rechtsanwälte nutzen auch das Ergebnis einer Recherche von Dr. Wolff. Der untersuchte, ob bei den Verhandlungen zum Einigungsvertrag die Gestaltung des Artikels 315 Abs. 4 EStGB auf einer bewußten Entscheidung des

Gesetzgebers beruht oder ob eine vertragliche Regelung ausgeklammert worden ist. Das Ergebnis: Beide Seiten gingen davon aus, regelungsbedürftig im Einigungsvertrag oder in noch zu schaffenden Rechtsvorschriften ist lediglich die strafrechtliche Behandlung der DDR-Spione, die ihren Lebensbereich in der Bundesrepublik Deutschland hatten. Doch die kannte zu diesem Zeitpunkt noch niemand, die Verantwortlichen schwiegen. Hauptamtliche Mitarbeiter der HVA, deren Lebensmittelpunkt in der DDR lag, sollten also keiner Strafverfolgung ausgesetzt werden.
Wir regen an, Teilnehmer an diesen Gesprächen als Zeugen zu laden: Dr. Peter-Michael Diestel als ehemaligen stellvertretenden Ministerpräsidenten und Innenminister der DDR, Günter Eichhorn als ehemaligen Leiter des Komitees für die Auflösung des Ministeriums für Staatssicherheit/Amt für Nationale Sicherheit und den Präsidenten des Bundesamtes für Verfassungsschutz, Dr. Eckart Werthebach, als ehemaligen Berater des Innenministers der DDR.
Das Bundesverfassungsgericht holt erst einmal bei verschiedenen Institutionen Empfehlungen zur strafrechtlichen Verfolgung ein. Das Bundesjustizministerium bejaht sie in seiner neunzehnseitigen Stellungnahme vom 15. Januar 1992. Ebenso die Thüringer Landesregierung. Ihr Papier vom 14. Januar 1992 unterschreibt der CDU-Ministerpräsident Josef Duchac, früher im Rat des Bezirkes Erfurt, der heute Leiter der Außenstelle der Konrad-Adenauer-Stiftung in Ungarn ist.

Bundesanwälte im Einsatz

Die Bundesanwaltschaft legt nach dem Beschluß des Berliner Kammergerichts alles darauf an, durch Anklagen und Prozesse gegen ehemalige leitende Mitarbeiter des MfS, besonders der HVA und deren Kundschafter, Fakten zu schaffen. Es müssen Verurteilungen wegen Landesverrats und

geheimdienstlicher Agententätigkeit her, um das Bundesverfassungsgericht zu beeinflussen.
Im November und Dezember 1992 läuft beim Oberlandesgericht Stuttgart ein Prozeß gegen Oberst a. D. Herbert Köhler, ehemaliger Leiter der Abteilung XV – Aufklärung in der Bezirksverwaltung Dresden.
Nach der Anklage gegen Großmann und vier weitere leitende Mitarbeiter der HVA will der Generalbundesanwalt mit diesem Prozess die HVA-Strukturen in den Bezirksverwaltungen bloßlegen und damit den gesamten Umfang der gegen die BRD gerichteten Spionage aufdecken.
Die Bundesanwaltschaft fordert für Köhler zweieinhalb Jahre, das Gericht verurteilt ihn zu 21 Monaten Haft auf Bewährung und 20.000 Mark Geldstrafe. Das Stuttgarter wie auch das Münchner Oberlandesgericht in Sachen Schütt/Böttger stellen sich auf die Seite des Bundesgerichtshofs und damit gegen die Auffassung des Kammergerichts Berlin.
Ebenso entscheidet das Oberlandesgericht Düsseldorf. Es klagt im August 1992 wegen Landesverrats und geheimdienstlicher Agententätigkeit gegen die Oberste a. D. Kurt Gailat und Günter Neefe, ehemalige Abteilungsleiter, Gerhard Behnke und Werner Groth, ehemalige stellvertretende Abteilungsleiter.
Das ist die blanke Rache an leitenden Offizieren, die nachrichtendienstlich erfolgreich politische Parteien und deren Einrichtungen in der Bundesrepublik aufgeklärt hatten. Das ist ein juristisches Nachschlagen gegen Kurt Gailat, den ehemaligen Führungsoffizier von Christel und Günter Guillaume, der als unser Kundschafter von 1970 bis 1974 ein Vertrauter von Bundeskanzler Brandt war. Günter Neefe scheidet aus gesundheitlichen Gründen aus dem Verfahren aus. Verurteilt werden im Juni 1994 Kurt Gailat zu zwei Jahren Haft auf Bewährung, Gerhard Behnke zu eineinhalb Jahren auf Bewährung, Werner Groth zu einem Jahr und neun Monaten auf Bewährung.

Im November 1991 verhaftet der Staatsschutz den Fernsehredakteur beim Norddeutschen Rundfunk Bernd Michels. Von 1976 bis 1985 arbeitete er als Pressesprecher der SPD in Schleswig-Holstein und war gleichzeitig für die HVA tätig. Der Bundesverfassungsschutz kam ihm nicht auf die Spur, sondern der ehemalige HVA-Mitarbeiter der Abteilung X – Aktive Maßnahmen, Greschke, verriet ihn.

Im November 1993 erfolgt dann die Anklage gegen Bernd Michels, gegen Oberst a. D. Rolf Wagenbreth, ehemaliger Leiter der Abteilung X, und seine Stellvertreter, die Oberste a. D. Rolf Rabe und Wolfgang Mutz. Der Ankläger wirft ihnen vor, die Bundesrepublik destabilisiert zu haben. Verbreitete Desinformationen, übrigens eine allseits beliebt Technik in allen Geheimdiensten, wertet er in ihrem Fall als besonders verwerflich und existenzgefährdend für die BRD.

Das Oberlandesgericht Schleswig lehnt es ab, die Hauptverhandlung zu eröffnen und wartet auf den Entscheid des Bundesverfassungsgerichts.

Im März 1993 klagt der Generalbundesanwalt beim Kammergericht Berlin wegen Landesverrats gegen Generalleutnant a. D. Günter Kratzsch, ehemaliger Leiter der Hauptabteilung II – Spionageabwehr des Ministeriums für Staatssicherheit und drei seiner Mitarbeiter.

Der 1. Strafsenat entscheidet wie im Fall Großmann, er setzt das Verfahren aus und ruft das Bundesverfassungsgericht zur Entscheidung an.

Am 30. Juli 1993 lehnt der 3. Strafsenat des Bundesgerichtshofs die Revision des Urteils von Harry Schütt und Günter Böttger ab. Es verweist das Verfahren mit der Auflage an das Oberlandesgericht München zurück, nicht nur wegen Beihilfe zum Landesverrat zu verhandeln, sondern auch wegen Mittäterschaft. Ein höheres Strafmaß soll her.

Am 17. März 1994 spricht das Bayrische Oberlandesgericht beide tatsächlich in diesem Sinne schuldig, bleibt aber beim Strafmaß von zwei Jahren bzw. vierzehn Monaten auf Bewährung.

Nach der Rückkehr von Markus Wolf in die Bundesrepublik am 24. September 1991 geraten die Medien völlig außer Rand und Band. Die Bundesanwaltschaft zeigt unverhohlen Freude und Erleichterung. Auf eine erfolgreiche Anklage und Verurteilung hoffend, nimmt der Staatsschutz Wolf sofort fest. Er zahlt eine Kaution von 250.000 Mark und kommt am 4. Oktober 1991 nur unter strengen Auflagen frei. Er muß sich zweimal wöchentlich bei der Polizei melden und sich an seinem Wohnort, im Berliner Stadtbezirk Mitte, aufhalten.
Im September 1992 stellt er sich vor dem Oberlandesgericht Düsseldorf der Anklage. Die Hauptverhandlung dauert sieben Monate. Das Oberlandesgericht verurteilt ihn am 6. Dezember 1993 wegen Landesverrats in drei Fällen, jeweils in Tateinheit mit Bestechung von sieben Personen, zu einer Freiheitsstrafe von sechs Jahren – die Bundesanwaltschaft hatte sieben Jahre beantragt. Wolf muß die Kosten des Verfahrens tragen.
Gemeinsam mit Rainer Rupp (Topas), unserem ehemaligen Kundschafter im NATO-Hauptquartier, der im Juli 1993 verhaftet worden war, werden seine Ehefrau und seine Führungsoffiziere angeklagt. Am 17. November verurteilt der dortige 4. Strafsenat beim Oberlandesgericht Düsseldorf Rainer Rupp zu zwölf Jahren Haft und 300.000 Mark Strafe, seine Ehefrau Ann wegen Beihilfe zum Landesverrat zu einem Jahr und zehn Monate. Oberst a. D. Klaus Rösler, ehemaliger Leiter der Abteilung XII – NATO/EU und Oberst a. D. Karl Rehbaum, ehemaliger stellvertretender Abteilungsleiter, bekommen wegen Landesverrats jeweils zwei Jahre Haft auf Bewährung.
Es folgen weitere Prozesse, Eilverfahren, Anklagen und Beugehaft, unter anderem gegen Oberst a. D. Wolfgang Hart-

mann, ehemaliger Leiter der Abteilung XV – Aufklärung in Neubrandenburg, Generalmajor a. D. Carli Coburger, ehemaliger Leiter der Hauptabteilung VIII – Ermittlungen, Beobachtungen des MfS, Generalleutnant a. D. Alfred Krause, ehemaliger Chef der Verwaltung Aufklärung des Ministeriums für Nationale Verteidigung, Oberst a. D. Jürgen Rogalla, ehemaliger Leiter der Abteilung XI – USA der HVA, gegen Oberstleutnant Rolf Wiesel, ehemaliger stellvertretender Referatsleiter in der Abteilung I – Staatsapparat BRD der HVA.

Mit hektischer Eile verfolgt die Bundesanwaltschaft ehemalige Kundschafter mit Anklagen wegen Landesverrats, geheimdienstlicher Agententätigkeit und Bestechlichkeit. Der Anklagebehörde erbötige Strafsenate verhängen hohe Haftstrafen und Geldbußen.

Die Medien begleiten das Ganze mit spektakulären Berichten. Führen schon die Verhaftungen, die durch den Verrat von Roitzsch Anfang '90 erfolgen, zu großer Medienresonanz, wiederholt sich dies bei der Verurteilung von Dr. Hagen Blau, Klaus von Raussendorf, Ludwig Pauli und Alexander Dahms. Höhepunkte des Mediengerassels werden die Verhaftungen der von Karl-Christoph Großmann verratenen Kundschafter Dr. Gabriele Gast und Klaus Kuron.

Viele Journalisten beobachten die Prozesse gegen die Brüder Alfred und Ludwig Spuhler sowie gegen den von dem ehemaligen hauptamtlichen Mitarbeiter Weigelt verratenen Dieter W. Feuerstein, Ingenieur bei MBB. Die hauptsächlich durch den Verräter Busch ermöglichte Festnahme und Verurteilung von Rainer Rupp gerät zum absoluten Höhepunkt.

Auch gegen ehemalige Kundschafter, die schon vor Jahren in die DDR zurückgeholt worden waren, geht die Bundesanwaltschaft vor. Das Oberlandesgericht Düsseldorf verurteilt beispielsweise im Februar 1994 Hanna Olbricht zu mehr als zweieinhalb Jahren Haft. Hier hätte bei der Urteilsfindung nun wirklich die Haager Landkriegsordnung

berücksichtigt werden müssen. Aus der DDR mit nachrichtendienstlichem Auftrag in die Bundesrepublik übergesiedelt, kehrte Hanna Olbrich nach Jahren in die Heimat zurück und lebte als DDR-Bürgerin im Ruhestand. Als nunmehrige Bundesbürgerin wird sie verhaftet.
Am 13. Juli 1995 teilt die Bundesregierung auf eine Kleine Anfrage der Bundestagsgruppe der PDS mit: Seit 1. Januar 1992 ermittelt der Generalbundesanwalt gegen 1.622 offizielle Mitarbeiter des MfS, 35 offizielle Mitarbeiter der Verwaltung Aufklärung, 1.449 IM-Ost. Er klagt gegen 44 Geheimdienstoffiziere der DDR und neun IM-Ost. Elf hauptamtliche Mitarbeiter und zwei IM-Ost wurden rechtskräftig verurteilt. Seit 1. Januar 1992 leitete er gegen 2.412 IM-West Ermittlungsverfahren wegen des Verdachts auf Landesverrat und insbesondere der geheimdienstlichen Agententätigkeit ein. 72 IM-West wurden verurteilt, 481 Eilverfahren noch nicht abgeschlossen. 17 Verurteilte befinden sich noch in Haft.
1998 nennt Bundesanwalt Lampe auf einer öffentlichen Veranstaltung der Gauck-Behörde folgende Zahlen: Von 2.700 Eilverfahren gegen IM-West wurden 1.400 wegen Geringfügigkeit, 700 wegen geringer Schuld mit Auflagen zur Zahlung ab 100.000 DM eingestellt. Es bleiben 400 Anklagen und 300 rechtskräftige Verurteilungen.
Nach meinen Erkenntnissen gab es mindestens 320, möglicherweise sogar 340 Verurteilungen.
Am 18. Juni 1999 erweitert Lampe in einem Vortrag in der Akademie für politische Bildung in Tutzing diese Zahlen, Stichtag: 1. Juli 1997. So eröffnete die Bundesanwaltschaft 4.171 Ermittlungsverfahren gegen hauptamtliche Mitarbeiter und IM aus der DDR, 2.928 Verfahren gegen IM-West, in der Regel Quellen der HVA. Von 82 angeklagten ehemaligen DDR-Bürgern wurden 82 verurteilt, von 388 Altbundesbürgern 252. Für die Zeit nach 1997 gibt es dazu, auch nach Auskunft der Bundesregierung, keine statistischen Angaben.

Während die Strafverfolgungsbehörden und die Gerichte aktiv und zielgerichtet Beweise für die umfassende, die äußere Sicherheit der Bundesrepublik bedrohende Spionage suchen, höre ich bis zum März 1994 wenig von meinem Verfahren.

Da beauftragt der Vizepräsident des Bundesverfassungsgerichts, Prof. Ernst Gottfried Mahrenholz, kurz vor seinem Ausscheiden das Max-Planck-Institut für ausländisches öffentliches Recht und Völkerrecht, ein völkerrechtliches Gutachten in unserer Sache zu erarbeiten. Wer welche Erwartungen damit verknüpft, vermag ich nicht einzuschätzen. Ich hoffe jedenfalls, die Wissenschaftler bestätigen, daß meine Strafverfolgung nicht rechtens ist.

Enttäuscht lesen meine Anwälte und ich das Gutachten vom 1. Juli 1994. Bundesanwalt Lampe wird stehend Beifall geklatscht haben. Und schon wird die Bundesanwaltschaft selbst wieder aktiv. Am 28. April 1994 schickt sie ein Schreiben an den Vorsitzenden des 1. Strafsenats des Kammergerichts Berlin. Darin lehnt sie den Antrag meines Anwalts ab, meinen Haftbefehl aufzuheben. Sie weist darauf hin, daß sie wie bei Markus Wolf auch bei mir mit einer beträchtlichen Freiheitsstrafe rechne. Außerdem habe man in anderen Verfahren eine Vielzahl strafbarer Handlungen des Herrn Großmann aufgedeckt. Die Bundesanwaltschaft lehnt im gleichen Schreiben ab, meine Auflagen aufzuheben. Überraschend stimmt sie aber einem Kuraufenthalt in Ungarn zu.

Was denn nun, befürchtet sie, daß ich verschwinde oder nicht?

Wohl um mich unter Druck zu setzen, schickt mir die Bundesanwaltschaft die Urteile gegen Wolf, gegen Schütt/Böttger und die Anklageschrift gegen leitende Offiziere und einen IM der HVA-Abteilung Aktive Maßnamen ins Haus. Offensichtlich will sie damit auch dem 1. Strafsenat des

Berliner Kammergerichts eine Lektion erteilen, wie verantwortungslos dessen Beschluß vom 21. Juli 1991 ist.
Am 14. September 1994 sendet das Bundesministerium für Justiz der Präsidentin des Bundesverfassungsgerichts einen Zwischenbericht des Generalbundesanwalts über die strafrechtliche Aufarbeitung der aus der ehemaligen DDR gegen die BRD betriebenen Spionage. Vor allem versucht er nachzuweisen, daß es sich bei der HVA und ihren offiziellen und inoffiziellen Mitarbeitern um Spione der Kategorie Bösewicht handelt. Man gesteht uns zwar zu, wie ein Geheimdienst anderer Staaten gehandelt zu haben, stellt dann aber fest:
»Darüber hinaus belegen jedoch vielfach angefallene Ermittlungsergebnisse, daß die Auslandsaufklärung der DDR vom typischen SED-Unrecht geprägt war und neben der Gefährdung der äußeren Sicherheit der Bundesrepublik Deutschland auch Individualrechtsgüter der Bürger in der DDR und in der Bundesrepublik in der für das totalitäre Stasi-Regime kennzeichnenden Weise verletzte.
Es hat sich als unmöglich erwiesen, für die Trennung des 1. Bereichs der ›reinen‹ Auslandsaufklärung von der mit herausgehobenem SED-Stasi-Unwert verknüpften Spionage allgemeingültige Abgrenzungskriterien zu finden.
Namentlich eine Differenzierung nach bestimmten nachrichtendienstlichen Organisationseinheiten, Tätergruppen, gesetzlichen Tatbeständen, Angriffszielen oder Handlungsorten ist hierfür nicht geeignet.«
Nach dem die besonders den »SED/Stasi-Unwert« ausmachenden Abwehrdiensteinheiten und ihre Tätigkeitsmerkmale genannt werden, gesteht man der HVA folgendes zu:
»Die Spionage aus der DDR selbst mit gravierendem SED-typischen Unwert erfüllt in der Regel ›nur‹ die Straftatbestände zum Schutz der Sicherheit der Bundesrepublik – §§ 93 ff StGB. Es gibt Fälle, in denen MfS-Offizieren, im Zusammenhang mit der Spionage, Straftaten wie Freiheitsberaubung, Entführung, Nötigung nachweisbar sind.

Fälle dieser Art kennzeichnen zwar auch die Auslandsaufklärung der DDR, sind aber nach bisherigen Erkenntnissen der Bundesanwaltschaft selten …
Noch häufiger sind die Fälle, in denen die operative Zielstellung – Bestrafung von Verrätern, Verhinderung von Republikflucht mit anschließender Inhaftierung, Diffamierung von Regimekritikern – nicht den Tätern zugerechnet werden kann, die den Tatbestand der §§ 93 f. unmittelbar erfüllt haben.«
Objektive Richter, so hoffen meine Anwälte und ich, lassen sich von solchem Hickhack nicht beeinflussen. Trotzdem nehmen wir die Wertungen der Bundesanwaltschaft nicht unwidersprochen hin. Dr. Widmaier schickt unsere Stellungnahme am 8. Januar 1994 an das Bundesverfassungsgericht. Darin bewertet er neuere Entscheidungen des Bundesgerichtshofes, die strafrechtliche Verfolgung der DDR-Außenspionage, die vielfältigen Diskussionen dieses Problems in der Literatur und das Rechtsgutachten des Max-Planck-Instituts zum Zwischenbericht des Generalbundesanwalts.
Er kommt zu dem Schluß: »Sollte man trotz allem den Einwendungen gegen die strafrechtliche Verfolgbarkeit der durch Bürger der ehemaligen DDR begangenen Spionage gegenüber der Bundesrepublik rechtlich zwingende Kraft absprechen, so entbehrte ein solcher rechtstechnisch vielleicht darstellbarer Strafanspruch doch der inneren Legitimation.
Die Strafverfolgung dieses Personenkreises stünde im Widerstreit mit dem Grundsatz der Gleichheit vor dem Gesetz, mit dem rechtsstaatlichen Vertrauensgrundsatz und schließlich mit den völkerrechtlichen Prinzipien des Art. 31 der Haager Landkriegsordnung HLKO.«
Zur Strafbarkeit der Spionage von Bürgern der alten Bundesrepublik für die DDR argumentiert er:
»Wenn sich der Gesetzgeber in diesem Bereich nicht doch noch zu einer Amnestie entschließen kann, so muß dies

von verfassungswegen zur grundlegenden Herabsetzung der zu verhängenden Strafen führen.«

Endlich, nach fast fünf Jahren, urteilt das Bundesverfassungsgericht über die deutsch-deutschen Spione. Der Beschluß des 2. Senats des Bundesverfassungsgerichts vom 15. Mai 1995, mit fünf gegen drei Stimmen angenommen, bestätigt im Grunde unsere Argumentation. Eine offensichtliche Schlappe für die Rechtsauffassung der Bundesanwaltschaft, des Bundesgerichtshofs und einiger Oberlandesgerichte.
Das Bundesverfassungsgericht stimmt zwar unseren Argumenten und denen des Kammergerichts Berlin sachlich nicht zu, sieht aber ein sogenanntes Verfolgungshindernis. Damit verwirft es aber nicht unsere Rechtsauffassung und die des Kammergerichts. Die widerstreitenden politischen Kräfte im Bundesverfassungsgericht einigen sich lediglich auf einen Kompromiß. Dieser betrifft vor allem die Aufteilung der Betroffenen in drei Gruppen und schließt die Bundesbürger aus, die für uns nachrichtendienstlich tätig waren. Das ist völlig unbefriedigend, in der Sache teilweise kompliziert und schwer faßbar. Um so mehr, weil ehemalige, in der DDR rechtskräftig verurteilte Spione westlicher Dienste durch das 1. SED-Unrechtsbereinigungsgesetz vom 29. Oktober 1992 als politisch Verfolgte rehabilitiert und großzügig entschädigt wurden.
Der Beschluß des Bundesverfassungsgerichts bedeutet für mich, daß der 1. Strafsenat des Kammergerichts Berlin am 7. Juni 1995 meinen Haftbefehl aufhebt. Noch gibt aber die Bundesanwaltschaft nicht auf. Sie will nun gegen die sogenannten Begleitdelikte wie Bestechung strafrechtlich vorgehen oder, böse Falle, das Verfahren nach § 153a der Strafprozeßordnung wegen Geringfügigkeit einstellen. Ich müsste dann an eine gemeinnützige Institution eine bestimmte Summe zahlen, hätte aber damit ein Schuldbekenntnis unterschrieben. Das lehne ich ab.
Mit einem Schreiben vom 28. Juli 1995 zieht der General-

bundesanwalt die Anklage gegen mich zurück. Er stellt das Verfahren gemäß § 153c Absatz 2 in Verbindung mit Absatz 2 der Strafprozeßordnung ein.

Am 18. September 1995 erhalte ich dann auch noch die seit meiner Festnahme am 3. Oktober 1990 beschlagnahmten Gegenstände. Auf Beschluß des 1. Strafsenats des Kammergerichts Berlin vom 12. Oktober 1995 trägt die Staatskasse die Kosten des fünf Jahre dauernden, rechtswidrig geführten Prozesses.

Der Beschluß des Bundesverfassungsgerichts betrifft natürlich nicht nur mich. Alle gegen hauptamtliche Mitarbeiter von DDR-Nachrichtendiensten gefällten Urteile sind gegenstandlos, die noch laufenden Strafverfahren werden eingestellt. Nur Markus Wolf steht weiter im Visier der Bundesanwaltschaft. Gegen ihn bastelt man eine neue Anklage. Er wird am 27. Mai 1997 vom Oberlandesgericht Düsseldorf wegen Entführung und Nötigung zu zwei Jahren Haft auf Bewährung und 50.000 Mark Geldbuße verurteilt. Der Generalbundesanwalt hatte dreieinhalb Jahre gefordert.

Bei aller Unzulänglichkeit des Beschlusses des 2. Senats des Bundesverfassungsgerichts vom 15. Mai 1995, vor allem wegen der weiteren Strafverfolgung unserer Kundschafter, errangen wir einen Teilerfolg in Sachen Recht und Gerechtigkeit.

Die Front jener ist geschwächt, die die Strafverfolgung ehemaliger Mitarbeiter von DDR-Nachrichtendiensten fordern. Vor allem die Bundesanwaltschaft und besonders Bundesanwalt Lampe stehen nun ziemlich dumm da. Ihre Wortschöpfungen wie »leninistischer Hintergrund des Tschekismus« oder »SED-Stasi-Unwert« beeindruckten die Richter des Bundesverfassungsgerichts nicht.

Die Argumente des Ermittlungsrichters Klaus Detter, der Richter des 1. Strafsenats des Kammergerichts Berlin und der Anwälte Dr. Wolff und Dr. Widmaier, der inzwischen Professor an der Universität München ist, überzeugten und waren vor allem juristisch solide.

Der Präsident des Bundesverfassungsschutzes, Gerhard Boeden, steht mal wieder unter Druck. Der Innenausschuß des Bundestages wirft ihm vor, daß er seinen Verfassungsauftrag nicht erfüllt. Noch immer hocken Spione der Hauptverwaltung Aufklärung unerkannt in irgendwelchen Löchern und die ehemaligen Verantwortlichen der HVA schweigen. Die müssen doch irgendwie zu knacken sein. Wollen die sich nicht endlich offenbaren? Wie effizient ist denn nun eigentlich das BfV, das jedes Jahr nahezu 200 Millionen Mark verschlingt?
Boeden kann das Kürzel Stasi nicht mehr hören. Als er 1987 als erfolgsverwöhnter Vizepräsident des Bundeskriminalamtes in das Bundesamt für Verfassungsschutz wechselte und dort Präsident wurde, hatten seine Vorgänger Pleiten, Pech und Pannen geradezu gesammelt. Und wir als Hauptverwaltung Aufklärung im Ministerium für Staatssicherheit der DDR waren daran nicht ganz unbeteiligt. Nun erwischt es auch Boeden. Klaus Kuron, einer seiner Mitarbeiter ist als Kundschafter der HVA enttarnt worden. Immerhin hatte Kuron im Amt keinen schlechten Ruf. In der Abteilung IV – Spionageabwehr galt er als einer der erfolgreichsten Spezialisten für das Werben von CM (counter man). Er drehte gegnerische Agenten um. 1982 wendete er sich selbst an uns und arbeitete konspirativ als Kundschafter für die Hauptverwaltung Aufklärung. Als Kuron dann enttarnt wird, ist das ein Schock für Boeden. Doch wegen seines Alters braucht er sich nicht mehr um seine Karriere zu sorgen, er wird sowieso bald pensioniert. Das soll aber nicht sang- und klanglos passieren, er möchte schon einen honorigen Abgang in den geplanten Ruhestand

hinlegen und geordnete Verhältnisse hinterlassen. Schließlich will sein Nachfolger, der designierte Präsident, Eckart Werthebach, mit den anstehenden Stasi-Problemen keinen Gordischen Knoten übernehmen, für den er kein scharfes Schwert hat.
Boeden ergreift die Initiative und sucht den kurzen Weg zu Offizieren der Staatssicherheit. Sie sollen ihm helfen, daß sich noch unerkannte Ostspione freiwillig stellen. Bereits im Oktober 1990 lädt er Generalmajor a. D. Edgar Braun, den ehemaligen Leiter der Hauptabteilung XIX – Verkehrswesen und Generalleutnant a. D. Günter Kratzsch, ehemaliger Leiter der Hauptabteilung II – Spionageabwehr zu einem Gespräch ein. Am 26. Oktober 1990 treffen sich der Präsidenten des Bundesamtes für Verfassungsschutz, Gerhard Boeden, und Dr. Eckart Werthebach in der Berliner Außenstelle des Bundesinnenministeriums mit den Generalen. Braun und Kratsch kennen sich hier im weitläufigen Komplex in der Mauerstraße gut aus, schließlich residierte einst in diesen Gebäuden das Innenministerium der DDR.
Boeden und Werthebach, die beiden Gastgeber, kommen schnell zur Sache. Sie erwarten konkrete Fakten über die Arbeit der Staatssicherheit in der BRD und in Westberlin von ihren beiden Gästen. Es bestehe dringender Handlungsbedarf, Gefahren für die Bundesrepublik abzuwenden. Noch existierende unerkannte Quellen besonders im politischen Bereich müssen sich offenbaren. In diesem Zusammenhang könne man auch über den Umgang mit den Mitarbeitern der Stasi insgesamt reden. Politische und juristische Spielräume wären vorhanden. Aber erst einmal müssen alle Quellen offengelegt werden.
»Auch Sie müssen doch an einer schnellen Lösung interessiert sein«, sagt Boeden, »schon um für sich und Ihre ehemaligen Mitarbeiter die Situation zu entspannen.«
Günter Kratzsch verweist darauf, daß er der falsche Ansprechpartner sei, wenn es um die Arbeit in der Bundesre-

publik und in Westberlin ginge. Da müßten sie schon mit Herrn Großmann sprechen. Man bittet Edgar Braun, mit mir zu reden. Und der kommt sofort zu mir.
Ich bin bereit, über politische und juristische Spielräume zu verhandeln, wenn nicht die bedingungslose Offenlegung unserer Quellen gefordert wird. Oberst a. D. Bernd Fischer, Chef der Auflösungsgruppe der HVA und in dieser Funktion Gesprächspartner von Herrn Werthebach, soll mich begleiten. Außerdem müssen die Herren vor dem Gespräch den Generalbundesanwalt informieren. Schließlich besteht gegen mich noch Haftbefehl, und außerdem verweigere ich gegenüber der Bundesanwaltschaft und dem Richter die Aussage. Ich bin gespannt, ob meine Forderungen erfüllt werden.
Bereits am 2. November 1990 teilt mir Edgar Braun mit, daß Boeden und Werthebach nicht mehr mit uns reden wollen, da ihre Konzessionen zu groß sein müßten.
Eine Antwort ganz anderer Art bekomme ich öffentlich. In der Tageszeitung »Die Welt« lese ich am 19. November 1990 einen Artikel mit Äußerungen von Herrn Boeden, die er anläßlich eines mehrstündigen Redaktionsbesuchs geäußert hat. Er behauptet: »Da gibt es noch Seilschaften in bestimmten Bereichen, sogar noch Weisungsabhängigkeiten.« Er habe kürzlich mit zwei ehemaligen MfS-Generalen gesprochen und ihnen ihre Situation klargemacht. »Die beiden haben zu mir gesagt, das sehen wir alles ein, aber wir können nicht, wir müssen erst mit Großmann und der muß sicher erst mit Wolf reden. Die Antwort, die sie mir dann übermittelt haben, war nicht sehr erfreulich.«
Sofort rufe ich Braun und Kratzsch an. Sie versichern mir glaubhaft, daß sie dies nicht gesagt haben. Ich glaube ihnen, denn ich war den beiden gegenüber nie weisungsbefugt und bin es auch heute nicht. Markus Wolf hielt sich übrigens zu dieser Zeit im Ausland auf. Selbst wenn ich gewollt hätte, wäre er für mich nicht erreichbar gewesen. Ich kann ja verstehen, daß Herr Boeden mit seinem Stasi-

Syndrom endlich mal seinen Verfassungsauftrag erfüllen will. Und da glaubt er entsprechenden Druck auf die Besiegten ausüben zu müssen.
Inzwischen schreiben ehemalige leitende Mitarbeiter des Ministeriums für Staatssicherheit einen Brief an den Bundesminister des Innern, Dr. Schäuble. Es unterzeichnen die Generale a. D. Kratzsch, Möller, Engelhardt und Großmann.
Anlaß des Briefes ist die zunehmende Strafverfolgung und Ausgrenzung ehemaliger Mitarbeiter und IM und die Sorge, daß durch die unseriöse Art und Weise, wie die Arbeit des Ministeriums dargestellt wird, die Stasi-Hysterie unkalkulierbare Ausmaße annimmt.
Wir bitten um ein Gespräch mit kompetenten Vertretern seiner Behörde. Wir erklären uns bereit, »in bezug auf die Diensteinheiten der Abwehr und der Aufklärung auch personenbezogene Vorschläge zu unterbreiten, wie den Sicherheitsinteressen im Zusammenhang mit ehemaligen IM entsprochen werden kann, wie der durch bestimmte Medien immer wieder geschürten ›Stasi-Hysterie‹ begegnet werden kann und wie eine Integration ehemaliger MfS-Mitarbeiter in die neuen Lebensbedingungen erfolgen könnte.«
Herr Boeden zeigt Nerven und lädt zu einem weiteren Gespräch am 15. Februar 1991 ins Gebäude des ehemaligen Ministeriums des Innern ein. Die Generale a. D. Günter Möller, ehemaliger Leiter der Hauptabteilung Kader und Schulung, Günter Kratzsch, Leiter der Hauptabteilung II – Spionageabwehr, Gerhard Niebling, ehemaliger Leiter der ZKG – Zentrale Koordinierungsgruppe und ich diskutieren ein Positionspapier. Möller und Niebling hatten es erarbeitet. Ich stimme dem Papier als Gesprächsgrundlage zu, obwohl ich mit bestimmten Formulierungen nicht einverstanden bin. So zum Beispiel mit der Bereitschaft »... zur Offenlegung der tatsächlichen Zusammenhänge zu dem Komplex ›Übergabe von Quellen an das KGB der

UdSSR im Zusammenhang mit der Auflösung des MfS‹.«
Für mich ist das kein Thema, da niemand übergeben worden ist. Auch andere Passagen schmecken mir nicht. Aber, so denke ich mir, soll doch jeder seine Position daraus entnehmen und entsprechend vortragen.
Im Gespräch mit Boeden und Werthebach merke ich, daß es im Grunde nur um unsere Kundschafter in der Bundesrepublik und in Westberlin geht. Beide wollen nur eins: Namen und Adressen. Ohne Gegenleistung bekommen sie von mir nicht mal eine Schuhgröße.
Ich bemerke nicht, wohl weil ich es auch nicht für möglich halte, wie irgend jemand den Herren das interne Positionspapier zusteckt. Eingangs betonen Boeden und Werthebach, daß das Problem der weiteren Existenz und möglichen Nutzung von Quellen durch das KGB unbedingt gelöst werden müsse. Dr. Werthebach wendet sich direkt an mich: »Sie müßten doch auch interessiert sein an einer Lösung.« Und er fügt fast beschwörend hinzu: »Es ist schon sehr spät, aber vielleicht noch nicht zu spät«. Er fordert mich auf, meine Gedanken zu äußern, stellt aber fest: »Wenn Ihre Vorschläge nicht über das hinausgehen, was Herr Fischer vor der Einheit zu mir gesagt hat, können wir das Gespräch sofort beenden.«
Ich gehe nicht. Obwohl ich ohne Gegenleistung keine Namen nennen werde, bin ich an einer Lösung interessiert. Im Namen der ehemaligen hauptamtlichen und inoffiziellen Mitarbeiter der HVA trage ich vor: Wir verhalten uns loyal gegenüber der BRD und ihrer Regierung, unternehmen nichts gegen die innere und äußere Sicherheit des vereinigten Deutschland. Sie sollten uns Gelegenheit geben, in diesem Sinne auf unsere ehemaligen Mitarbeiter und IM Einfluß zu nehmen, und nicht immer wieder bestehende innere Strukturen und sogenannte Seilschaften an die Wand malen.
Wir wollen helfen, den inneren Frieden im vereinten Deutschland herzustellen und zu erhalten. In diesem Sin-

ne werden wir auf ehemaligen IM einwirken, die schon eingestellte nachrichtendienstliche Tätigkeit für keinen anderen Geheimdienst wieder zu beginnen. Ohnehin gab es mit keinem Geheimdienst der ehemaligen Ostblockländer gemeinsam geführte Vorgänge, und mit der Einstellung der Arbeit der HVA wurden auch keine übergeben.
Um in diesem Sinne Erfolg zu haben, sollten alle ehemaligen Mitarbeiter auf spektakuläre Veröffentlichungen in den Medien verzichten.
Wir sind bereit, an der Aufarbeitung aller interessierenden Fragen zur Tätigkeit der HVA mitzuwirken. Das, so sage ich, sei eigentlich nicht neu. Bereits im Juni/Juli 1990 hätten wir dies schriftlich vorgeschlagen. Leider sei es zu keinem Dialog und entsprechenden Vereinbarungen gekommen. Stattdessen begann eine umfassende Strafverfolgung. Unter solchen Bedingungen sei die Bereitschaft zu einer Zusammenarbeit natürlich sehr gering.
Folgende Voraussetzungen sollten geschaffen werden:
– Einstellung der Strafverfolgung gegen ehemalige Mitarbeiter und IM.
– Bildung einer Gruppe zur Aufarbeitung der Tätigkeit der HVA, in der wir natürlich vertreten sein müssen. Sollten sich strafrechtlich relevante Tatsachen ergeben, die über die nachrichtendienstliche Tätigkeit hinausgehen, muß entsprechend entschieden werden.
– Schaffung von Rechtsvorschriften, die den Weg für IM freimachen, sich bei Straffreiheit selbst zu stellen. In diesem Zusammenhang erkläre ich mich bereit, öffentlich kundzutun, daß ich dies als Maßnahme zur Abwendung von Gefahren für die Bundesrepublik sehe und sich niemand an früher eingegangene Verpflichtungen gebunden fühlen muß. Jeder kann in freier Entscheidung diesen Weg über eine Person seines Vertrauens gehen.
Herr Boeden unterbricht mich und fragt, wie viele sich denn stellen würden, ohne daß Straffreiheit garantiert sei. Ich antworte. »Sicher würde dies keiner tun.«

Ich fahre fort und bitte um die Gelegenheit, in Einzellfällen mit ehemaligen Kundschaftern, die in sensiblen Bereichen tätig sind, zu sprechen. Man könne sie veranlassen, ohne viel Aufhebens zu kündigen und ihren Arbeitsplatz zu verlassen. Würde ihre geheimdienstliche Arbeit bekannt, bestünde natürlich ebenfalls Straffreiheit.
Weiterhin müßten Voraussetzungen geschaffen werden, die soziale und gesellschaftliche Ausgrenzung ehemaliger Mitarbeiter und IM zu beenden und Unrecht zu beseitigen.
»Eine Offenlegung unserer Quellen ohne jede Garantie für Straffreiheit und anderweitige Verfolgung und Ausgrenzung lehne ich ab.«
Boeden und Dr. Werthebach reagieren positiver als erwartet. Hier und da bezweifeln sie die Realisierbarkeit meiner Vorschläge. Ihnen gefalle beispielsweise gar nicht, daß ich eine öffentliche Erklärung abgeben will. Sonst halten sie vieles für brauchbar, diskussionswürdig und einiges sogar für sofort machbar. Sie müßten erst einmal über alles nachdenken und mit ihrem Minister reden. Starke Zweifel äußern sie, ob es Straffreiheit für Bürger der Bundesrepublik geben könne, die konspirativ für die DDR gearbeitet hätten. Dr. Werthebach meint, ich werde bald von ihm hören. Boeden plaudert beim Hinausgehen: »Vielleicht klappt es ja nun doch noch mit einem honorigen Abgang in den Ruhestand.« Er meint natürlich seinen. Wir verabschieden uns verhalten optimistisch.
Es kommt keine Einladung von Dr. Werthebach, sondern eine öffentliche Indiskretion. Zeitungen veröffentlichen Auszüge aus dem Positionspapier, mit denen wir als Erpresser der Bundesregierung vorgeführt werden sollen. Wer das unausgegorene Papier weitergereicht hat, kann stolz auf sich sein.
Als »Spiegel-TV« zum Gespräch einlädt, wollen wir die Gelegenheit nutzen, unsere Position öffentlich darzustellen. An der im April 1991 ausgestrahlten Diskussion be-

teiligen sich die Generale a. D. Schwanitz, Engelhardt, Niebling und Großmann.
Das Gespräch wird für uns ein Fiasko. Der Moderator unterstellt uns Erpressung und verwerfliche Einflußnahme auf unsere ehemaligen Mitarbeiter. Uns gelingt es nicht, die eigentlichen Zusammenhänge überzeugend darzustellen.
Am 10. Februar 1992 bekomme ich wieder mal Besuch vom Verfassungsschutz. Nach Voranmeldung klingeln Herr Andresen und Herr Gödke an meiner Wohnungstür. Sie sind, so sagen sie mir, im Auftrag des Präsidenten des Bundesamtes für Verfassungsschutz, Dr. Werthebach, unterwegs. Es ginge um noch vorhandene HVA-Quellen in der Bundesrepublik. Man wolle bestehende Gefahren für die Bundesrepublik beseitigen. Das sei ihr dienstlicher Auftrag, und deshalb haben sie zu vielen ehemaligen HVA-Angehörigen Kontakt – nicht ganz erfolglos, aber insgesamt seien sie noch unzufrieden.
Zunehmend erklären sich ehemalige HVA-Mitarbeiter zur Mithilfe bereit, viele würden sich aber immer wieder auf Großmann berufen. Er müßte zustimmen oder ein entsprechendes Zeichen setzen.
Offensichtlich sind die Herren mit ihrem Latein am Ende. Meine Genugtuung verheimliche ich nicht. Der Verfassungsschutz versucht also das alte Spiel: guter Bulle, schlechter Bulle. Werthebach gibt die Rolle des Unnachsichtigen, die beiden vor mir spielen die Einfühlsamen. Mancher meiner ehemaligen Mitarbeiter habe ihnen gesagt, schleimen sie, daß ich bestimmt an Lösungen mitwirken würde. Sie, Andresen und Gödke, seien gespannt, wozu ich bereit bin, was man gemeinsam tun könne. Es entspräche doch auch meinen Intentionen, endlich aus der globalen Verurteilung herauszukommen. »Wenn sie die Quellen nennen, können sie ja auch sagen, was sie in Wirklichkeit getan haben und sich so von der Abwehr absetzen.«
Die nehmen mich offensichtlich nicht für voll. Ich sollte mit denen mal die Situation Gespräch durchspielen. Regel

Nummer 1: Wer sich und seinen Gegner nicht ernstnimmt, und ihm keine Achtung entgegenbringt, der hat schon vor dem ersten Satz verloren.
Zugegeben, ich bin im Vorteil. Durch unsere langjährigen Quellen im Verfassungsschutz kenne ich diese Institution schon länger als diese beiden Männer, die jetzt dort arbeiten. Die meisten Leute dort sind offensichtlich wirklich so, wie sie viele unserer Kundschafter charakterisierten: Karrieresüchtig ziehen sie ihren Job nur auf sich bezogen durch.
Ich zeige mich zunächst verwundert, daß Herr Dr. Werthebach genau ein Jahr benötigte, um sein Versprechen auf weitere Gespräche einzulösen. Dann erläutere ich den Herren ausführlich alle unsere Initiativen, Vorschläge und Gespräche von Mitte 1990 bis jetzt und wiederhole meine Gedanken, wie ich sie im Gespräch mit Boeden und Dr. Werthebach im Februar 1991 vorgetragen habe. Mein Fazit zum Mitschreiben: keine bedingungslose Kapitulation, kein Freikauf auf Kosten anderer.
Die Herren versuchen einen weiteren Taschenspielertrick. Einige Vorleistungen würden meine Bereitschaft zeigen, ernsthaft an einer Lösung zu arbeiten. Es hat sich erledigt.

Dr. Werthebach meldet sich nach einiger Zeit im »Kölner Express« zu Wort. Die Mitarbeiter der Hauptverwaltung Aufklärung könne man amnestieren, wenn sich diese bereiterklärten, noch existierende Quellen im Westen zu benennen. Außerdem denke er an eine Appellamnestie für alle jene im Westen operierenden Agenten, die sich freiwillig stellen und nicht als schwere Fälle einzustufen seien. Als vorstellbare Obergrenze nennt er eine Haftstrafe von drei bis vier Jahren.
Hält er unsere ehemaligen Kundschafter wirklich für so bescheuert, für so ängstlich und so leicht käuflich? Glaubt Werthebach tatsächlich, daß sich jemand stellt, weil er hofft, nur drei Jahre zu erhalten, dann doch dreieinhalb

Jahre bekommt und deshalb nicht amnestiert werden kann? Herr Andresen meldet sich am 25. Februar 1992 noch einmal telefonisch. Ich antworte auf seine Frage, wie wir weiter verfahren können: »Die Äußerungen ihres Präsidenten zur Amnestie sind für mich keine weitere Gesprächsgrundlage. Ich habe Ihnen meine Vorstellungen ausführlich dargelegt. Die passen mit denen Ihres Präsidenten nicht zusammen. Also lassen wir es sein.«

Kaum habe ich Werthebach und Boeden endgültig abgehakt, lädt Rechtsanwalt Dr. Peter-Michael Diestel, in der Regierung de Maizière stellvertretender Ministerpräsident und Innenminister, zu Gesprächen ein. Wir treffen uns am 3. und am 10. März 1992 in seinem Haus in Zeuthen bei Berlin. An der ersten Zusammenkunft nimmt auf eigene Initiative Generalleutnant a. D. Günter Möller, ehemaliger Leiter der Hauptabteilung Kader und Schulung teil, zum zweiten Treffen bitte ich Generalleutnant a. D. Horst Jänicke, bis 1987 langjähriger Stellvertreter von Markus Wolf und später von mir.

Diestel empfängt uns an der Tür seines Hauses. Muskelbepackt und eloquent, ist er präsent wie kein zweiter. Wir gehen ins Haus. Die Initiative, beginnt er das Gespräch, gehe von Staatsminister Bernd Schmidbauer aus. Er habe ihn gebeten, das Gespräch mit mir zu suchen. Er solle erkunden, wie man durch Offenlegung von Quellen zu einer Amnestie kommen könne.

Es dauert etwas, bis ich merke, daß Schmidbauer nicht etwa an Straffreiheit für unsere Kundschafter denkt, nein, an eine für die hauptamtlichen Mitarbeiter. Der Herr Staatsminister schwenkt nicht selbst den Säbel, er läßt drohen. Diestel zitiert ihn: »Das Bundesverfassungsgericht wird ein brutales politisches Urteil fällen. Die Menschen erwarten so etwas ... Es gäbe Hinweise, daß man nun erst einmal alle Generale des ehemaligen Ministeriums für Staatssicherheit inhaftieren muß.« Diestel übermittelt die Frage, wie-

so wir nicht das Signal aus dem Schütt-Prozeß aufgegriffen hätten.
Ich habe nun schon Übung, unseren Standpunkt darzulegen, es ist ja nicht das erste Mal. Neu ist, daß nun auch Diestel unsere Kundschafter Verräter nennt. Ich verbitte mir das. Günter Möller bleibt bei dieser Perfidie auffallend ruhig.
Möller und Niebling versuchten schon mehrmals, mich und andere ehemalige leitende Mitarbeiter der HVA zu veranlassen, uns nicht so vehement für unsere Kundschafter einzusetzen »Eines Tages wird doch sowieso alles bekannt«, beschwichtigten sie uns. Ganz in diesem Sinne schrieben sie auch an ehemals leitende Mitarbeiter der Bezirksverwaltungen. Sie sollten bei jedem Einzelfall prüfen, ob der § 153 anwendbar sei. Ich bin verstimmt, zumal zu diesem Zeitpunkt noch kein Verfahren gegen einen leitenden Mitarbeiter der Abwehr läuft, dafür aber schon Tausende gegen Aufklärer und ihre Kundschafter. Offensichtlich genügen den Herren schon die eben gehörten Drohungen, um das Zittern zu bekommen.
Als ich mit Möller im Wagen von Dr. Diestel nach Hause fahre, erklärt er mir, daß er doch ständig bedrängt werde. So sei er neulich zum zuständigen Personalchef des Bundesamtes für Verfassungsschutz bestellt worden. Dieser habe ihm unmißverständlich gesagt, man erwarte von ihm als früherem Kaderchef des Ministeriums für Staatssicherheit, daß er seinen Einfluß geltend mache, uns zur Raison zu bringen. Es klingt wie eine Entschuldigung. Die meisten ehemaligen Mitarbeiter der Abwehr verhalten sich in den für sie schwierigen Situationen ehrenvoll.
Als ich zum zweiten Mal Dr. Diestel besuche, verabschiedet er Horst Jänicke und mich mit dem Hinweis, daß er jetzt mit Herrn Schmidbauer sprechen werde, wir hörten von ihm. Dann ist Funkstille.
Ein Jahr vergeht, ehe sich, völlig unerwartet, der frühere Präsident des Bundesamtes für Verfassungsschutz und spä-

terer Präsident des Bundesnachrichtendienstes Heribert Hellenbroich bei mir in Berlin meldet. Er sitzt am 16. März und am 24. April 1993 in meinem kleinen Arbeitszimmer. Das erste Mal spreche ich mit ihm allein, am zweiten Gespräch nimmt Horst Jänicke teil.

Herr Hellenbroich nennt zunächst seine Motive für den Besuch. Er trete schließlich für Gleichbehandlung ein. »Sie haben doch nichts anderes gemacht als ich.« Aber ein bißchen besser schon, denke ich und verkneife mir ein Lächeln.

Er wolle dem Rechtsgrundsatz der Gleichbehandlung zum Durchbruch verhelfen. Er sei erschrocken und erbost, wie Nichtprofis, Juristen und Politiker bisher die Angelegenheit erledigen. Andererseits sehe er natürlich, daß sicher noch Quellen von uns in einflußreichen Positionen sitzen, »unbekannt und deshalb erpreßbar, von wem auch immer. Sicher mehr vom amerikanischen als vom russischen Geheimdienst.« Das müsse verhindert werden. Also müßten diese Personen enttarnt werden.

Obwohl er in der Affäre Tiedge geopfert wurde und nun im einstweiligen Ruhestand lebe, sei er Staatsbürger genug, um Schaden von der Bundesrepublik abzuwenden.

Die Strafverfolgung der HVA-Mitarbeiter müsse eingestellt und für die betroffenen Quellen eine »honorige Lösung gefunden« werden. »Eine politische Lösung muß her statt der juristischen.«

Er halte Bernd Schmidbauer, der von seiner Sondierungsmission wisse, für einen kompetenten Mann. Hellenbroich will nun mit mir über eine Lösung nachdenken. Und er hat auch gleich eine Lebensweisheit parat. Drohe Problemstau, ermutige ihn sein Leitspruch: »Die Vergangenheit ruhen lassen, die Zukunft sichern.«

Der Mann hat gut reden, dem ist nur der Präsidentenstuhl weggebrochen, mir ein ganzer Staat, und gleich noch eine ganze Utopie dazu.

Was er sagt, hört sich sehr vernünftig an. Ich spüre, er sucht

wirklich eine Lösung, und im Gegensatz zu der vom Verfassungsschutz eine ohne Fallstricke und doppelten Boden. Ich erkläre meine Bereitschaft zu Gesprächen, erläutere wieder mal alle bisherigen Initiativen und deren Ergebnisse, nenne erneut unsere Grundsätze. Wir verabschieden uns freundlich nach dem ersten Gespräch. Er will mit Staatsminister Schmidbauer sprechen, und ich will mich mit meinen früheren Stellvertretern beraten.
Bei seinem zweiten Besuch übermittelt er Bernd Schmidbauers Ansicht, daß das bisherige Vorgehen nicht zum Ziele führe. Er fordere nicht mehr die bedingungslose Kapitulation, sehe aber Schwierigkeiten, alle Parteien für eine Appellamnestie und Straffreiheit für BRD-Bürger, die sich nach BRD-Recht strafbar gemacht hätten, zu gewinnen.
Auf Wunsch erläutern Horst Jänicke und ich erneut unsere bekannten Auffassungen. Wir weichen kein Jota von der Forderung nach Straffreiheit ab und beharren auf einer freiwilligen Appellamnestie. Nicht wir würden offenbaren, sondern jeder sich selbst, wenn es der einzelne, entsprechend der noch zu gebenden Garantien, für richtig hält. Wir akzeptieren: Wer diese Chance nicht nutzt und ohne unser Zutun enttarnt wird, müsse die Konsequenzen tragen. Wir sprechen uns für eine politische Lösung und die dazu erforderlichen Initiativen des Gesetzgebers aus. Wir betonen unsere Loyalität gegenüber dem Staat und sichern zu, so auf unsere Kundschafter zu wirken, das von ihnen keinerlei Gefahr für die Bundesrepublik ausgehen wird.
Ein bißchen ist in diesem Gespräch aber schon die Luft raus. Zu oft legten wir unseren Standpunkt dar, zu oft sind wir gescheitert, zu oft sind wir an der Siegermentalität gescheitert.
Trotzdem vereinbaren wir mit Heribert Hellenbroich, in einem »non-paper« unsere Haltung und unsere Vorschläge zu formulieren. Anfang Mai 1993 übergibt Hellenbroich das Papier dem Staatsminister Schmidbauer.
Es hat folgenden Wortlaut:

»Die gegenwärtig laufenden Ermittlungs- und Strafverfahren nach § 94 – 99 StGB gegen ehemalige Angehörige der Hauptverwaltung Aufklärung des Ministeriums für Staatssicherheit der DDR haben eine Reihe von Problemen aufgeworfen, die von der Öffentlichkeit und Juristen diskutiert werden.
Sie beschäftigen Staatsanwaltschaften und Gerichte bis hin zum Bundesverfassungsgericht. Angehörige der Hauptverwaltung Aufklärung haben dazu den nachfolgenden Standpunkt:
1. Es wird anerkannt, daß die Bundesrepublik Deutschland ein berechtigtes Interesse hat, die noch unentdeckten Quellen der Hauptverwaltung Aufklärung in den alten Bundesländern zu identifizieren. Auch wir haben daran Interesse, jede nur mögliche Weiterarbeit ehemaliger Quellen – für welchen Geheimdienst auch immer – auszuschließen.
2. Es steht fest, daß die weitaus überwiegende Zahl der Mitarbeiter der Hauptverwaltung Aufklärung sich gegenüber ihren ehemaligen Quellen in den alten Bundesländern moralisch verpflichtet fühlt und nicht bereit ist, diese Quellen einer strafrechtlichen Verfolgung auszusetzen. Diese Verpflichtung beruht auf den in der Regel engen menschlichen Beziehungen, die sich in jahrelanger Zusammenarbeit und aus der Gemeinsamkeit ideeller Ziele ergeben haben. Der Offiziers-Ehrenkodex wird weiterhin die Haltung der Mehrzahl der ehemaligen Mitarbeiter der HVA bestimmen.
Die Durchführung der Ermittlungs- und Strafverfahren gegen die Angehörigen der Hauptverwaltung Aufklärung in der DDR stellt, angesichts der Schwierigkeit der Ermittlungen und der Zahl der betroffenen Personen, eine zusätzliche Belastung für die ohnehin überlastete deutsche Kriminalpolizei und Justiz dar. Unglaublich mutet die in letzter Zeit erwogene Bildung von Sondersenaten an. Die rechtliche Grundlage dieser Verfahren ist zweifelhaft. Sie

ist angesichts der Tatsache, daß es die DDR nicht mehr gibt, unter dem Gesichtspunkt der Generalprävention zudem sinnlos.
4. Es sollte darüber hinaus nicht verkannt werden, daß die Strafverfolgung der ehemaligen Mitarbeiter der HVA nicht nur von diesen und ihren Familienangehörigen als eine zusätzliche ungerechte Maßnahme empfunden wird, sondern daß auch in der Öffentlichkeit aus humanistischen Erwägungen Kritik an diesen Maßnahmen geübt wird.
Die soziale und gesellschaftliche Ausgrenzung ehemaliger HVA-Mitarbeiter hat wie die aller MfS-Angehörigen eine Dimension angenommen, die rechtsstaatlichen Grundsätzen nicht entspricht und unverhältnismäßig ist.
Die Gefahr unkontrollierbarer Reaktionen wird immer deutlicher.
5. Unter Berücksichtigung der vorstehenden Tatsachen ergibt sich logisch nur ein Ausweg: ›Die Vergangenheit ruhen lassen, die Zukunft sichern.‹
Dazu schlagen wir folgendes vor:
a) Die Bundesrepublik Deutschland erklärt verbindlich, daß sie den ehemaligen Quellen der Hauptverwaltung Aufklärung, die sich freiwillig offenbaren, Straffreiheit gewährt.
Die ehemaligen leitenden Mitarbeiter der Hauptverwaltung Aufklärung, die hinter dieser Stellungnahme stehen, verpflichten sich danach, an ihre ehemaligen Quellen zu appellieren, von dem Angebot der Straffreiheit unter den genannten Voraussetzungen Gebrauch zu machen.
b) Alle Ermittlungs- und Strafverfahren gegen frühere Quellen, die bereits vor längerer Zeit in die DDR zurückgeführt wurden, werden eingestellt und aufgehoben.
c) Alle Ermittlungs- und Strafverfahren gegen ehemalige HVA-Mitarbeiter werden eingestellt und aufgehoben.«

Mitte Juli meldet sich endlich Hellenbroich. Er sei enttäuscht über unsere kompromißarme Position, die unter dem erwarteten kleinsten gemeinsamen Nenner liege. Uns

überrascht das gar nicht, denn Schmidbauer 008, der Agent seiner Majestät des Kanzlers, tönt aus dem Bundeskanzleramt, daß die Geschichte des Kalten Krieges neu geschrieben werden müsse. Weit über 2000 Spuren würden verfolgt. Einen großen Zipfel der Decke habe man bereits angehoben.
Unsere Haltung führt nicht zum Erfolg. Viele Kundschafter landen im Gefängnis. Bittere Erkenntnis für uns: Nicht die hervorragende Arbeit seiner Dienste, wie Herr Schmidbauer behauptet, führt zur Enttarnung unserer Kundschafter, sondern Verrat aus unseren Reihen. Wann und durch wen auch immer US-Diensten der Zugriff auf das Material gelang, sie sichteten es ausgiebig, ehe sie es, wahrscheinlich frisiert, den Partnerdiensten übergaben.

Das Spiel der Geheimdienste geht also weiter. Wir sind aber nur noch Zuschauer in diesem Monopoly der Informationen. Doch wir haben den heute Agierenden im Untergrund zwei Erfahrungen voraus: Ignorieren die Politiker die Realität, verliert jede geheimdienstliche Arbeit ihre Bedeutung. Und: Wir wissen schon, wie es sich nach der Auflösung des Geheimdienstes lebt.

Nachwort

Vor 38 Jahren begann mein Dienst im Auslandsnachrichtendienst der DDR. Ich gehörte am Ende zu den Dienstältesten in der HVA, gestaltete sie in allen Leitungsebenen mit, war Zeuge, wie sie sich entwickelte und wie sie unterging. Fast ein ganzes Arbeitsleben war ich Aufklärer – voller Hoffnung, Zuversicht und Überzeugung, das Richtige zu tun. In dieser Zeit des Kampfes erlebte ich Erfolg und Niederlagen, Freude und Enttäuschung. Am Ende mündete diese für mich glückliche Zeit in Verzweiflung und Enttäuschung.

Die Niederlage, die ich akzeptieren muß, betrifft nicht nur den Aufklärungsdienst, sie betrifft vor allen Dingen meine Vorstellung von dieser Welt, die Sehnsucht vieler Menschen nach dauerhaftem Frieden, nach sozialer Gerechtigkeit, nach einer sicheren Zukunft. Zugegeben, der realexistierende Sozialismus in der DDR und in anderen Ländern überdeckte in vielen Bereichen diese Vision. Doch sie wird ihre Kraft wieder zurückgewinnen. Die Herrschaft des Geldes ist nicht die letzte Antwort der Geschichte.

Während meines Dienstes in der HVA arbeitete ich mit vielen hauptamtlichen und inoffiziellen Mitarbeitern freundschaftlich zusammen. In dem Buch nenne ich stellvertretend und beispielhaft einige Namen. Ich danke aber vielen für ihr Vertrauen und ihre Unterstützung vor und nach der Wende. Auch um ihre Lebensleistung zu würdigen habe ich dieses Buch geschrieben. Nicht die Geschichte der HVA wollte ich zu Papier bringen, sondern Geschichten notieren, die ich in unterschiedlichen Funktionen gemeinsam mit vielen Mitarbeitern erlebte.

Ich bedanke mich bei allen, die mir geholfen haben, meine Erlebnisse und Erkenntnisse zu sammeln, zu ordnen, und die mich inspiriert haben, sie aufzuschreiben.
Dank vor allem aber meiner Frau Brigitte und meiner Familie. Ohne sie an meiner Seite wäre nichts so geworden, wie es war, und ich nicht der, der ich heute bin.

Werner Großmann, am 13. Dezember 2000

Personenregister